Hans Lauwerier

Fraktale

Band 2
Vertiefung

Hans Lauwerier

Fraktale

verstehen und selbst programmieren

Band 2. Vertiefung

Wittig Fachbuch

Die Deutsche Bibliothek – CIP-Einheitsaufnahme

Lauwerier, Hans:
Fraktale verstehen und selbst programmieren / Hans Lauwerier. –
Hückelhoven : Wittig-Fachbuchverl.
Einheitssacht.: Een wereld van fractals <dt.>
Bd. 2. Vertiefung / Aus dem Niederländ. übers. von Erwin
Schmutzer und Siegmar Wittig. – 1. Aufl. – 1992
ISBN 3-88984-061-2

Titel der niederländischen Originalausgabe:
Een wereld van fractals
Aramith Uitgevers, Bloemendaal 1990

Aus dem Niederländischen übersetzt von Erwin Schmutzer
und Dr. Siegmar Wittig

Printed in Germany

Druck und buchbinderische Verarbeitung:
Lengericher Handelsdruckerei, Lengerich

Rita Wittig Fachbuchverlag
Chemnitzer Straße 10
D-5142 Hückelhoven
Telefon: 02433/84412
Telefax: 02433/86356

ISBN 3-88984-061-2

Vorwort

Fraktale, einst mathematische Kuriositäten, haben die Welt erobert. Dank der modernen Computertechnologie spielen sie in der Wissenschaft bei Computerexperimenten eine zentrale Rolle. Die Anwendungen erstrecken sich auf viele Gebiete. Ein Übermaß an wissenschaftlichem Material ist verfügbar, wenn auch meist in einer für Nicht-Spezialisten wenig zugänglichen Form. In diesem Buch haben wir uns deshalb zur Aufgabe gestellt, den interessierten Leser in Theorie und Praxis der Fraktale einzuführen. Der "ideale" Leser verfügt am besten über einige mathematische Kenntnisse sowie über einen modernen, schnellen Computer mit EGA- oder VGA-Graphik. Wenn der Computer auch noch mit einem mathematischen Co-Prozessor ausgerüstet ist, ist dies besonders vorteilhaft. Er ist dann in der Lage, eine Anzahl wissenschaftlicher Experimente nachzuvollziehen und eine große Anzahl unterschiedlicher Fraktale auf den Bildschirm zu zaubern. Je profunder die mathematischen Kenntnisse sind, desto tiefer ist die Einsicht, die man in die Welt der Fraktale erreichen kann. Man kann zum Beispiel selbst Fraktale entwerfen, die bestimmten, zuvor festgelegten Bedingungen entsprechen. Oder man kann den Effekt studieren, der sich bei Änderungen einer bestimmten Formel ergibt. Wer selbst Julia-Mengen und Mandelbrot-Details entwerfen will, wird viel Nutzen aus der Kenntnis der Rechenregeln für komplexe Zahlen ziehen. Diese Technik ist relativ einfach, wird aber in der Schule meist nicht mehr behandelt.

Die Kapitel über Julia- und Mandelbrot-Mengen bilden zwei der "Höhepunkte" dieses Buches. Wohl enthalten diese Kapitel relativ viele mathematische Details, aber der Text ist so geschrieben, daß allzu technische Passagen ohne weiteres überschlagen werden können. Ein weiterer Schwerpunkt ist das Kapitel über räumliche Fraktale. Wir zeigen darin unter anderem, wie von dem bekannten Pythagorasbaum räumliche Varianten erstellt werden können und wie eine sogenannte Fraktallandschaft, komplett mit See und Bergen, konstruiert werden kann.

Verglichen mit dem ersten Band des Buches spiegelt der vorliegende zweite Band die gewaltige Weiterentwicklung auf dem Gebiet der Fraktale wider. Der erste Band ist als allgemeine Einführung in die Grundlagen gedacht. Beide Bände sind jedoch so konzipiert, daß sie unabhängig voneinander studiert werden können, wenn auch die Lektüre des ersten Bandes für mathematisch weniger gut geschulte Leser durchaus empfehlenswert ist.

Dieser zweite Band behandelt Fraktale als ein mathematisches Thema. Darüber zu sprechen ist nur bei Gebrauch einiger mathematischer Begriffe und Formeln möglich. Der Autor hat sich bemüht, einen guten Mittelweg zu wählen zwischen mathematischer Abhandlung und einer populärwissenschaftlichen "Erzählung". Mathematiker werden in einigen Passagen vielleicht die ihnen vertraute Genauigkeit vermissen, aber sie werden wenig Mühe haben, den Text hier und da ein wenig zu präzisieren. Begriffe, die zum mathematischen Jargon gehören, werden häufig gesondert erklärt oder mit Synonymen bezeichnet. Wenn hier oder da ein Sachverhalt zweimal behandelt oder der Inhalt des ersten Bandes aufgegriffen wird, so ist das zum Vorteil des weniger kundigen Lesers getan. Für ihn gilt der Rat, einfach weiterzulesen und zu probieren, sich an die anfänglich fremden Begriffe zu gewöhnen, ähnlich wie beim Lesen eines Kriminalromans in englischer Sprache ohne Wörterbuch.

Beim Schreiben dieses Buches ist dankbar Gebrauch gemacht worden von den in der Bibliographie aufgeführten Büchern und Artikeln. Bei den Programmen und Illustrationen habe ich auf Ideen sachkundiger Computeranwender zurückgegriffen. Im besonderen nenne ich A. G. Kuiper, der sich als wahrer Entdeckungsreisender im Land von Mandelbrot erwies. Ihm verdanken wir die sehr schöne Illustration des Mandelbrot-Bazillus (Kapitel 4), die beiden Bilder am Ende von Kapitel 8 und des Mandelbrot-Keims in Kapitel 13. Der Rest der Abbildungen stammt aus der Hand des Autors.

Auch dieses Buch lädt zum Selbermachen ein. Wer über einen modernen MS-DOS-Computer verfügt, wird die in Basic geschriebenen Programme ohne weiteres in compilierter Form, z. B. in Turbo-Basic, Power-Basic oder Quick-Basic benutzen können. Ohne Compiler geht es natürlich auch, aber dann wird man länger auf das Ergebnis warten müssen, und es kann nötig sein, kleine

Anpassungen in den Programmen anzubringen. Die Abbildungen wurden überwiegend hergestellt mit einer Konfiguration bestehend aus einem Compaq 386/20e mit einem Eizo 9070S-Bildschirm und einem HP Laserjet II. Die Schwarzweiß-Abbildungen sind zustande gekommen, indem der Laserjet als Plotter benutzt wurde. Die Auflösung ist dabei 300 Pixel pro Zoll. Die Farbbilder entstanden durch direktes Abfotografieren vom Bildschirm mit Hilfe einer Standardapparatur.

Die hinten im Buch aufgenommenen 72 Programme verfolgen zwei Ziele: Zum einen dienen sie der technischen Ergänzung des Textes, zum anderen versetzen sie den vor einem Computer sitzenden Leser in die Lage, auch selbst schöne Fraktalbilder zu machen. Viele Programme enthalten variable Elemente, Zahlen, die durch den Benutzer nach eigener Einsicht und Fantasie verändert werden können. Auf diese Weise kann bereits ein einziges Programm Zugang zur Welt der Fraktale verschaffen.

Hans Lauwerier

Inhalt

1. Einführung 12
Was ist ein Fraktal? 13
Ein ideales Fraktal existiert nicht 15
Die Rekursionsmethode 16
Das Kontraktionsprinzip 18
Dynamische Systeme 18
Ein typisches Beispiel 21
Julia-Fraktale 22
Mandelbrot-Mengen 24

2. Die fraktale Dimension 26
Dimension: ein vielseitiger Begriff 27
Graphische Bestimmung der fraktalen Dimension 29
Die fraktale Dimension der von-Koch-Kurve 30
Eine allgemeine Formel 31
Die Siebe von Sierpinski und von Menger 32
Die Kurve von Lévy als Grenzfall 34
Multifraktale 36
Beschreibung im Dualsystem 36

3. Selbstähnlichkeit 39
Der Farn von Barnsley 40
Projektionen 41
Transformationen 42
Lineare Transformationen 45
Ein Beispiel 47
Übersicht 50
Kreisinversion 52
Das Geheimnis des Fraktals auf Seite 1 54
Noch ein Beispiel 55

4. Dynamische Systeme 56
Der Schmetterling von Lorenz 57
Noch mehr Attraktoren 59
Iterative dynamische Systeme 60
Das Modell von Verhulst 62
Die großen Linien 63
Das Bifurkationsdiagramm des Verhulst-Modells 64
Streit in der Insektenwelt 65

5. **Baumstrukturen 68**
Die Numerierung eines binären Baumes 69
Backtracking 70
Bedingte Rückkehr 74
Ein schiefer Pythagoras-Baum 74

6. **Die Monte-Carlo-Methode 76**
Fraktaltennis 77
Das Sieb von Sierpinski 78
Mit hoher und geringer Wahrscheinlichkeit 80
Die Farne von Barnsley 81
Fraktale auf Bestellung 83
Fraktalspionage 84
Ein Zukunftstraum 86

7. **Stochastische Fraktale 88**
Reine Spekulation 89
Die Normalverteilung 90
Brownsche Bewegung 91
"Random Walk" oder
der Weg eines Betrunkenen 91
Diffusion 94
Versuch und Irrtum 96
Fraktaler Blitz 98
"Lange Finger" 99

8. **Lindenmayer-Systeme 101**
Die Substitutionsregel 101
Die kriechende Schildkröte 103
Das Sieb von Sierpinski und die Schildkröte 104
Eine Kurve von Peano 105
Verzweigungen 107
Bedeutung für die Biologie 108
Graftale 108

9. **Zelluläre Automaten 111**
Ein zellulärer Automat 111
Das Wachstumsmodell von Pickover 113
Noch mehr Wachstum 114
Das Dreieck von Pascal
und das von Sierpinski 116
Die lebende und die tote Natur 120
Die linearen Automaten von Wolfram 121
Mehr Zusammenarbeit 123

10. Räumliche Fraktale 125
Projektionen 127
Japanische Bäume 128
Ein japanischer Baum von Pythagoras 129
Berg und Tal entlang 131
Eine fraktale Landschaft 133
Kulissenprojektion 135
Landschaftskunst 136
Die Kurve von van der Waerden 138
Der Berg von Takagi 139
Eine Höhenkarte 140
Ein Atlas mit Fraktalen 142
11. Julia-Mengen I 143
Die quadratische Familie 144
Fixpunkte 146
Periodische Zyklen 150
Die Theorie von Julia 151
Das stabile Gebiet 152
Die Praxis 153
Die Pixelmethode 155
Spiel mit Punkten und Linien 158
Beispiele 159
12. Julia-Mengen II 161
Potential und Strömungslinie 163
Eine Julia-Menge als Blitzableiter 165
Mathematischer Hintergrund 166
Die Julia-Menge auf Distanz gehalten 169
Seesterne und Rosettenfenster 170
Die kubische Familie 172
Biomorphie 174
Sinus-, Cosinus- und e-Funktion 178
13. Mandelbrot-Mengen 180
Das Bifurkations-Diagramm von Verhulst 182
Das Bifurkations-Diagramm von Mandelbrot 184
Mandelbrot-Miniaturen 185
Komplexe Bifurkationen 187
Theorie 189
Mathematischer Hintergrund 190
Mandelbrot elektrisch geladen 192
Computergraphiken 194
Andere Mandelbrot-Mengen 196
Exponentielle und goniometrische Mandelbrot-Mengen 198
Eine Pseudo-Mandelbrot-Menge 202

Anhang

1. Die komplexe Zahlenebene 204
Absolutwert und Argument (Phase) 206
Die Riemannsche Kugel 207
Dividieren und Wurzelziehen 208
Transformationen im Komplexen 209
Differenzieren 211
Die Exponentialfunktion 212

2. Computertips 214
Farben 215

3. Computerprogramme 218

Literatur 263

Stichwörter 265

1
Einführung

So mancher Leser wird dem Begriff "Fraktal" wohl schon einmal begegnet sein, zumindest im ersten Band dieses Werks. Wer zu Hause einen Computer hat und die Kunst versteht, damit schöne Bilder zu gestalten, hatte sie vielleicht schon viele Male auf dem Bildschirm. Es ist übrigens auch einiges an "Public Domain Software" im Umlauf, mit der man endlos experimentieren kann. Begriffe wie "Julia-Menge" und "Mandelbrot-Menge" haben einen vertrauten Klang bekommen, auch wenn wir vielleicht nur wenig davon verstehen.

In naturwissenschaftlichen Kreisen werden Fraktale stets als mathematische Begriffe gesehen, als Objekte, mit denen man so unterschiedliche Dinge beschreiben kann wie den Wurzelstock einer Pflanze, die Blutgefäßstruktur der Leber, die Priele des Wattenmeers, die Kraterlandschaft des Mondes, die Struktur einer Metalloberfläche, die Form von Korallen und Schwämmen. In diesem ersten Kapitel wollen wir grundlegende Kenntnisse über Fraktale vermitteln bzw. auffrischen und vertiefen. Die meisten der hier genannten Punkte werden später im Buch noch ausführlicher behandelt. Um tiefer in die Theorie einsteigen zu können, sind wohl einige Kenntnisse der Mathematik notwendig. Da dieses Buch für ein allgemeines Publikum gedacht ist, haben wir uns dabei starken Einschränkungen unterworfen. Eigentlich benötigen wir nur Grundkenntnisse der ebenen Geometrie und eine gewisse Vertrautheit mit Funktionen wie Sinus, Co-

Bild 1.1 Die Kurve von Mandelbrot und Given

sinus, Logarithmus, der Exponentialfunktion sowie Grundwissen über das graphische Arbeiten mit dem Computer.

Für die mehr technischen Dinge müssen wir den Leser auf die reichlich vorhandene wissenschaftliche Literatur verweisen, obgleich bisher nur ein kleiner Teil des Wissens über Fraktale in Buchform verfügbar ist.

Was ist ein Fraktal?

Ein Fraktal ist eine komplizierte mathematische Figur, die in gewissem Maße "Selbstähnlichkeit" aufweist. Keine sehr wissenschaftliche Definition, aber eine viel bessere gibt es nicht. Mit "Selbstähnlichkeit" meinen wir, daß ein beliebig kleiner Ausschnitt des Fraktals alle Elemente des Ganzen enthält. Würden wir ein Fraktal unter ein Mikroskop legen, dann würden wir, unabhängig vom Vergrößerungsfaktor, stets ungefähr das gleiche Bild sehen, aber auch dies ist nicht zu wörtlich zu nehmen. Es ist so ähnlich wie bei der Definition von "Geometrie". Als ein Mathematiker danach gefragt wurde, war seine Antwort: "Alles, was ein maßgeblicher Mathematiker darunter verstehen will."

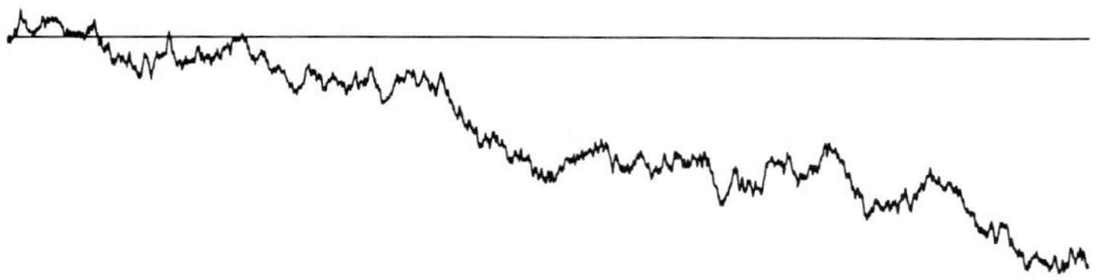

Bild 1.2 Die Linie von Brown

Für Fraktale ist Mandelbrot ohne Zweifel der große Vordenker. Ursprünglich basierte seine Definition auf dem Begriff einer Dimension mit einem nicht-ganzzahligen Wert. Üblicherweise werden an Punkt, Linie und Fläche die Dimensionen 0, 1 und 2 vergeben. In der Mathematik gibt es jedoch auch andere Definitionen, wobei die Dimension auch dazwischenliegende Werte annehmen kann, sogenannte gebrochene Werte. Der Begriff "Fraktal" ist daher abgeleitet von "fractal dimension", das heißt "gebrochene Dimension". Im zweiten Kapitel werden wir darauf näher eingehen. Es wird sich zeigen, daß die fraktale Dimension der in Bild 1.1 gezeigten Kurve gleich ist dem Wert log 6 / log 3 = 1.58. Es kann jedoch auch passieren, daß ein Fraktal doch die Dimension 1, wie ein Kreis, oder 2, wie eine Kreisfläche, hat. Dies war denn auch für Mandelbrot der Grund, mit einer neuen Definition aufzuwarten, in der die Selbstähnlichkeit im Vordergrund steht.

Selbstähnlichkeit kann im streng geometrischen Sinne vorkommen, so daß jedes Detail, wie klein auch immer, alle Kennzeichen des Ganzen aufweist. Ein gutes Beispiel ist die in Bild 1.1 abgebildete Kurve von Mandelbrot und Given, eine Variante der bekannten von-Kochschen Kurve.

Solche Fraktale, denen ein geometrisches Prinzip zugrundeliegt, wollen wir unter dem Namen "geometrische Fraktale" zusammenfassen. Es kann jedoch auch die Rede sein von eher zufälligen Übereinstimmungen, wobei Details untereinander nicht gleichförmig sind, sondern lediglich einander ähneln. Wir können dann nur von einer Art mittlerer Selbstähnlichkeit sprechen. Wer z. B. Schäfchenwolken betrachtet, versteht, was wir meinen. Wer von einem Flugzeug aus, hoch über dem Ozean, nach unten blickt, sieht die Kräuselungen auf einer Wasseroberfläche fast so, als würde er sich dicht über einem durch einen Windhauch berührten Teich befinden. In Wirklichkeit sieht er lediglich die größten Wellen. Es ist ein makroskopisches Äquivalent dessen, was der Biologe Robert Brown in seinem Mikroskop wahrnahm und was jetzt Brownsche Bewegung heißt. In Bild 1.2 haben wir das Experiment von Brown in stark vereinfachter Form mit dem Computer simuliert. Ein Teilchen kann sich nur vertikal bewegen. Bei jedem Schlag einer imaginären Uhr bewegt sich das Teilchen einen Schritt nach oben oder unten, wobei alle Schritte gleich groß, besser gesagt, gleich klein sind. Das ist wie beim Werfen von "Kopf" oder "Zahl": Werfen wir "Kopf", so verdienen wir einen Pfennig, aber bei "Zahl" verlieren wir einen.

Bild 1.2, erstellt mit dem Programm BROWNL (Programmliste siehe Anhang bzw. Diskette), können wir dann auch interpretieren als die Graphik unseres Kontostandes in Abhängigkeit von der Zeit.

Derartige Fraktale, deren Struktur auf den Gesetzen der Wahrscheinlichkeitsrechnung (Stochastik) beruht, wollen wir "stochastische Fraktale" nennen. In den Kapiteln 7 und 10 kommen wir hierauf ausführlich zurück.

Ein ideales Fraktal existiert nicht

Wir beschränken uns in diesem Buch hauptsächlich auf geometrische Figuren in einer (flachen) Ebene, und darin sind die geraden Linien oder ein Linienabschnitt und der Kreis die einfachsten Grundmuster. Man könnte sogar diese schon als Fraktale auffassen, da sie selbstähnlich sind, aber sie sind zu einfach, als daß man diesen Begriff mit ihnen verknüpfen könnte.

Man sollte übrigens bedenken, daß die Gerade und der Kreis Idealisierungen von Figuren sind, die mit Bleistift, Kugelschreiber oder einem anderem Medium gezogen werden. Eine mathematische Linie hat keine Dicke, oder anders gesagt, sie ist unendlich dünn. So eine Linie müßte also unsichtbar sein. Ein idealer Kreis existiert also nur in unserer Gedankenwelt. In der Praxis muß man mit Näherungen zufrieden sein, muß man auf dicke Kreidestriche zurückgreifen oder auf mit einem Zirkel gezogene Tuschestriche. Das gleiche gilt auch für Fraktale. Die in Bild 1.1 gezeigte Kurve ist natürlich nur eine Näherung. Die ideale Form dieses Fraktals können wir nur in unseren Gedanken bilden. Das echte Fraktal ist selbstähnlich in allen Details, ist in jeglicher Vergrößerung sich gleich. Aber wenn wir ein kleines Detail aus Bild 1.1 vergrößern, sehen wir schon bald nicht mehr als einen geraden Linienabschnitt. Das soll uns aber in der Praxis nicht belasten. In der Regel sorgen wir dafür, daß die Illustrationen, sei es auf Papier oder auf dem Bildschirm des Computers, übereinstimmend mit dem verfügbaren Auflösungsvermögen, ausreichend detailliert sind.

Um Fraktale zu verstehen, folgen wir einer Art Naturmethode: Die beste Methode, eine Sprache zu lernen, ist zu versuchen, sich verständlich zu machen, indem man selbst Wörter und Sätze bildet. Die nötige Kenntnis erwerben wir durch gutes Zuhören bei anderen. En passant nehmen wir auch ein Stückchen Grammatik auf. So liegt in diesem Buch der Akzent auf dem Selbermachen von Fraktalen, zuerst im Nachvollziehen der klassischen Vorbilder, dann im Einbauen eigener Variationen. Wir werden also Fraktale machen, und dazu sind eine Anzahl von Methoden oder Prinzipien verfügbar. Diese sind so wichtig und interessant, daß sie uns jeweils ein eigenes Kapitel wert sind. In groben Zügen kennen wir das Prinzip der Rekursion, die Kontraktionsmethode und die dynamischen Systeme. Jedes dieser Themen werden wir nachfolgend behandeln.

Bild 1.3 Die rekursive Konstruktion der von-Koch-Kurve

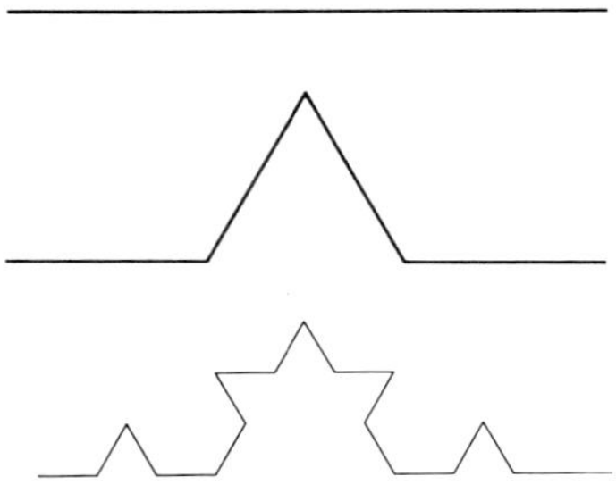

Die Rekursionsmethode

"Rekursiv" bedeutet wörtlich "zurücklaufend". Das heißt, eine bestimmte Beweisführung, eine geometrische Konstruktion, wird viele Male wiederholt. Für die Kurve von von Koch (Bild 2.2) kann diese Methode auf einfache Weise deutlich gemacht werden. Alles beruht auf einer einzigen geometrischen Handlungsanweisung:

"Von einer Geraden wird das mittlere Drittel ersetzt durch die aufgerichteten Seiten eines gleichseitigen Dreiecks."

Der Vorgang ist im Bild 1.3 gezeigt. Die Gerade wird also ersetzt durch eine gebrochene Linie aus vier Teilen, wobei die Gesamtlänge nun 4/3 der ursprünglichen Länge beträgt. Dieser Vorgang wird unendlich oft wiederholt. Auch dies ist wieder ein sich in unseren Gedanken abspielender Prozeß. Die bei jedem Schritt entstehenden kleineren Linienstücke werden ebenfalls wieder dieser Prozedur unterzogen. Schließlich, nach unendlich vielen Wiederholungen, enthält die Kurve kein einziges gerades Stück mehr. Es ist die bekannte Linie von von Koch geworden, historisch gesprochen eines der ältesten Fraktale. Inzwischen ist die Gesamtlänge wohl unendlich geworden. Es ist deutlich, daß wir aus praktischen Gründen irgendwann aufhören müssen zu zeichnen, aber das hängt natürlich von den benutzten Hilfsmitteln ab.

Häufig führt die rekursive Konstruktion zu einer Baumstruktur. Als Beispiel betrachten wir die in Bild 1.4 skizzierte Bildung kleiner Seitenäste an einem bereits vorhandenen Ast. Wir nehmen an, daß die Seitenäste einen Winkel von 45 Grad zum Hauptast bilden und daß sie dabei im Verhältnis 1 zu $\sqrt{2}$ verkürzt werden.

Fangen wir mit einem einzelnen geraden Linienstück an und wenden die Konstruktionsregel einige Male an. Mit dem Programm PYT3BT (siehe Anhang und Diskette) entsteht der sogenannte kahle Baum von Pythagoras, Bild 1.5. Dieser ist bereits ausführlich im ersten Band besprochen worden. Es ist nicht schwierig zu beweisen, daß die fraktale Dimension dieses Fraktals genau 2 ist, die Dimension einer gefüllten Fläche. Das bedeutet, in dem Maße, wie die Äste des Baumes immer kleiner werden, werden diese dabei immer "flächenfüllender". Nach der ursprünglichen Definition von Mandelbrot dürften wir diese schöne Figur nicht "Fraktal" nennen, und das wäre doch wohl sehr schade.

Die Baumstrukturen sind so wichtig, daß das ganze Kapitel 5 diesen gewidmet ist. Im ersten Band kann man eine große Anzahl von Beispielen finden, bei denen die rekursive Methode angewendet wird. Man kann sich vorstellen, daß Programmierer auch in ihren Programmen rekursive Methoden erfolgreich einzusetzen vermögen. Ein Nachteil ist übrigens, daß manche der vielgenutzten Programmiersprachen keine rekursiven Prozeduren kennen, also Prozeduren, die sich selbst aufrufen können. Andererseits führen rekursive Programme manchmal zu einer Überforderung der Kapazität des Arbeitsspeichers.

In Kapitel 8 wollen wir die Aufmerksamkeit auf eine spezielle und sehr interessante rekursive Technik lenken. Diese betrifft besonders die sogenannten Lindenmayer-Systeme und ihre Anwendung im Bereich der Biologie.

Bild 1.4 Die rekursive Bildung der Äste eines Baumes

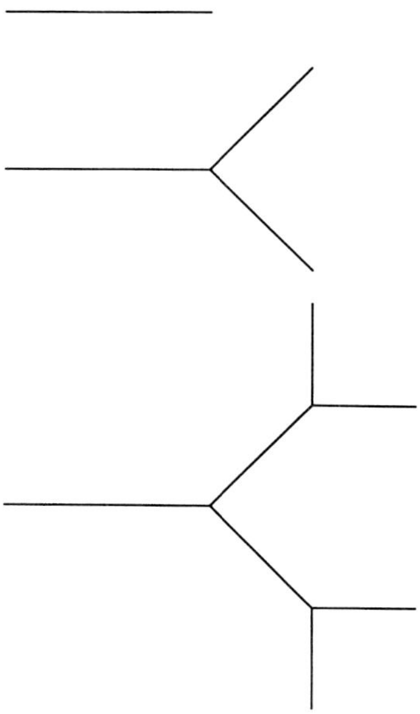

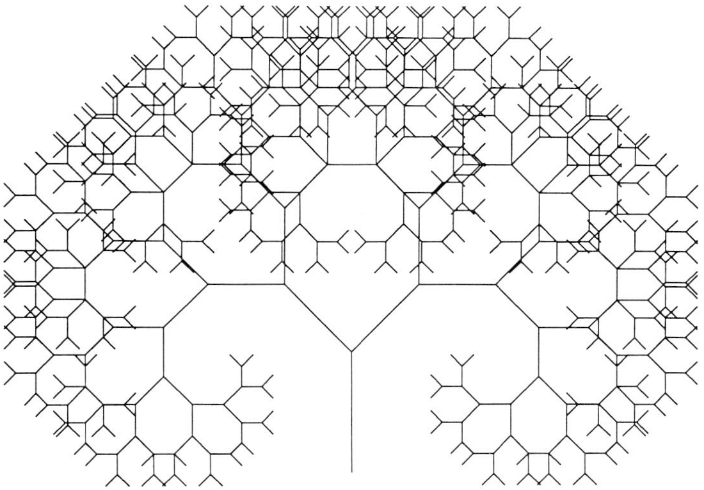

Bild 1.5 Der kahle Baum von Pythagoras

Das Kontraktionsprinzip

Bei diesem Prinzip steht die Selbstähnlichkeit im Mittelpunkt. Im einfachsten Fall handelt es sich um zwei Gleichförmigkeitstransformationen **L** und **R**, die das Fraktal als Ganzes in einen Teil seiner selbst transformieren. Für die Kurve von von Koch sind diese Transformationen in Bild 1.6 dargestellt. Ausgangssituation für das Fraktal ist das Dreieck ABC. Die Gleichförmigkeitstransformation **L** führt das Dreieck in ACD über, und auf entsprechende Weise ist das Dreieck ABC gemäß der Transformation **R** gleichförmig mit CBE. Der Verkleinerungsfaktor, der Faktor also, um den ein Linienstück durch die Gleichförmigkeitstransformation verkleinert wird, ist gleich dem Verhältnis AC/AB oder gleich $1/\sqrt{3}$. Die Oberfläche der Dreiecke ist dementsprechend reduziert um das Quadrat dieses Faktors, also um 1/3, was wir auch direkt an der Figur ablesen können. Eine Transformation, bei der Linienstücke verkleinert werden, heißt Kontraktion, und wir können feststellen, daß das Fraktal sowohl durch **L** als auch durch **R** in einen Teil seiner selbst übergeführt wird.

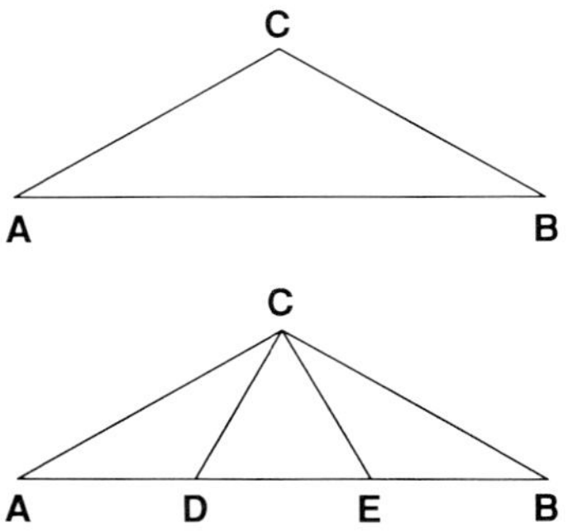

Bild 1.6 Die beiden Kontraktionen der von-Koch-Kurve

Die beiden Kontraktionen **L** und **R** sind die Basis für eine ganze Familie von Gleichförmigkeitstransformationen, und jede dieser Transformationen führt die gesamte von-Koch-Kurve über in einen Teil ihrer selbst. Es ist interessant, daß **L** und **R** das von-Koch-Fraktal vollständig festlegen. Auch wenn man das Fraktal noch nicht kennen würde, dann würden allein **L** und **R** dieses vollständig definieren. Die Kurve von von Koch ist mit anderen Worten die kleinste geometrische Figur, die selbstähnlich ist bezüglich **L**, **R** und allen Kombinationen davon. Wie das Fraktal tatsächlich konstruiert werden kann, wird in den folgenden Abschnitten behandelt. In Kapitel 3 besprechen wir die verschiedenen Arten von Kontraktionen im Zusammenhang mit dem allgemeineren Begriff der Transformation.

Dynamische Systeme

Bei der dynamischen Methode wird das Fraktal als begrenzende Figur eines dynamischen Systems aufgefaßt.

Ein dynamisches System ist ein sehr allgemeiner Begriff, eine Art Vorgang in der Zeit, wobei eine Bahn gebildet wird. Eine solche Bahn kann eine Punktreihe sein, wobei für jeden Punkt in der ebenen Fläche ein sogenannter Nachfolger definiert ist. Ausgehend von einem Anfangspunkt P_0 können wir durch Wiederholung eine sogenannte Bahn P_0, P_1, P_2, P_3, ... bilden, wobei P_1 der Nachfolger von P_0, P_2 der Nachfolger von P_1 ist, und so weiter.

Im allgemeinen befindet sich irgendwo eine Grenzmenge, zu der die Bahn hinführt, der sogenannte Attraktor ("Anzieher") des Systems. Manchmal besteht ein solcher Attraktor nur aus einem einzelnen Punkt oder einer Gruppe von Punkten, wenig spannend also. Häufig jedoch ist die Grenzmenge so kompliziert, daß man von einem "strange attractor" spricht, ein in Fachkreisen häufig benutzter Ausdruck, den wir als "fremdartigen Attraktor" übersetzen. In der Regel ist das ein Fraktal, auch wenn es oft schwierig sein wird, dies mit aller mathematischen Strenge zu garantieren.

Ein Attraktor (Anzieher) ist vergleichbar mit einem stabilen Gleichgewicht eines mechanischen Systems. Eine kleine Störung des stabilen Gleichgewichts bringt das System in sein Gleichgewicht zurück. Analog dazu verläuft eine Bahn, deren Anfang sich in der Nähe des Attraktors befindet, wieder dorthin. Haben wir das Glück, daß der Anfangspunkt sich bereits auf dem Attraktor befindet, dann liegt auch die gesamte Bahn darauf. Das berühmteste Beispiel ist der Attraktor des französischen Astronomen Michel Hénon (1969). Das betreffende dynamische System ist in der Geometrie definiert durch

$$(1.1) \qquad \begin{aligned} x' &= y + 1 - ax^2 \\ y' &= bx \end{aligned}$$

wobei a = 1.4 und b = 1.3 geeignete Werte sind. Der sogenannte Hénon-Attraktor ist in Bild 1.7 abgebildet. Die Grenzfigur, so etwas wie eine unendlich häufig zusammengefaltete Parabel, scheint unabhängig von der gewählten Bahn zu sein. Wählt man einen willkürlichen Anfangspunkt, dann gibt es im allgemeinen nur zwei Möglichkeiten: Entweder flieht die Bahn ins Unendliche, oder aber die Bahn führt zum Hénon-Attraktor hin.

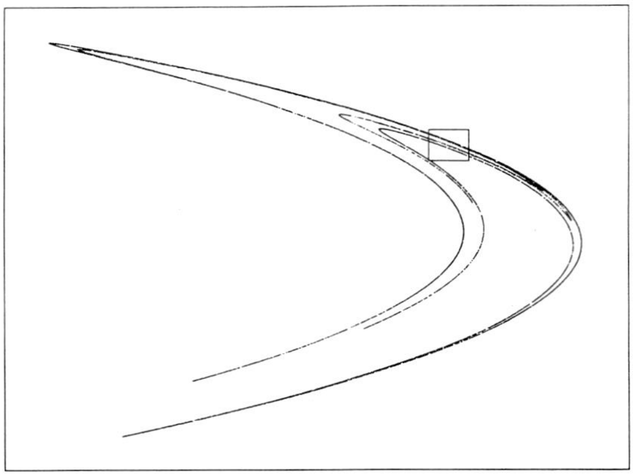

Bild 1.7 Der Attraktor von Hénon

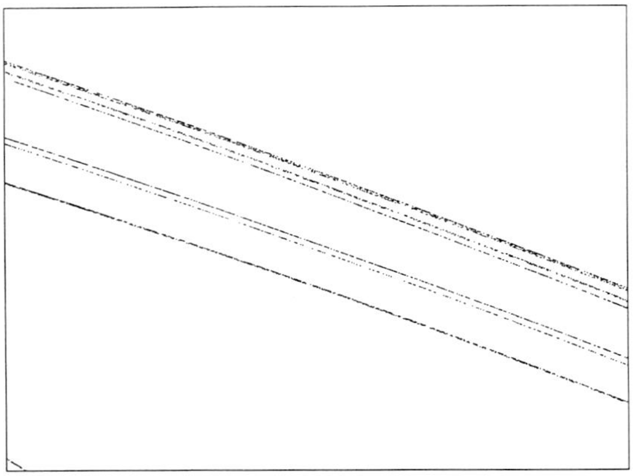

Bild 1.8 Detailansicht des Hénon-Attraktors

In Bild 1.8 können wir noch weitere Details sehen. Was auf den ersten Blick einer einfachen Kurve gleicht, scheint bei Vergrößerung eine komplizierte Feinstruktur aufzuweisen. Wir könnten nun in Gedanken immer kleinere Ausschnitte vergrößern, die stets die gleiche Feinstruktur aufweisen. Aber um dies mit Hilfe des Computers auszuführen, ist es wohl nötig, mindestens einige Millionen Bahnpunkte zu berechnen. Für einen modernen Mikrocomputer ist das jedoch überhaupt kein Problem. Das Programm HENATT (siehe Anhang und Diskette) ermöglicht es, Abbildungen wie die hier dargestellten beliebig oft zu wiederholen.

Bei der dynamischen Methode wird ein Fraktal Punkt für Punkt aufgebaut. Es kann geschehen, daß die Punkte sich doch wieder zu einer durchgehenden Linie aneinanderreihen, aber es kann auch vorkommen, daß die Punkte lose nebeneinander stehenbleiben. In letzterem Falle spricht man von einem Staubfraktal, im Gegensatz zu einem Linienfraktal der von-Koch-artigen Konstruktion.

In Kapitel 4 wird das Thema ausführlicher behandelt. Wir weisen dabei insbesondere auf das Modell von Verhulst und das entsprechende Bifurkationsdiagramm als Vorläufer der in Kapitel 13 besprochenen Mandelbrotmenge hin.

Ein typisches Beispiel

Anhand eines konkreten Beispiels zeigen wir, daß bei ein und demselben Fraktal unterschiedliche Methoden, Prinzipien und Techniken angewendet werden können. Es geht hier um eine Konstruktion von Punkten, die man auf kariertem Papier leicht, jedenfalls in den ersten Stadien, nachvollziehen kann. Das Konstruktionsprinzip ist in Bild 1.9 zu sehen: Zwei Punkte, A und B, sind das Zentrum der Kontraktionen. Die Kontraktion **L** hat A als Zentrum und transformiert einen Punkt P in P' solchermaßen, daß AP' mit AP einen positiven Winkel von 45 Grad bildet und dabei im Verhältnis $1/\sqrt{2}$ verkürzt wird.

Bild 1.9 Das Konstruktionsprinzip eines Fraktals

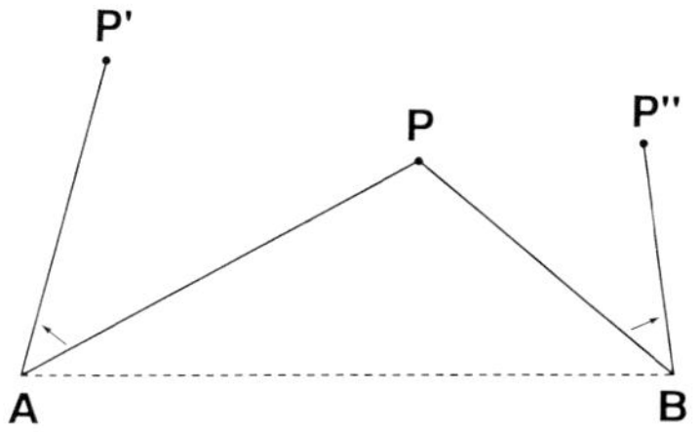

Auf analoge Weise hat die Kontraktion **R** als Zentrum B, den gleichen Drehwinkel und das gleiche Verkürzungsverhältnis wie **L**, nur daß die Drehrichtung jetzt im mathematisch negativen Sinne verläuft.

Das Fraktal bauen wir auf, indem wir als Startpunkt den Punkt C wählen, der mit AB ein rechtwinkliges, gleichschenkliges Dreieck bildet. Die folgenden Punkte des Fraktals werden hiernach abgeleitet durch Ausführung der Transformationen **R** und **L** in willkürlicher Reihenfolge.

Die Konstruktion ist eigentlich die gleiche wie die für den kahlen Baum von Pythagoras, lediglich mit dem Unterschied, daß wir jetzt Punkte anstelle von Linienabschnitten als Transformationsobjekte verwenden. Die Anzahl der Punkte nimmt gemäß der Reihe 1, 2, 4, 8, 16, ... zu. Die Gesamtheit aller Punkte ist ein Fraktal, das selbstähnlich ist bezüglich der Kontraktionen, die aus **L** und **R** abgeleitet werden können. Die Konstruktion der nachfolgenden Punktgenerationen ist ein dynamischer Prozeß. Der Attraktor dieses Prozesses ist identisch mit dem bereits vorliegenden Fraktal, zumindest, wenn wir darin die Grenzpunkte hinzugefügt haben, das heißt, wenn wir unendlich viele Mutationen durchgeführt haben. Das gebildete Fraktal können wir auch als die Grenzpunkte des in Bild 1.5 abgebildeten kahlen Baumes von Pythagoras auffassen, als Endpunkte der allerkleinsten Ästchen. Letzteres sollte man allerdings nicht als mathematische Aussage betrachten. Im Grenzfall sind nämlich unendlich viele "kleinste" Äste zu einem

Punkt zusammengeschrumpft. Die seltsame Tatsache tut sich hier auf, daß alle diese Punkte untereinander durch eine verschlungene Kurve verbunden sind. Diese Kurve ist bekannt als die Kurve von Lévy. Die Bilder 2.6 und 2.7 illustrieren dies.

Julia-Fraktale

1919 beschrieb der französische Mathematiker Gaston Julia eine besonders interessante Klasse der Fraktale, die nun seinen Namen trägt. Im englischen Jargon werden sie auch häufig "Julia sets" genannt. In der Mathematik bedeutet der englische Begriff "set" eine "Menge". Diese Julia-Mengen ermöglichen außergewöhnlich schöne Bilder, besonders dann, wenn der entsprechende Computer es uns ermöglicht, ihren Detailreichtum in einem prächtigen Farbenspiel zu entfalten. Sie sind durch ein dynamisches System definiert, wobei die mathematische Struktur durch eine einfache mathematische Funktion f, z. B. einen Term oder den Quotienten eines Terms, bestimmt wird. Die Funktion stellt sich geometrisch dar als eine bestimmte Art Transformation von Punkten in der flachen Ebene. Für eine geeignete mathematische Beschreibung benötigt man Grundkenntnisse über komplexe Zahlen. Tiefergehende Kenntnisse sind nicht nötig; was aber absolut notwendig ist, wird im Anhang 1 bzw. im Anhang des ersten Bandes behandelt.

Die einfachste Funktion f ist die quadratische Funktion. Das zugehörige dynamische System ist dann

$$z' = z^2 + c \tag{1.2}$$

wobei z die komplexe Schreibweise des Punktes mit den Koordinaten (x,y) ist und c mit (a,b) korrespondiert. In der normalen Schreibweise eines dynamischen Systems ist es das gleiche wie

$$\begin{aligned} x' &= x^2 - y^2 + a \\ y' &= 2xy + b \end{aligned} \tag{1.3}$$

In der - recht mathematisch angehauchten - Theorie der Julia-Mengen ist die komplexe Schreibweise (1.2) am geschicktesten, aber wenn wir eine solche Menge durch den Computer berechnen lassen wollen, müssen wir die ausführlichere Formulierung von (1.3) benutzen. In diesem Falle ist durch (1.2) für jeden Wert von c, das heißt, für jeden Punkt der ebenen Fläche, ein dynamisches System definiert mit der dazugehörigen Julia-Menge.

Die Menge scheint, von zwei Ausnahmen abgesehen, ein echtes Fraktal zu sein. Die erste Ausnahme ist, wenn $c = 0$ ist (oder auch $a = b = 0$), wo die Julia-Menge einen Kreis bildet. Die zweite Ausnahme ist, wenn $c = -2$ ist (oder auch $a = -2$, $b = 0$), und die Julia-Menge ein Linienstück ist.

Durch (1.2) oder besser (1.3) wird ein dynamisches System bestimmt, wobei die Bahnen wieder hin zu dem einen oder anderen Attraktor verlaufen. Leider haben wir nicht viel davon: Entweder verschwinden die Bahnen im Unendlichen oder sie laufen zu einem oder mehreren Punkten hin. Das interessanteste Objekt ist hier der sogenannte Abstoßer, eine Menge, von welcher sich alle in der Nähe verlaufenden Bahnen entfernen. Es ist die durch Julia beschriebene Figur, das Julia-Fraktal.

Um eine Julia-Menge, oder zumindest eine gute Näherung, auf den Bildschirm eines Computers zu bekommen, ist einiges an Erfindergeist nötig. Aber hier kommt uns die Monte-Carlo-Methode zu Hilfe. (Diese Methode ist ausführlich auch im 6. Kapitel des ersten Bandes beschrieben worden.)

Wir ersetzen den soeben betrachteten dynamischen Prozeß durch den inversen Prozeß, das heißt, wir vertauschen einfach Nachfolger und Vorgänger. Aus der Formel (1.2) folgt dann

(1.4) $z = +\sqrt{z' - c}$ oder $z = -\sqrt{z - c}$

Der umgekehrte Prozeß ist also zweideutig, das heißt, wir haben bei jedem Schritt zwei Möglichkeiten. Wir befinden uns jetzt in ähnlicher Situation wie bei der

Bild 1.10 Ein Julia-Fraktal

von-Koch-Kurve, die durch die beiden Kontraktionen **L** und **R** bestimmt ist. Anstelle der beiden Gleichförmigkeitstransformationen haben wir jetzt zwei kompliziertere Transformationen (1.4), die geometrisch schwieriger zu durchschauen sind. In den Kapiteln 11 und 12 über die Julia-Mengen kommen wir darauf noch einmal zurück. Hier begnügen wir uns mit der Darstellung eines einzelnen, sogenannten "gefüllten" Julia-Fraktals nach (1.2) mit c = -1.2 (siehe Bild 1.10). Die Illustration ist entstanden mit Hilfe des Programmes JULFILL, das im Anhang abgedruckt ist.

Mandelbrot-Mengen

Auch diesem Thema ist ein ganzes Kapitel gewidmet. Es fällt vielleicht auf, daß wir die Pluralform gebrauchen, und tatsächlich, es gibt mehrere Mandelbrot-Mengen, ja sogar sehr viele. Im Prinzip gehört zu jeder Familie von Julia-Fraktalen eine spezielle Mandelbrot-Menge. Unter einer Julia-Mengen-Familie verstehen wir die Mengen, die bestimmt werden durch eine Formel wie (1.2) oder (1.3), in der eine noch unbekannte komplexe Konstante c bzw. zwei reelle Zahlen a und b vorkommen. Anders ausgedrückt: Wir verstehen darunter eine solche Familie, bei der zu jedem Punkt (a,b) der Fläche ein Mitglied der Familie gehört.

Die Mandelbrot-Menge ist eigentlich eine Art Musterkarte, die uns zeigt, welche Arten von Familienmitgliedern es gibt. Einige Julia-Mengen bestehen aus losen Punkten, die wie Staub aneinanderhängen und auch als Staubfraktale bezeichnet werden. Andere Julia-Mengen bilden ein fest zusammenhängendes Ganzes.

Die bekannteste Mandelbrot-Menge gehört zur quadratischen Funktion (1.2) und gleicht einem "Apfelmännchen", ähnlich also der Figur, die entsteht, wenn Kinder aus einem großen und ein paar kleinen Äpfeln eine Art Puppe machen. Es hat sich herausgestellt, daß der Rand dieser Mandelbrot-Menge eine außergewöhnlich komplizierte Struktur aufweist, und diese wird bei wiederholter Vergrößerung immer komplizierter. Die Mandelbrot-Menge ist dann auch alles andere als ein selbstähnliches Fraktal.

Die Details des Randes können mit der Pixelmethode der graphischen Programmierung auf eindrucksvolle Weise sichtbar gemacht werden. Die einzigen Einschränkungen sind hier eigentlich nur die Rechengeschwindigkeit und die numerische Genauigkeit. Natürlich können wir mit einem Supercomputer wunderschöne Bilder erstellen, aber mit einfacheren Mitteln ist auch schon einiges zu erreichen. Auf einem Bildschirm mit einer Auflösung von 300.000 Pixeln kann eine billionenfache Vergrößerung (also eine Million mal eine Million) eines Details des Randes der Mandelbrot-Menge mit einem modernen PC schon zu Hause bestens verwirklicht werden. Bild 13.4 zeigt ein solches Detail.

2
Die fraktale Dimension

Im vorigen Kapitel sagten wir bereits, daß die Fraktale ihren Namen dem Umstand zu verdanken haben, daß sie meistens eine gebrochene Dimension besitzen. Denn "fractal" ist das englische Äquivalent zu unserem Wort "gebrochen". In der ursprünglichen Auffassung von Mandelbrot war die Eigenschaft der gebrochenen Dimension die dominierende, aber heute denken wir etwas anders darüber. Zum einen gibt es schöne Figuren, die wie Fraktale aussehen, die aber dennoch eine ganzzahlige Dimension von 1 oder 2 haben, und diese würden wir doch nicht gerne ausschließen. Zum anderen ist es in vielen Fällen schwierig, wenn nicht gar unmöglich, von einem gegebenen Fraktal die Dimension genau zu bestimmen. So wissen wir noch immer nicht, wie groß die Dimension des Randes der Mandelbrot-Menge ist. Es ist offenbar ein sehr schwieriges mathematisches Problem, obgleich es deutliche Anzeichen dafür gibt, daß die Dimension den Wert 2 hat. Für den, der stark vergrößerte Details des Randes auf seinem Bildschirm darzustellen weiß, ist das tatsächlich eine naheliegende Vermutung. Es scheint, daß mit jeder Maßstabsvergrößerung noch bizarrere Muster entstehen können, die den Eindruck geben, daß das Randgebiet immer dichter mit Linien bedeckt wird. Im Kapitel über die Mandelbrot-Menge und an anderen Stellen in diesem Buch können wir eindrucksvolle Beispiele hierfür sehen. Es wäre schade, wenn wir feststellen müßten, daß der Rand der Mandelbrot-Menge kein Fraktal ist. Anscheinend sah Mandelbrot bereits die dunklen Wolken am Horizont aufziehen, denn später gab er eine weniger enge Definition des Begriffes Fraktal, die dann allerdings so weit gefaßt war, daß sie im streng mathematischen Sinne kaum den Namen Definition verdient.

Aus einer Anzahl Gründen ist es wichtig, einer komplizierten geometrischen Figur eine fraktale Dimension zurechnen zu können. In der Welt um uns herum, bei praktischen Problemen der Natur und Technik, kommen zahllose bizarre Muster vor, die man gerne mit einer oder mehreren Zahlen charakterisieren oder klassifizieren möchte. Denken wir hierbei an Wolken, zum Beispiel Schäfchenwolken: Diese bilden ein Muster mit einer Mischung aus Regelmäßigkeit und Chaos. Der Bauer sagt aufgrund seiner Erfahrung, daß es vielleicht regnen wird, oder daß vielleicht doch schönes Wetter bleibt. Ein Meteorologe würde damit vielleicht gerne eine fraktale Dimension verbinden, um auf Grund eines Zahlenwertes zu einem Ergebnis kommen zu können. So könnte man nämlich zu einer vollständig automatisierten Wettervorhersage gelangen, wobei der Computer die ganze Arbeit von Anfang bis Ende durchführt.

Dimension: ein vielseitiger Begriff

In der mathematischen Literatur findet man den Begriff "Dimension" mit unterschiedlichen Bedeutungen. Die sogenannte topologische Dimension ist die einfachste. Diese ist einfach 0 für einen Punkt, 1 für eine Linie und 2 für eine Fläche. Betrachten wir in der flachen Ebene zum Beispiel eine Kreisscheibe, dann hat diese die Dimension 2, der Kreisrand die Dimension 1, und der Kreismittelpunkt hat die Dimension 0.

Darüber hinaus gibt es viele andere Definitionen, wobei auch Zwischenwerte angenommen werden können. In der mathematischen Literatur wird meist die sogenannte Hausdorff-Dimension verwendet. Diese wurde 1919 von dem Mathematiker Hausdorff beschrieben. Sie setzt allerdings einige Mathematikkenntnisse voraus, so daß wir hier nicht näher darauf eingehen können. Wir beschränken uns deshalb auf eine einfachere Version, die 1958 von Kolmogorov eingeführt wurde: die sogenannte "Box-Dimension" oder "Kapazität". Wir stellen uns vor, daß sich in einem Quadrat mit einer Seitenlänge 1, wobei eine willkürliche Längeneinheit gewählt ist, ein Fraktal befindet, dessen Dimension wir bestimmen wollen. Wir unterteilen durch Halbierung dieses Quadrat in vier kleinere Quadrate und zählen die Anzahl der Quadrate, die irgendwelche Punkte des Fraktals enthalten. Danach halbieren wir die kleineren Quadrate erneut, bis sechzehn kleine Quadrate entstanden sind, mit jeweils einer

Seitenlänge von 1/4. Wir bestimmen wieder die Anzahl der Quadrate, in denen sich Punkte des Fraktals befinden. Dies führen wir mit stets kleineren "Boxen" durch. Stets notieren wir dabei die Größe der Seitenlänge des kleinsten Quadrates und die Anzahl N der Quadrate, die Punkte mit dem Fraktal gemeinsam haben. Nehmen wir nun an, daß dabei die folgende fiktive Liste entsteht, zumindest, was die ersten drei Spalten betrifft. Die Bedeutung der letzten Spalte wird gleich deutlich.

Rangnummer k	Seitenlänge	Anzahl N(k)	D
0	1	1	
1	1/2	3	1.585
2	1/4	8	1.500
3	1/8	23	1.508
4	1/16	65	1.506
5	1/32	191	1.515
6	1/64	570	1.526
7	1/128	1692	1.523

Wir sehen auf den ersten Blick, daß mit jedem Schritt die Anzahl N(k) etwa um den Faktor 3 zunimmt, während die Seitenlänge jedesmal um den Faktor 2 abnimmt. Die fraktale Dimension im Sinne der "Box-Dimension" kann man nun einfach annähern mit dem Grenzwert der Logarithmen von N(k) und der reziproken Seitenlängen, das heißt:

fraktale Dimension ≅
log(Anzahl) / log(1/Seitenlänge)

Üblicherweise wird für die fraktale Dimension der Buchstabe D verwendet. In etwas strengerer, mathematischer Form kann dann die gleiche Formel geschrieben werden als

$$(2.1)\quad D \cong \log(N(k)) / (k \log(2))$$

Wer schneller vorankommen möchte und das ursprüngliche Quadrat lieber gleich in zum Beispiel hundert kleinere Quadrate teilen möchte und sodann die kleinste Seitenlänge jedesmal um den Faktor 10 verkleinert, muß die obenstehende Formel ein wenig anpassen und ersetzen durch

$$D \cong \log(N(k)) / (k \log(10))$$

Die Werte der rechten Seite von (2.1) sind ab k = 2 in der vierten Spalte der obenstehenden Tabelle aufgeführt. Wir lesen hieraus unmittelbar ab, daß die fraktale Dimension ungefähr gleich 1.52 ist. Ein genauerer Wert ist in praktischen Fällen kaum bestimmbar. Nur wenn es um ein durch eine mathematische Formel bestimmtes Fraktal geht, kann die fraktale Dimension exakt bestimmt werden.

Graphische Bestimmung der fraktalen Dimension

Manche Menschen arbeiten lieber mit Graphiken. Wenn einem das lieber ist, und wenn man mit logarithmischem Papier vertraut ist, tut man gut daran, N(k) logarithmisch gegen die Rangnummer k aufzutragen. Jeder Punkt der vierten Spalte entspricht dann einem Punkt in der Abbildung 2.1. Auf der horizontalen Achse ist k linear aufgetragen, auf der vertikalen Achse N(k) logarithmisch. Die erhaltene Punktereihe liegt dann recht gut auf einer geraden Linie. Die Steigung dieser Geraden ist dann gleich der fraktalen Dimension, sofern die Einteilung der horizontalen und der vertikalen Achse gut aufeinander abgestimmt ist. Aus (2.1) folgt nämlich

$$\log(N(k)) = D\, k \log(2)$$

die bekannte Gleichung einer geraden Linie durch den Ursprung, wobei k log(2) der Veränderlichen x und log(N(k)) der Veränderlichen y entspricht.

Bild 2.1 Die graphische Bestimmung der fraktalen Dimension

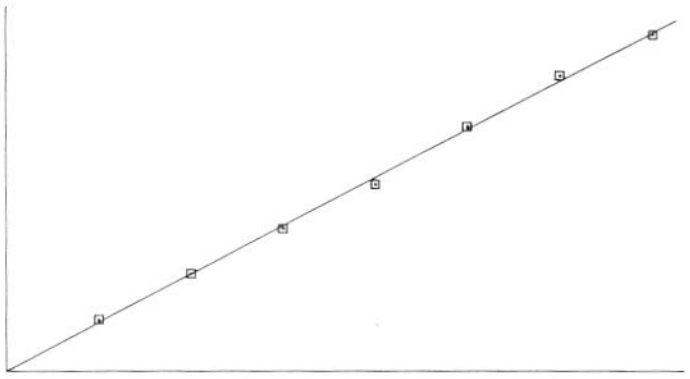

Es ist immer vernünftig, beim Arbeiten mit einer neuen Definition zu prüfen, ob auch die alten, vertrauten Ergebnisse gültig bleiben. Wir erwarten ein gefülltes Quadrat, mit anderen Worten, die Menge aller Punkte innerhalb eines Quadrates, das natürlich die Dimension 2 hat. Wenn wir die Formel (2.1) anwenden, dann ist für jede Rangnummer k die Anzahl der bedeckten Quadrate gleich 4^k, zugleich auch die gesamte Anzahl. Denn alle Quadrate enthalten Punkte der gegebenen Menge. Aus der Formel (2.1) ergibt sich ebenfalls die Antwort log(4)/log(2), also gerade 2, wie sich das gehört.

Bisher wurde die fraktale Dimension im Gedankenexperiment mit Hilfe von kariertem Papier bestimmt. Man könnte sich vorstellen, daß das Fraktal mit einem transparenten karierten Papier überdeckt wird, dessen Karos stets weiter unterteilt werden können. Aber theoretisch könnte die Methode dadurch verbessert werden, daß man die Karos ausschneidet und das Fraktal so gut wie möglich damit zudeckt. Die Felder müssen natürlich alle gleich groß sein. Diese Felder können wir dann beliebig verschieben oder verdrehen, genau so lange, bis das Fraktal mit sowenig Quadraten wie möglich bedeckt ist. Nennen wir die Seitenlänge der Felder h und die optimale Anzahl Quadrate N(h). In diesem Fall können wir (2.1) ersetzen durch

$$D \cong \log(N(h)) / \log(1/h)$$

Diese Formel gilt desto besser, je kleiner h ist.

Die fraktale Dimension der von-Koch-Kurve

Es ist eine reizvolle Aufgabe, mit Hilfe dieser Formel die fraktale Dimension der von-Koch-Kurve, abgebildet in Bild 2.2, einmal zu berechnen. Wir erinnern uns, daß die Konstruktion der Kurve darauf beruht, daß wir jedesmal das mittlere Drittel eines Linienabschnitts ersetzen durch die nach oben gerichteten beiden Seiten eines gleichseitigen Dreiecks. Aus einem geraden Linienstück wird so jedesmal eine gebrochene Linie von vier kleineren Linienabschnitten. Nach unendlich vielen dieser Konstruktionsschritte besteht die von-Koch-Kurve aus vier identischen Teilen, wobei jeder Teil eine Kopie des Originals ist, mit dem Verkleinerungsfaktor 1/3. Unterstellen wir, daß wir mit kleinen Quadraten arbeiten, deren Seitenlänge h ist, und daß wir davon N benötigen. Verkleinern wir h um den Faktor 3, dann können wir offenbar genau eine der vier kleineren Kopien der von-Koch-Kurve überdecken. Um alles zu bedecken, benötigen wir 4N Quadrate. Verkleinerung von h um den Faktor 3 ergibt also eine Vergrößerung von N um den Faktor 4. Mit ein wenig Erfahrung schließt man hieraus sofort, daß die fraktale Dimension der von-Koch-Kurve gleich ist log(4)/log(3), also gleich 1.26. Wer gerne etwas rechnet, könnte bemerkt haben, daß h gemäß der geometrischen Reihe mit dem Faktor 1/3 abnimmt. Wir können dann h gleichsetzen mit $h = h_0 3^{-k}$, wobei k die Anzahl der Verkleinerungen vom Beginn an ist. Ebenso nimmt N gemäß der geometrischen Reihe mit dem Faktor 4 zu, und wir können N gleichsetzen mit $N_0 4^k$. Wenn wir diese Ausdrücke in Formel (2.2) einsetzen und k immer größer werden lassen, dann zeigt sich, daß D sich tatsächlich dem genannten Wert nähert.

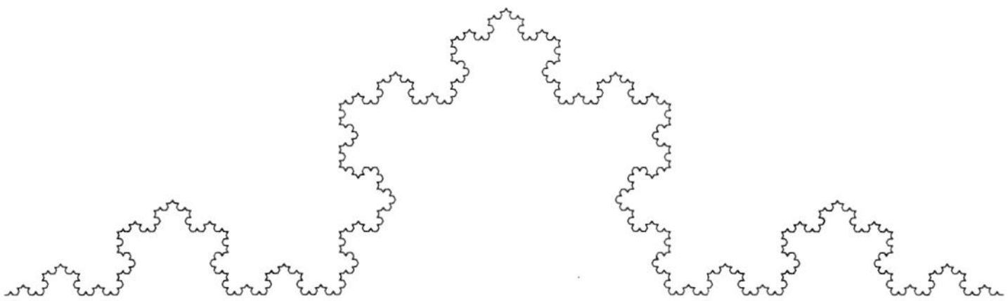

Bild 2.2 Die von-Koch-Kurve

Eine allgemeine Formel

Für selbstähnliche Fraktale kann die fraktale Dimension mit Hilfe einer einfachen Formel schnell gefunden werden. In den folgenden Kapiteln haben wir häufig mit solchen Fraktalen zu tun. Das Prinzip ist wie folgt: Für solche Fraktale gibt es eine Anzahl, z. B. m Gleichförmigkeitstransformationen, sogenannte "Kontraktionen", die das Fraktal in einen Teil seiner selbst transformieren. Eine Kontraktion ist einfach eine Transformation, wobei alle Abstände verkürzt werden. Werden z. B. die Punkte P und Q transformiert in P' und Q', dann ist die Länge des Linienstückes P'Q' stets kleiner als das Stück PQ. Das Verhältnis P'Q'/PQ können wir den "örtlichen Kontraktionsfaktor" nennen. Es kann sein, daß der Faktor überall der gleiche ist, aber im allgemeinen ist das nicht zwingend notwendig. Die obere Grenze f aller örtlichen Kontraktionsfaktoren heißt der Kontraktionsfaktor der Gleichförmigkeitstransformation. Für willkürliche Punkte gilt dann

$$P'Q' \leq f\,PQ$$

Die Kontraktionsfaktoren der m Gleichförmigkeitstransformationen, bei denen das Fraktal selbstähnlich ist, nennen wir $f_1, f_2, f_3, ..., f_m$. Die Hausdorff-Dimension D des Fraktals ist dann bestimmt durch die Gleichung

$$(2.3) \quad f_1^D + f_2^D + ... + f_m^D = 1$$

Übrigens muß diese Formel wohlüberlegt angewendet werden. Die maximale Dimension einer ebenen Figur ist 2, so daß ein eventuell mit (2.3) ermittelter höherer Wert durch 2 ersetzt werden muß.

Zur Illustration betrachten wir noch einmal die von-Koch-Kurve. Wir sehen an der Figur, daß die gesamte Linie aus vier kleineren Kopien ihrer selbst besteht. Das Verkleinerungsverhältnis ist 1/3. Also

$$(1/3)^D + (1/3)^D + (1/3)^D + (1/3)^D = 1$$

Eine einfache Berechnung ergibt schnell die richtige Lösung:

$$D = \log(4) / \log(3) = 1.26$$

Die Siebe von Sierpinski und von Menger

Nun prüfen wir die Formel für das bekannte Sieb von Sierpinski, dargestellt in Bild 2.3.

Es gibt verschiedene Methoden, diese Figur auf dem Bildschirm darzustellen. Das Programm SIERLINE (siehe Anhang und Diskette) beruht auf einer Zahlensystem-Methode, wobei gemäß der Struktur des ternären Zahlensystems (Basis 3) stets kleinere Dreiecke an die bereits gebildete Figur angefügt werden. Das Programm SIERMC läßt das Sieb als eine stochastische Punktwolke nach der sogenannten Monte-Carlo-Methode entstehen. Diese wird in Kapitel 6 ausführlich besprochen und ist auch schon aus dem ersten Band bekannt.

Wenn wir die Figur hinsichtlich eines der drei Eckpunkte um den Faktor 1/2 verkleinern, eine zentrale Multiplikation, dann geht das Sierpinski-Fraktal über in einen Teil seiner selbst. Es gibt also drei Kontraktionen, jede mit dem Faktor 1/2. Die Gleichung ergibt dann

$$(1/2)^D + (1/2)^D + (1/2)^D = 1$$

so daß

$$D = \log(3) / \log(2) = 1.58$$

Bild 2.3 Das Sieb von Sierpinski

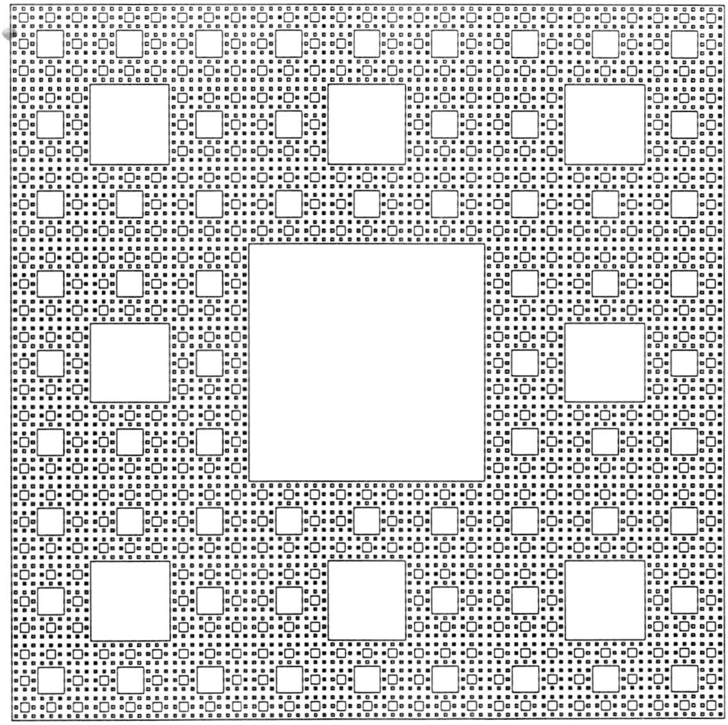

Bild 2.4 Der Schwamm von Menger

In Bild 2.4 zeigen wir das sogenannte Sieb oder den Schwamm von Menger, ein quadratisches Analogon zum Sieb von Sierpinski. In dem berühmten Buch von Mandelbrot "The Fractal Geometry of Nature" kann man eine Illustration der Schwammversion finden, eine dreidimensionale Konstruktion, wobei aus einem Würfel jedesmal kleinere Würfel entnommen werden. Wir beschränken uns hier allerdings auf das zweidimensionale Äquivalent, die "Siebversion", die man übrigens mit wenig Mühe auf dem Computerbildschirm darstellen kann. Man kann dazu das Programm MENGERMC, nach der Monte-Carlo-Methode, oder, in Farbe, MENGERCL verwenden. Wir zählen insgesamt acht Kontraktionen, zentrale Multiplikationen, jede mit dem Faktor 1/3, für die das Fraktal selbstähnlich ist (Bild 2.5). Formel (2.2) zeigt auf analoge Weise sofort das Ergebnis:

$$D = \log(8) / \log(3) = 1.89$$

Bild 2.5 Die acht Kontraktionen des Schwammes von Menger

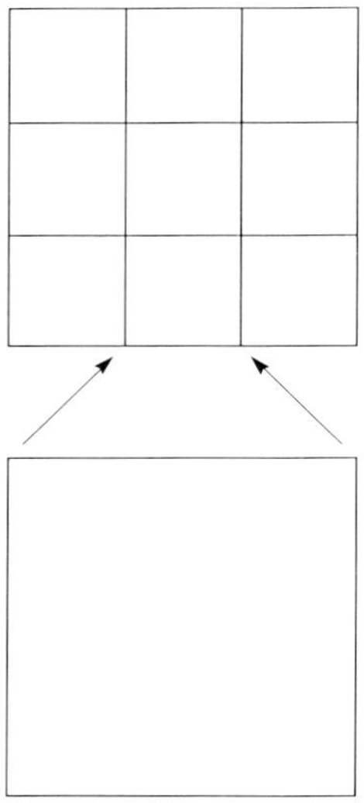

Die Kurve von Lévy als Grenzfall

Es ist interessant, einmal einen Grenzfall zu untersuchen, für den die Gleichung für die fraktale Dimension genau $D = 2$ ergibt. Die einfachste Situation entsteht für zwei Kontraktionen, jede mit dem Faktor $1/\sqrt{2}$. Dies ist der Fall bei der bekannten Kurve von Lévy, auch C-Kurve genannt. Eine grobe Näherung des Fraktals zeigt das Bild 2.6. Dieses ist mit Hilfe des Programmes LEVYLINE erstellt. Wie wir sehen, ist der linke Endpunkt A das Zentrum einer Gleichförmigkeitstransformation, wobei der rechte Endpunkt B in den Punkt C übergeht. Die Transformation ist die Kombination einer Drehung um 45 Grad und einer Kontraktion um den Faktor $AC/AB = 1/\sqrt{2}$. Ebenso ist der rechte Endpunkt das Zentrum einer gleichartigen Kontraktion, wobei das Linienstück BA in BC übergeht. Die Dimensionsgleichung ist hier

$$(1/\sqrt{2})^D + (1/\sqrt{2})^D = 1$$

Tatsächlich ist für dieses Fraktal $D = 2$, ein Ergebnis, das wir so interpretieren können, daß die Kurve von Lévy lokal flächenfüllend ist. In Bild 2.7 zeigen wir eine wesentlich bessere Näherung dieses Fraktals, und tatsächlich scheinen die Punkte des Fraktals sich lokal dichter und dichter anzuhäufen. Bei einer solch hohen Näherung treten die Löcher deutlich hervor. Selbstverständlich sind die Löcher selbstähnlich hinsichtlich der zwei Basistransformationen. Dem Bild 2.7 liegt das Programm LEVYLONG zugrunde, eine Abwandlung von LEVYLINE, wobei sogenannte "long integers" verwendet werden, d. h. Zahlen besonders hoher Genauigkeit.

Auf entsprechende Weise hat auch die in Bild 2.8 wiedergegebene Drachenkurve die fraktale Dimension 2. Das zugehörige Programm ist DRAGON. Man kann auf mathematischem Wege relativ leicht zeigen, daß das ideale Fraktal aus einer Reihe einander gleichförmiger, flacher, massiver "Fliesen" mit einer bizarren Form besteht.

Bild 2.6 Die Kurve von Lévy in einem Anfangszustand

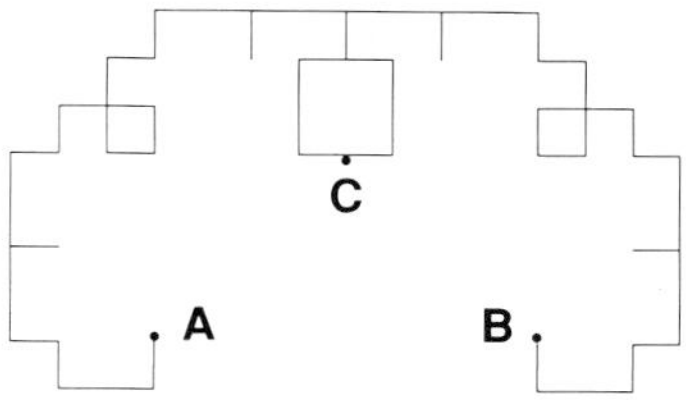

Bild 2.7 Eine gute Näherung der Kurve von Lévy

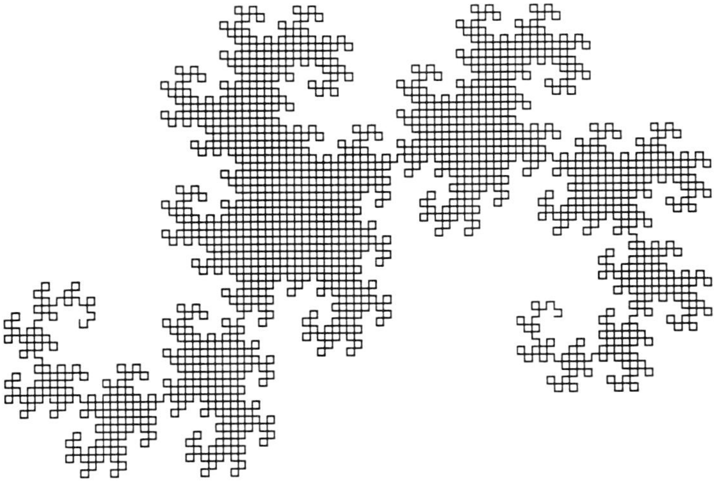

Bild 2.8 Die Drachenkurve

Multifraktale

Bestimmte Anwendungen, wie beispielsweise die Verteilung der Materie, veranlaßten Mandelbrot, den Begriff Multifraktal einzuführen. Gold wird auf der Erde nur an wenigen Stellen in hoher Konzentration angetroffen, an vielen anderen Stellen findet man es dagegen in niedrigerer Konzentration. Berücksichtigen wir nur die Goldklümpchen mit einer bestimmten Konzentration an Gold, so kann man sich vorstellen, daß diese nach einem Fraktalmuster mit einer zugehörigen fraktalen Dimension verteilt sind. Nehmen wir Material mit einer höheren Konzentration an Gold, dann sollten wir ein anderes Fraktal finden, das ebenfalls eine andere Dimension zeigt. Die Gesamtmenge an Gold, vielleicht auch wieder in einem Fraktalmuster zu finden, ist also verteilt auf eine Familie von Fraktalen, jede mit einer eigenen Dimension. Wir sprechen dann von "Multifraktal", ein Begriff, der sich nicht nur für die Geologie, sondern auch für viele andere Anwendungen als nützlich erwiesen hat.

Ein Multifraktal auf einer geraden Linie kann man also als eine Massenverteilung auf einer Linie ansehen. Wir wollen uns der Einfachheit halber auf ein Linienstück mit einer Koordinatenausdehnung von 0 bis 1 beschränken. Wir betrachten uns selbst als Silberschmied, der einen Silberstab durch Austreiben bearbeiten muß. Bei den Kunstschmieden ist Treiben eine Technik, die durch Massenverschiebung dem Metall eine bestimmte Form gibt. In diesem sehr einfachen Beispiel bleibt der Stab wohl ein Stab mit derselben Länge, aber durch Hämmern bringen wir soviel Metall von der linken Hälfte auf die rechte Hälfte, daß die linke Seite die Masse p und die rechte Seite die Masse 1-p hat. Jede Hälfte ist von homogener Zusammensetzung. Wer eine konkrete Situation vorzieht, der nehme p = 1/3, so daß die Massen links und rechts im Verhältnis 1:2 verteilt sind.

Beschreibung im Dualsystem

Man könnte nun eine einfache Graphik erstellen (Bild 2.9). Wir wiederholen den beschriebenen Prozeß auf re-

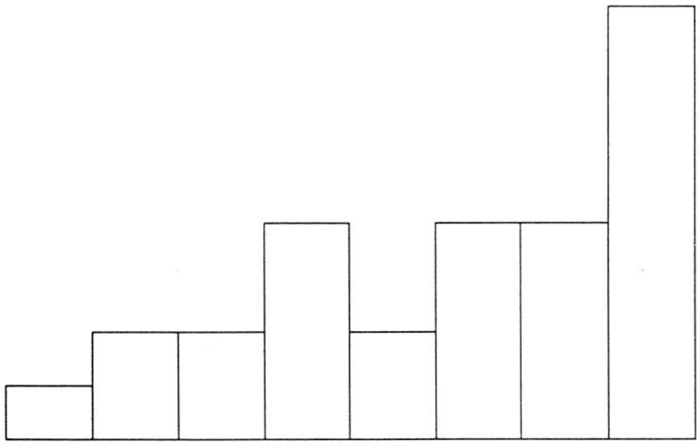

Bild 2.9 Fraktale Massenverteilung in einem Stab nach drei Schritten

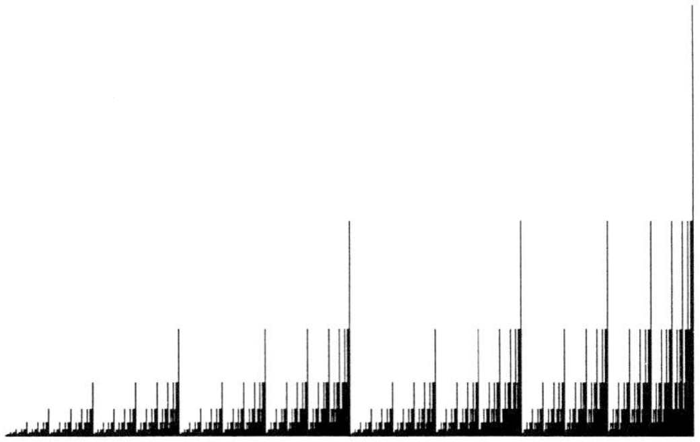

Bild 2.10 Fraktale Massenverteilung nach zwölf Schritten

kursive Weise dadurch, daß wir die Methode auf jedes der beiden Stücke anwenden, und so fort. Das nachfolgende Schema zeigt, wieviel Masse jedesmal jeder Teil des Stabes hat. Zum Zwecke der Vereinfachung schreiben wir q anstelle von 1-p.

Schritt 1	p	q						
Schritt 2	p^2	pq	pq	q^2				
Schritt 3	p^3	p^2q	p^2q	pq^2	p^2q	pq^2	pq^2	q^3
Schritt 4	p^4	p^3q	p^3q	p^2q^2	...			

In der folgenden Abbildung (Bild 2.10) zeigen wir die resultierende Massenverteilung nach zwölf Schritten. Es fällt auf, wie bizarr jetzt bereits die Massen verteilt sind. Man bedenke, daß dies erst die ersten wenigen Schritte auf dem Wege zur Unendlichkeit sind.

Beide Figuren (Bild 2.9 und 2.10) erhält man mit dem Programm MULTIFR. Das Programm beruht auf der Darstellung ganzer Zahlen im Dualsystem. Wenn wir die Zahlen von 0 bis 2^3 dual schreiben, erhalten wir die Reihe

000 001 010 011 100 101 110 111

Vergleichen wir diese Reihe mit der bei Schritt 3, so erkennen wir eine auffallende Übereinstimmung. Die Anzahl Nullen stimmt überein mit der Anzahl Faktoren p, und die Anzahl Einsen entspricht den Faktoren q. Es ist also nicht schwierig, vorherzusagen, wieviel Masse zum Beispiel beim achten Schritt an einer bestimmten Stelle im Stab anzutreffen ist. Insgesamt gibt es $2^8 = 256$ Stükke. Für das Element mit der Rangnummer 91 haben wir die duale Schreibweise

$$91 = 64 + 16 + 8 + 2 + 1, \text{ also}$$

$$91 = 0\ 1\ 0\ 1\ 1\ 0\ 1\ 1$$

Die Masse ist daher hier p^3q^5. Das Programm macht also nichts anderes, als für jede ganze Zahl bis zu einer bestimmten Grenze, zum Beispiel 2^{12}, die duale Darstellung zu bestimmen und anhand der Anzahl Nullen in dieser Darstellung eine Linie zu zeichnen.

Auf entsprechende Weise können Multifraktale in Fläche und Raum definiert werden. Die Anwendungsmöglichkeiten nehmen hierbei ebenfalls zu, allerdings stekken die Untersuchungen hierüber noch in den Kinderschuhen. Auch weil dieses Thema von ziemlich technischer Natur ist, können wir hier nicht sehr viel mehr darüber sagen. Man denke jedoch unter anderem an Landschaften und Wolken.

3
Selbstähnlichkeit

In den beiden vorangegangenen Kapiteln haben wir bereits häufiger mit Selbstähnlichkeit von Fraktalen zu tun gehabt, aber erst in diesem Kapitel werden wir das Thema ein wenig systematischer behandeln.

Die Selbstähnlichkeit ist ein wesentliches Kennzeichen eines Fraktals und kann sich auf eine regelmäßige, streng mathematische Weise, wie bei der Kurve von von Koch, dem Sieb von Sierpinski oder beim Pythagorasbaum manifestieren.

Es kann allerdings auch sein, daß die Selbstähnlichkeit eher als Zufall, gemäß den Gesetzen der Wahrscheinlichkeitsrechnung, aufgefaßt werden muß. Denken wir hierbei an Wolken oder an einen echten Baum.

Im ersten Band zeigten wir, wie die mathematische Selbstähnlichkeit mittels geometrischer Transformationen festgelegt werden kann. Tatsächlich haben wir in diesem Band auch eine Anzahl Fraktale, ausgehend von zwei gegebenen Selbstähnlichkeitstransformationen, konstruiert. In diesem Buch legen wir den Schwerpunkt gerade auf das umgekehrte Problem. Nehmen wir an, daß wir eine schöne, fraktalähnliche Figur sehen, oder daß wir in der Natur ein Muster erkennen, das uns an ein Fraktal erinnert. Man fragt sich unweigerlich, ob man nicht eine Art mathematischen Mechanismus finden kann, der es ermöglicht, eine solche Figur als selbstähnliches Fraktal zu synthetisieren. In einigen Fällen ist das gar nicht einmal so schwierig, zumindest, wenn man keine exakte Gleichung anstrebt. Es kommt lediglich auf die Einsicht in geometrische Transformationen an. In diesem Kapitel werden wir versuchen, dem Leser die dazu nötige Kenntnis auf dem Gebiet der Geometrie zu verschaffen, ohne dabei auf mathematische Details einzugehen. Selbstverständlich kommen wir an ein wenig mathemathischer Technik nicht vorbei, aber wer noch über etwas Schulwissen von gleichseitigen Dreiecken verfügt, oder wer, wie viele Computernutzer, mit x-y-Koordinaten in einer Fläche arbeiten kann, wird unseren Ausführungen folgen können.

Der Farn von Barnsley

Um die gestellte Problematik deutlich zu machen, betrachten wir ein konkretes Beispiel, das uns gegeben wird durch den Mathematiker Michael Barnsley, der sein Buch "Fractals Everywhere" (ein schönes Buch mit viel "schwieriger" Mathematik) mit einigen synthetischen Farnen verzierte.

Bild 3.1 Das Schema eines Farns

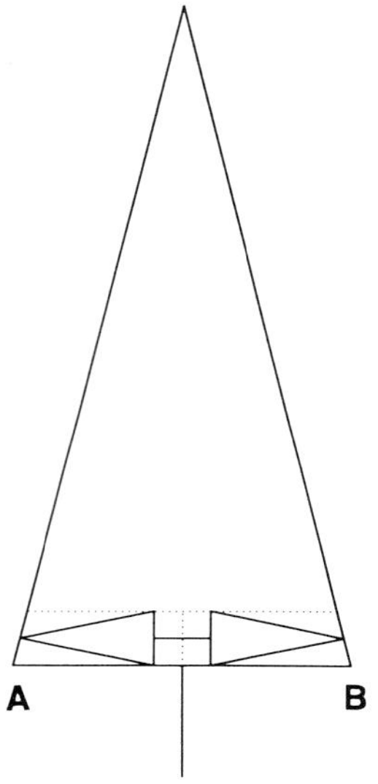

In Bild 3.1 sehen wir die Grundform eines Farnwedels, ein schmales, gleichschenkliges Dreieck ABT mit einem Stiel. An der Symmetrieachse ist eine große Anzahl von Seitenblättern befestigt, deren Größe langsam von unten nach oben abnimmt. In der Figur sind lediglich die beiden untersten in symmetrischer Position skizziert. Jedes Seitenblatt ist also eine verkleinerte Kopie der Grundform. Das größte Seitenblatt links unten, $A_1B_1T_1$, ist ein Dreieck, das gleichförmig mit dem großen Dreieck ABT ist. Man kann sich vorstellen, daß das kleine Dreieck aus dem großen durch Verkleinerung und Drehung entstanden ist. Der Maßstab der Verkleinerung ist bestimmt durch das Verhältnis von A_1B_1/AB. Diese Zahl nennen wir den Reduktionsfaktor oder den Kontraktionsfaktor. In dieser Figur ist der Faktor 1/5 angenommen. Weiter sehen wir, daß das kleine Dreieck gegenüber dem großen um 90 Grad nach links, positiv gerechnet, also gegen den Uhrzeigersinn gedreht ist.

In entsprechender Weise gibt es eine zweite Selbstähnlichkeitstransformation, die aus dem Dreieck ABT das größte Seitenblatt, rechts unten, erzeugt. Kennzeichen sind der gleiche Reduktionsfaktor und ein Rotationswinkel von -90 Grad, negativ gerechnet, im Uhrzeigersinn. Schließlich können wir noch eine dritte Selbstähnlichkeitstransformation erkennen, und zwar die zentrale Multiplikation mit dem Zentrum T. Wenn wir die Figur hinsichtlich der Spitze T ein wenig verkleinern, um den Faktor 11/12 beispielsweise, dann geht der Farn ABT in eine etwas kleinere Abbildung seiner selbst über.

Natürlich sind noch viel mehr Selbstähnlichkeiten vorhanden. Jedes Seitenblatt trägt wieder eine Reihe kleinerer Seitenblätter, und diese enthalten ihrerseits wieder Seitenblätter, und so fort, genau wie wir es in der Natur wahrnehmen können. Man kann aber konstatieren, eventuell gestützt durch mathematische Erfahrung, daß die Selbstähnlichkeiten lediglich Kombinationen der genannten drei sind. Auf das Computerprogramm FERN1 (Anhang und Diskette) gehen wir jetzt nicht ein, wir begnügen uns mit der Aussage, daß der mathematische Kern auf der wiederholten Anwendung der genannten drei Transformationen beruht. Das Resultat ist in Bild 3.2 zu sehen, das einem echten Farn bereits sehr ähnlich sieht, mit Ausnahme der noch fehlenden Stiele.

Bild 3.2 Ein synthetischer Farn

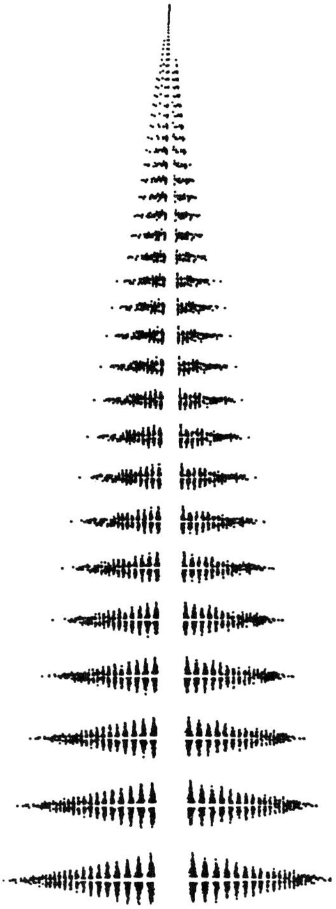

Projektionen

Wenn wir an das in Bild 3.2 abgebildete Fraktal noch die Stiele anfügen wollen, so daß das Fraktal noch mehr einem echten Farnblatt gleicht, dann müssen wir eine vierte Transformation verwenden. Diese ist eine geometrische Verformung, so daß aus Blättern Stiele entstehen. Wer ein wenig mit der Geometrie vertraut ist, begreift sofort, daß es sich hierbei um eine Projektion handeln muß.

Im allgemeinen ist eine Projektion ein geometrischer Vorgang, der eine räumliche Figur reduziert zu etwas Flachem, der eine flache Figur auf eine Linie reduziert und der eine Linie zu einem Punkt transformiert. Eine Projektion ist eine Transformation, bei der die (topologische) Dimension einer Figur verringert wird. Es ist so etwas wie Schattenwerfen. In Bild 3.3 zeigen wir, wie eine blattförmige Figur durch eine Projektion zu einer Linie transformiert wird, und dies ist genau das, was wir bei unserem Farnblatt benötigen.

Die einfachste flache Projektionsform ist die, bei der alle Punkte in der Fläche auf eine bestimmte gerade Linie fallen. Die meist gebräuchliche Methode ist die, bei der die Punkte senkrecht auf die Linie projiziert werden. Es ist deutlich, daß Projizieren ein unumkehrbarer Prozeß ist: Aus der Projektion werden wir niemals das Original zurückerhalten. Die Projektion ist als geometrische Transformation nicht umkehrbar. In der Koordinaten-Geometrie – darauf kommen wir anschließend zurück – kann Projizieren als das Weglassen einer Koordinate aufgefaßt werden. Der Punkt (x,y) in der Fläche wird zum Beispiel ersetzt durch die Projektion (x,0) auf der x-Achse.

Bild 3.3 Die Projektion einer flachen Figur

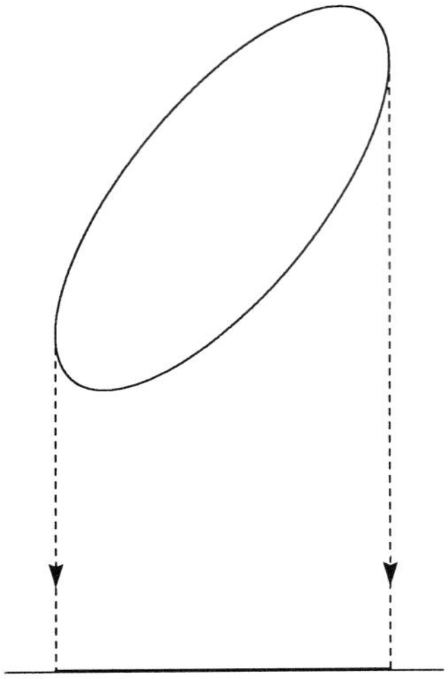

Die Projektion kann aufgefaßt werden als eine Kontraktion, also eine Abbildung, bei der zusammengefaßt oder verkleinert wird. Der Kontraktionsfaktor ist dabei einfach null. In Bild 3.3 sehen wir dann auch, wie ein Blatt mit einer gewissen Oberfläche plattgemacht wird zu einem Linienstück, das kein Oberflächenmaß mehr besitzt, oder anders gesagt, dessen Oberfläche gleich null ist. Man kann sich vorstellen, daß es nicht schwierig ist, an das Computerprogramm mit den drei Selbstähnlichkeitstransformationen als vierte eine Projektion hinzuzufügen, wobei das Blatt aus Bild 3.1 in horizontaler Richtung auf den vertikalen Hauptstiel projiziert wird. Das Resultat ist die schon viel bessere Imitation in Bild 3.4. Das diesbezügliche Programm FERN2 wird in Kapitel 6 besprochen werden.

Transformationen

Bild 3.4 Ein verbesserter Farnwedel

Um Einsicht in die Struktur von Fraktalen zu bekommen, ist eine gewisse Kenntnis der geometrischen Transformationen unentbehrlich. Als Hinweis für den Leser wollen wir hier einige nützliche Informationen anführen, wobei wir versuchen, mit so wenig mathematischer Technik wie möglich auszukommen. Man erwarte also keine Ableitungen von Gleichungen. Für denjenigen, der selbst Fraktalprogramme zusammenstellen möchte oder der die hier gebotenen Programme ganz zu verstehen wünscht, wurde einiges an Koordinaten-Geometrie verwendet.

Eine Transformation ist eine Verformung der flachen Ebene, wobei Punkte Verschiebungen erfahren. Wir vereinbaren, daß P ein noch nicht verschobener Punkt sei, das sogenannte Original, und daß P' der verschobene Punkt sei, der Bildpunkt oder das Bild von P. Transformationen bezeichnen wir häufig mit den Großbuchstaben **T**, **U**, **V**, **L**, **R**, und so weiter. Daß die Transformation **T** den Punkt P in P' transformiert, können wir symbolisch ganz kurz notieren als P' = **T**(P). Es ist sehr nützlich, eine besondere Notation für die Transformation zu haben, die alles auf seinem Platz beläßt. Wir schreiben ein **I** davor, der Anfangsbuchstabe des Wortes "identisch". Denn Bild und Original sind identisch, und symbolisch gilt **I**(P) = P für alle Punkte P. Man nennt **I** die identische Transformation oder kurz die Identität.

Transformationen können nacheinander ausgeführt werden, eine Vorgehensweise, die den Kern des Fraktalbegriffs berührt. Sind **T** und **U** gegebene Transformationen, dann bedeutet **UT**(P), daß wir P erst der Transformation **T** unterwerfen und dann das Bild von P wieder mit **U** transformieren. Das Schema ist also

T(P) = P'
U(P') = P''

Die kombinierte Transformation **UT** (erst **T**, dann **U**) heißt das Produkt von **T** und **U**. Der Begriff hat allerdings wenig gemein mit der Multiplikation von Zahlen. Bei gewöhnlichen Zahlen ist die Reihenfolge der Faktoren ohne Bedeutung. So sind 3×5 und 5×3 beides gleich 15. Bei Transformationen ist die Reihenfolge in der Regel von Bedeutung, und es können **TU** (erst **U**, dann **T**) und **UT** (erst **T** und dann **U**) etwas völlig anderes ergeben.

Bild 3.5 Eine umkehrbare Transformation

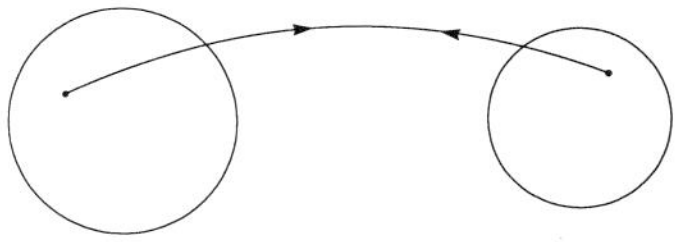

Bild 3.6 Eine nicht-umkehrbare Transformation

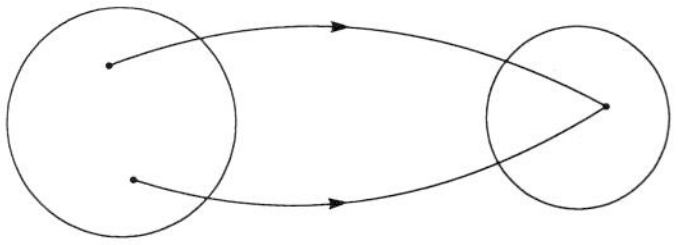

Bild 3.7 Wiederholung einer Transformation

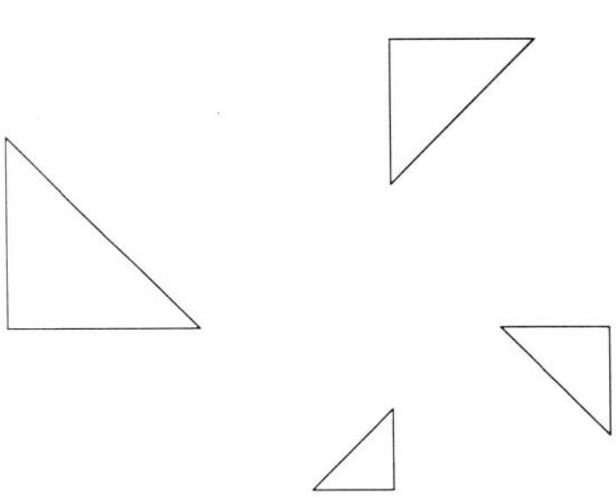

Glücklicherweise ist dies der einzige Unterschied zum Multiplizieren von Zahlen. Einige Transformationen können umgekehrt werden. Dann gehört jedesmal ein Original zu einem Abbild. Aus dem vorangegangenen ergibt sich, daß dies sicher nicht für Projektionen gilt. Die hier zu besprechenden linearen Transformationen, die in der Praxis am häufigsten vorkommen, sind das glücklicherweise schon, auch wenn sie in Ausnahmefällen Projektionen sein können. Ist **T** umkehrbar - der technische Term ist "invertierbar" - dann wird die Umkehr- oder inverse Transformation angedeutet mit $\mathbf{T}^{-1}$. Der Kurzname lautet: Inverse von **T**. In der symbolischen Schreibweise haben wir $\mathbf{T}^{-1}\,\mathbf{T} = \mathbf{I}$, eine Art Stenogramm für die Mitteilung, daß, wenn ein willkürlicher Punkt P durch **T** transformiert wird nach P', und wenn dieser Punkt das Original der inversen Transformation $\mathbf{T}^{-1}$ ist, der Bildpunkt davon wieder P ist (siehe Bilder 3.5 und 3.6).

Wenn ein und dieselbe Transformation stets wiederholt wird, können wir die gebräuchliche Schreibweise für Potenzen anwenden. So bedeutet $\mathbf{T}^3$, daß die Transformation **T** dreimal wiederholt wird (Bild 3.7).

Sind beispielsweise **L** und **R** zwei gegebene Transformationen, dann bedeutet $\mathbf{L}^2\mathbf{RLR}^3$ eine zusammengesetzte

Transformation, wobei ein Punkt oder eine bestimmte Figur erst dreimal die Transformation **R** durchlaufen wird. Das Resultat wird danach mit Hilfe von **L** und danach mit **R** transformiert. Die neue Figur wird zum Schluß zweimal mit **L** bearbeitet. Es scheint schwierig, sich eine Vorstellung vom endgültigen Resultat zu machen. Aber wenn sowohl **L** als auch **R** Ähnlichkeitstransformationen sind, so ist dies auch jede aus den Elementen **L** und **R** zusammengestellte Kombination.

Bei einer beliebigen Transformation **T** gibt es einen Punkt, der auf seinem Platz bleibt, also ein Punkt, für den **T**(P) = P ist. Einen solchen Punkt nennt man Deckpunkt (oder Fixpunkt). In der englischen Terminologie spricht man von einem "fixed point", eine sehr zutreffende Formulierung. Ist **T** beispielsweise eine Rotation mit dem Punkt O als Drehpunkt, dann ist O ein Deckpunkt. Andere Deckpunkte gibt es nicht. Ist dagegen **T** eine Spiegelung an einer Linie a, der Achse der Spiegelung, dann sind alle Punkte von a Deckpunkte, da sie bei der Spiegelung auf ihrem Platz bleiben. Außerdem wissen wir, daß eine weitere Spiegelung den ursprünglichen Zustand wieder herstellt, symbolisch also $\mathbf{T}^2 = \mathbf{I}$ gilt.

Die für die Theorie über Fraktale wichtigsten Transformationen sind sogenannte Kontraktionen. Bei einer Kontraktion **T** werden Linienstücke stets verkleinert. Sind P und Q willkürliche Punkte und P' und Q' ihre Abbilder hinsichtlich einer Transformation **T**, dann ist das Verhältnis P'Q'/PQ ein Maßstab für die Verkleinerung. Manchmal ist diese Zahl unabhängig von der Position von P und Q, und dann heißt sie der Kontraktionsfaktor von **T**. Wenn die Zahl aber von der Position von P und Q abhängig ist, können wir lediglich von einer lokalen Verkleinerung sprechen. Der Kontraktionsfaktor wird dann definiert als der größte Wert (für Mathematiker: die obere Grenze) aller lokalen Verkleinerungen.

Man achte darauf, daß der Kontraktionsfaktor sich immer auf die Verkleinerung von Linienstücken bezieht und nicht auf die von Oberflächen. Hat eine Kontraktion zum Beispiel überall den gleichen lokalen Verkleinerungsfaktor von 1/3, dann wird die Oberfläche eines Quadrates oder Kreises auf 1/9 der ursprünglichen Größe reduziert.

Lineare Transformationen

Lineare Transformationen sind durch die Eigenschaft gekennzeichnet, daß gerade Linien auch wieder in gerade Linien transformiert werden. Außerdem bleibt auch die Parallelität erhalten, so daß parallele Linien auch nach der Transformation parallel verlaufen. Eine lineare Transformation mit einem Schachbrettmuster oder kariertem Papier verformt dieses, wobei die Quadrate zu untereinander gleich großen Parallelogrammen verformt werden (siehe Bild 3.8).

Bild 3.8 Eine lineare Transformation

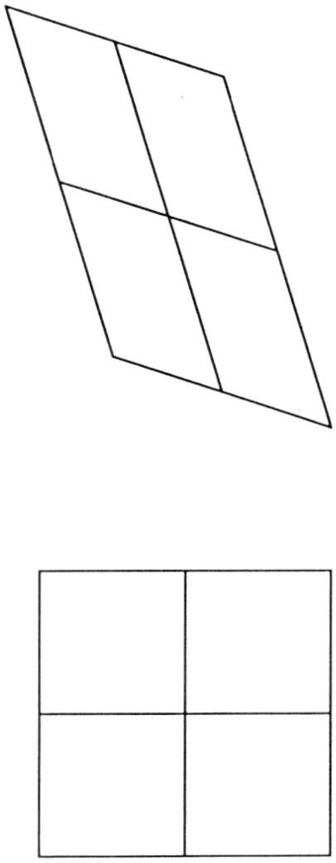

In x,y-Koordinaten wird eine lineare Transformation beschrieben durch die Beziehungen

$$x' = ax + by + e \qquad (3.1)$$
$$y' = cx + dy + f$$

Dies sind sehr einfache Gleichungen, die in vielen Programmen verwendet werden. Bei einer linearen Transformation wird eine Oberfläche immer um denselben Faktor vergrößert oder verkleinert. Für Linienabschnitte dagegen hängt die Veränderung der Länge von der Richtung des betroffenen Linienstückes ab. Wir sehen das bereits in Bild 3.8, wo bei einem Quadrat die eine Seite verlängert und die andere eben verkürzt wird. Den Maßstabsfaktor, der uns angibt, wie die Oberfläche durch die Transformation (3.1) verändert wird, können wir bestimmen mit Hilfe des Ausdrucks

$$ad - bc \qquad (3.2)$$

Dies ist eine äußerst nützliche Beziehung. Ergibt sich ein negativer Wert, dann hat die Transformation den Charakter einer Spiegelung. Das Maß der Oberflächenveränderung müssen wir dann aus dem Absolutwert dieses Ausdruckes entnehmen. Ist der Ausdruck gleich null, dann wird eine Oberfläche buchstäblich "plattgeschlagen", und die Transformation ist eine Projektion.

Beim praktischen Konstruieren eines Fraktals müssen die sechs Koeffizienten der Transformation (3.1) berechnet werden aufgrund geometrischer Überlegungen. Im allgemeinen sieht das nach viel Arbeit aus, das Auflösen von sechs Unbekannten aus sechs Gleichungen, aber meistens ist das halb so schlimm, wie sich bei den zahllosen noch zu besprechenden Beispielen zeigen wird. In vielen Fällen können die Gleichungen (3.1) durch einfachere ersetzt werden. Ist die Transformation (3.1) eine Drehmultiplikation, d. h. eine direkte Ähnlichkeitstransformation, die aus einer zentralen Multiplikation und einer Drehung aufgebaut ist, dann können wir von folgenden Gleichungen ausgehen:

$$x' = ax - by + e \qquad (3.3)$$
$$y' = bx + ay + f$$

Alle Linienstücke werden nun auf dieselbe Weise verkleinert oder vergrößert. Der Kontraktionsfaktor, oder allgemeiner der lineare Maßstabsfaktor kann berechnet werden als

$$s = \sqrt{a^2 + b^2} \qquad (3.4)$$

Diese Beziehung ergibt sich unmittelbar aus (3.2). Ist α der Winkel, um den gedreht wird, dann gilt

$$a = s\cos(\alpha) \qquad (3.5)$$
$$b = s\sin(\alpha)$$

woraus der Winkel α bestimmt werden kann. Sind umgekehrt s und α bekannt, dann können die Werte der Koeffizienten a und b direkt berechnet werden.

Ist die Transformation (3.1) die Kombination einer zentralen Multiplikation und einer Spiegelung, dann sehen die Gleichungen wie folgt aus:

$$x' = ax + by + e \qquad (3.6)$$
$$y' = bx - ay + f$$

Auch hierfür werden alle Linienstücke vergrößert oder verkleinert, und es gilt für den Maßstabsfaktor ebenfalls die Gleichung (3.4).

In der Praxis hat man häufig mit besonderen Fällen von (3.3) und (3.6) zu tun. Für eine zentrale Multiplikation kann man die Gleichungen (3.3) verwenden, aber da hier keine Drehung vorliegt, kann man b = 0 setzen, weil der Winkel α dann null ist. Also gilt:

$$x' = ax + e \qquad (3.7)$$
$$y' = ay + f$$

Der Faktor a ist hier positiv und wird zum Kontraktionsfaktor. Dieselben Gleichungen (3.7) können wir auch verwenden, wenn die zentrale Multiplikation zusammen mit einer Punktspiegelung oder, was das gleiche ist, mit einer Drehung um 180 Grad angewendet wird. In diesem Fall ist die Konstante a negativ.

Ein weiterer häufig vorkommender Fall ist die Vierteldrehung, wobei α gleich 90 Grad ist. Dann setzt man

$$(3.8) \qquad \begin{aligned} x' &= -by + e \\ y' &= bx + f \end{aligned}$$

wobei der Kontraktionfaktor b positiv ist für eine Vierteldrehung im positiven Sinne, entgegen dem Uhrzeigersinn, und negativ für eine Vierteldrehung im Uhrzeigersinn.

Ein Beispiel

Bild 3.9 Drei Abbildungen eines Quadrates

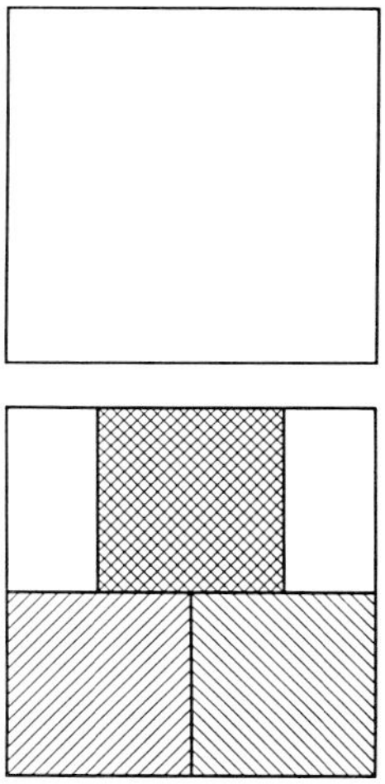

Wer selbst Fraktalprogramme schreiben möchte, kann mit dem mathematischen Material beinahe Wunder verrichten. In Bild 3.9 sehen wir ein Quadrat ABCD, in das drei kleinere Quadrate eingezeichnet sind. Wir stellen uns die Aufgabe, ein selbstähnliches Fraktal zu bilden, das in sich selbst transformiert wird durch die Gleichförmigkeitstransformation, die das große Quadrat in eines der drei kleineren Quadrate überführt. Es kommen also drei verschiedene Transformationen zum Zuge, die wir einfachheitshalber mit **L**, **R** und **T** bezeichnen. Jede dieser Transformationen verkleinert das große Quadrat auf die halbe Kantenlänge, das heißt, es gilt ein Kontraktionsfaktor von 1/2. Daneben haben wir noch die Wahl, das verkleinerte Quadrat gedreht oder ungedreht an die Position eines der kleineren Quadrate zu bringen.

Für das Programm müssen wir Koordinaten verwenden, und die wählen wir natürlich so einfach wie möglich. Die Symmetrieachsen von ABCD bezeichnen wir als x- und y-Achse, und wir geben den Eckpunkten die Koordinaten A(-1,-1), B(1,-1), C(1,1), D(-1,1).

Im Programm SQUARE1 sind eine Anzahl verschiedener Möglichkeiten zusammengefaßt. Die einfachste Wahl, wobei **L**, **R** und **T** zentrale Multiplikationen sind, scheint, vielleicht zur Überraschung vieler, nichts anderes zu sein als das Sieb von Sierpinski, wenn auch mit einer kleinen vertikalen Verformung. Aber wenn wir das große Quadrat ABCD gedreht auf den kleineren Quadraten abbilden, wie dargestellt in Bild 3.9, dann erhalten wir das in Bild 3.10 abgebildete Fraktal, also ein völlig anderes. Wieder eine andere Wahl ergibt das Bild 3.11.

Bild 3.10 Das zu Bild 3.9 gehörige Fraktal

Bild 3.11 a Fraktal derselben Familie

Bild 3.11 b Fraktal derselben Familie

Bild 3.11 c Fraktal derselben Familie

Bild 3.12 Translation

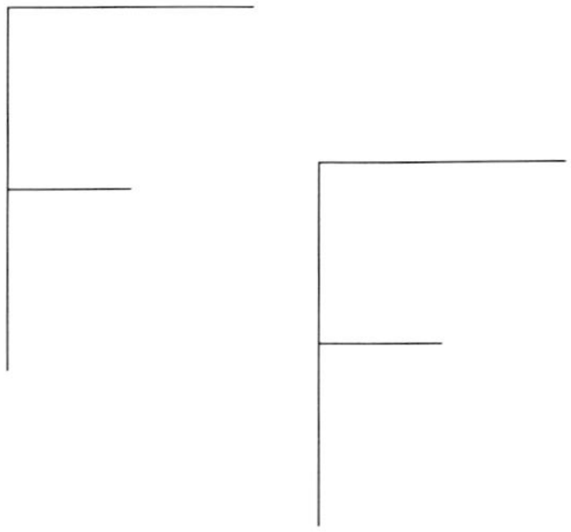

Wer nun auf den Geschmack gekommen ist, kann noch weitere Kombinationen wählen. In jedem der drei Fälle gibt es inklusive der Spiegelungen acht Möglichkeiten zum Transformieren, im ganzen also $8 \times 8 \times 8$ oder 512 Möglichkeiten. Es werden nicht in allen Fällen gleich attraktive Fraktale zu sehen sein, und manchmal wird man bei der einen oder anderen Kombination doch wieder den gleichen Typus sehen, aber es gibt genügend Gelegenheit für eigene Experimente. Das Programm SQUARE2 bietet sich zum Spielen an.

Bild 3.13 Zentrale Multiplikation

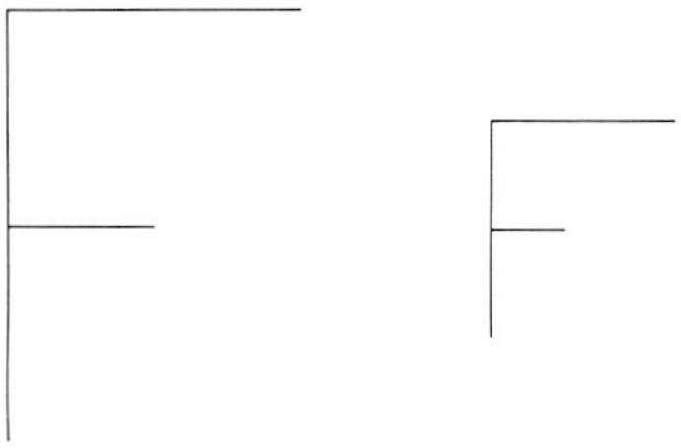

Übersicht

Mit diesen Zeilen fassen wir die verschiedenen linearen Transformationen noch einmal schematisch zusammen. In allen Fällen unterwerfen wir die Basisfigur, ein rechtwinkeliges Dreieck mit Seiten im Verhältnis $2:1:\sqrt{3}$, einmal oder mehrfach derselben Transformation.

Bild 3.14 Rotation

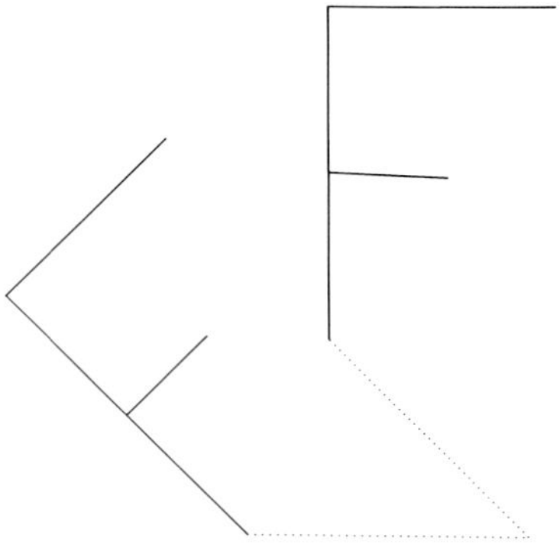

Translation oder Parallelverschiebung (Bild 3.12)

Zentrale Multiplikation oder Maßstabsveränderung (Bild 3.13)

Rotation oder Drehung (Bild 3.14)

Punktspiegelung (Bild 3.15)
Diese ist ein Sonderfall sowohl der zentralen Multiplikation als auch der Rotation.

Drehmultiplikation (Bild 3.16)
Diese ist eine Kombination der zentralen Multiplikation und der Rotation.

Achsenspiegelung (Bild 3.17)

Schrumpf- oder Streckspiegelung (Bild 3.18)
Diese ist eine Kombination aus Achsenspiegelung und zentraler Multiplikation. Für Fraktale ist lediglich die Schrumpfspiegelung, wobei eine Kontraktion stattfindet, von Bedeutung.

Lineare Verformung (Bild 3.19)
Ein anderer Name ist affine Transformation. Alle vorherigen Transformationen waren selbstähnlich, aber bei der allgemeineren affinen (verwandten) Transformation werden auch die Winkel verändert.

Bild 3.15 Punktspiegelung

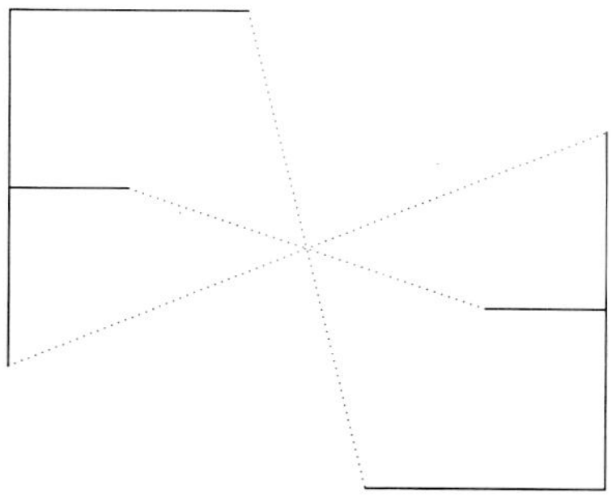

Bild 3.16 Drehmultiplikation

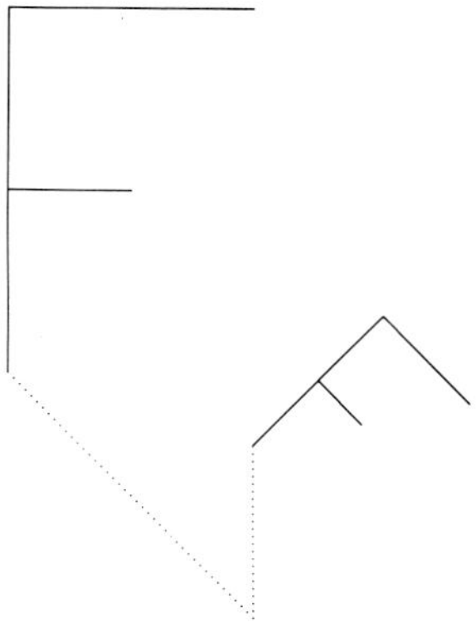

Bild 3.17 Achsenspiegelung

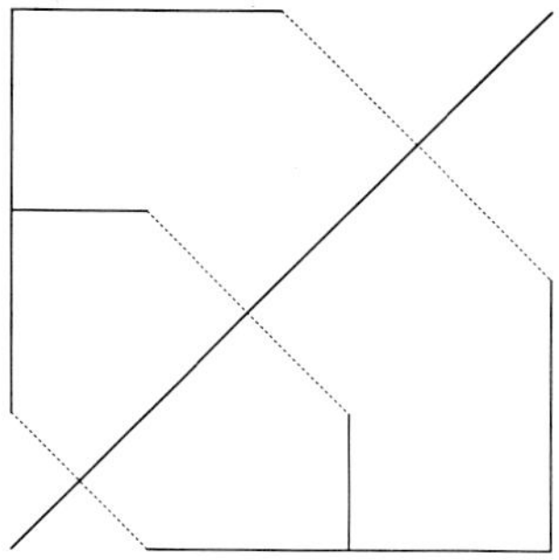

Bild 3.18 Schrumpf- oder Streckspiegelung

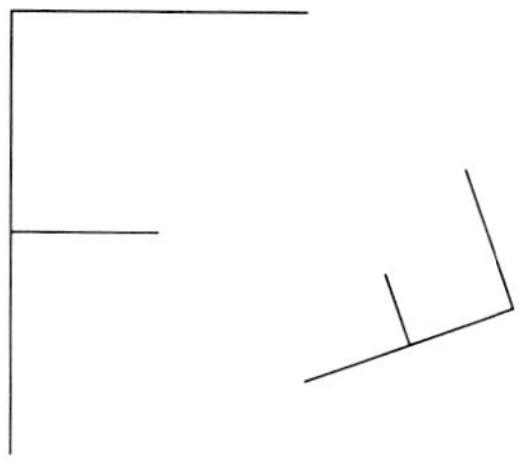

Bild 3.19 Lineare Verformung

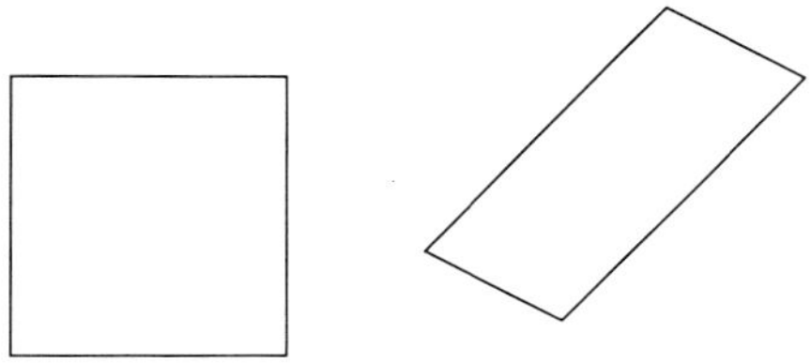

Kreisinversion

Es gibt noch viele weitere interessante geometrische Transformationen, mit denen Fraktale erstellt werden können. Man faßt sie meist unter dem Begriff nicht-lineare Transformationen zusammen. Eine wichtige Transformation dieser Art wird im Kapitel über die Julia-Menge zur Sprache kommen. Hier beschränken wir uns auf eine sehr spezielle nicht-lineare Verformung, die sogenannte Kreisinversion. Diese Kreisinversion wäre ein schönes Thema für die Schulgeometrie, da die Theorie nicht schwierig ist, die damit erreichten Resultate aber wirklich verblüffend sind. Mandelbrot, der Pate der Fraktale, hat diesen Fraktalen in seinen Publikationen auch viel Beachtung geschenkt.

Das Prinzip kann ohne Gleichung wie folgt beschrieben werden: Man denke sich in der Ebene einen Kreis C. Alles was sich darinnen befindet, nennen wir die Innenwelt. Die Innenwelt denken wir uns bevölkert mit Punkten, geraden Linienstücken und Kreisbögen. In der Außenwelt befinden sich ebensolche Bewohner. Dies erinnert uns an eine bekannte Geschichte von Abbott, die eine Welt mit zweidimensionalen Wesen beschreibt, die keinerlei Vorstellung von einer dreidimensionalen Welt haben. In unserem Fall haben wir eher mit zwei Welten zu tun, eine echte Welt und eine Schattenwelt. Die Bewohner der Innenwelt denken, daß ihre Welt die echte ist, die Bewohner der Außenwelt haben aber die gleiche Auffassung. Sie wissen nichts über die Existenz der anderen, aber wir höheren Wesen, die wir in drei Dimensionen leben, überschauen beide Welten und wissen, daß beide Welten völlig äquivalent sind und daß sie mit einer einfachen geometrischen Transformation, der Inversion, auszutauschen sind. Bei der Inversion bleiben wesentliche Eigenschaften, wie die Winkel zwischen zwei Linien, erhalten.

Bild 3.20 Die Inversion eines Punktes bezüglich eines Kreises

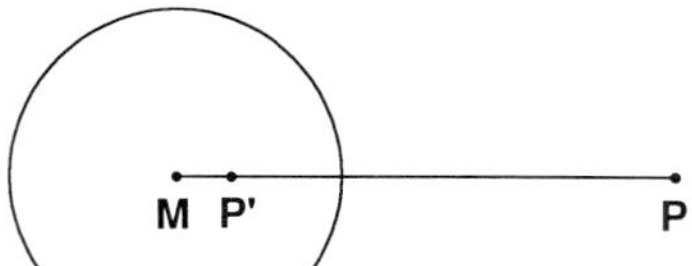

Die geometrische Inversion wird anhand der Abbildung 3.20 definiert durch die Regel

$$MP\,MP' = R^2 \quad (3.9)$$

Hinsichtlich eines gegebenen Kreises mit dem Mittelpunkt M und dem Radius R wird ein beliebiger Punkt P transformiert in den Punkt P', der auf der geraden Linie durch M und P liegt und wofür die genannte Beziehung gültig ist.

Wenn P innerhalb des Kreises liegt, dann liegt P' außen und umgekehrt. Wenn P auf dem Kreis liegt, dann fällt P' mit P zusammen, ist also ein Deckpunkt. Die Inversion hat viel Ähnlichkeit mit einer Achsenspiegelung, wobei eine Achse der Spiegelung existiert, bei der alle Punkte Deckpunkte sind. Wenn wir die Inversion zweimal hintereinander durchführen, sind alle Punkte wieder auf ihrem ursprünglichen Platz, genauso wie bei der Achsenspiegelung und auch bei der Punktspiegelung.

Die geometrische Inversion hat einige angenehme Eigenschaften, die mit ein wenig Geometrie einfach zu beweisen sind. Hier belassen wir es jedoch bei deren Nennung. Die wichtigste Eigenschaft ist wohl die, daß Kreise im allgemeinen wieder in Kreise transformiert werden. Das "im allgemeinen" muß so verstanden werden, daß in Ausnahmefällen ein Kreis in eine gerade Linie übergeht. Umgekehrt wird eine gerade Linie entweder wieder in eine gerade Linie oder aber in einen Kreis transformiert. Bei dieser Eigenschaft sind wir geneigt, gerade Linien als Grenzfälle von Kreisen zu interpretieren, als Kreise mit einem unendlich großen Radius. Wir können in konkreten Fällen leicht vorhersagen, was bei der Transformation geschehen wird. Der Mittelpunkt M des zu invertierenden Kreises verschwindet bei der Transformation im Unendlichen. Wenn wir also einen Kreis, der durch den Mittelpunkt geht, invertieren wollen, dann wird die Ab-

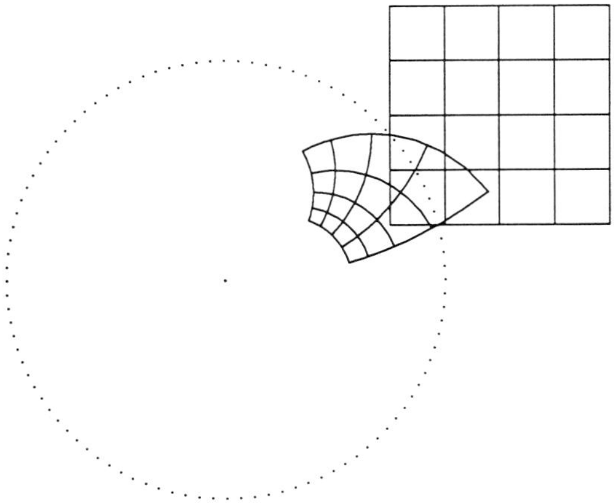

Bild 3.21 Die Inversion eines Teils eines Schachbrettes

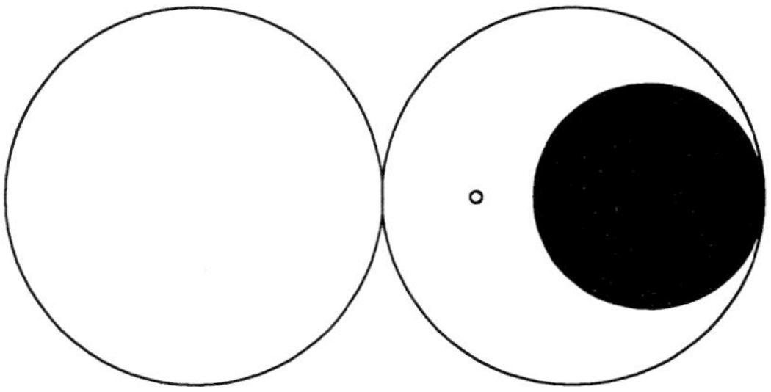

Bild 3.22 Die Inversion des Fraktals von Seite 1 dieses Buches

bildung durch den unendlich fernen Punkt gehen, wie wir zu sagen pflegen. Dann kann das Bild kein gewöhnlicher Kreis mehr sein, sondern ist also eine gerade Linie. Umgekehrt ist das Abbild einer geraden Linie, die nicht durch M geht, ein Kreis, der sehr wohl durch M geht.

Die zweite wichtige Eigenschaft ist die, daß die Inversion die Größe der Winkel nicht ändert. Der Winkel, den zwei Kreisbögen oder gerade Linien im Schnittpunkt miteinander bilden, wird durch die Inversion nicht verändert. In Bild 3.21 demonstrieren wir diese Eigenschaft für die Transformation eines Teiles eines Schachbrettes. Die quadratischen Felder gehen über in durch Kreisbögen begrenzte Felder, wobei die Bögen einander senkrecht schneiden.

Das Geheimnis des Fraktals auf Seite 1

Das Fraktal auf der ersten Seite dieses Buches kam mittels einer Inversion zustande. Tatsächlich ist es nichts anderes als eine Version der bekannten Mandelbrot-Menge. Die bekannteste Form sieht aus wie eine Kombination eines nierenförmigen Teiles und eines Kreises. Darumherum befindet sich eine größere Anzahl kleiner Scheibchen mit kleineren Abmessungen. Zuletzt geht alles über in einen komplizierten Rand, der nur bei einer sehr starken Vergrößerung seine volle Schönheit zeigt. Eine etwas weniger bekannte Form, die zu der Funktion $cz(1 - z)$ gehört, ist links-rechts-symmetrisch und besteht hauptsächlich aus zwei sauberen Kreisen mit den bekannten Verzierungen am Rand. Nun, einer der Kreise ist als Kreis der Inversion gewählt. Der zweite Kreis, der außen den Inversionskreis berührt, geht durch die Transformation über in einen kleineren Kreis, der den Inversionskreis nun von innen berührt. In Bild 3.22 sehen wir das Ergebnis.

Für Computerprogramme benötigen wir Gleichungen. Am einfachsten sind die einer Inversion, bei der der Inversionskreis im Ursprung zentriert ist. Dann gilt

(3.10) $x' = r^2x/(x^2 + y^2)$
$y' = r^2y/(x^2 + y^2)$

Noch ein Beispiel

Die geometrische Inversion kann recht gut als Baustein für das Zusammenstellen von Fraktalen benutzt werden. Wohl ist die Inversion keine Kontraktion, jedoch eine geschickte Kombination einer Inversion mit einer Kontraktion kann ganz günstig sein. Betrachten wir beispielsweise die Inversion, die bestimmt wird durch den Einheitskreis und einer Drehmultiplikation mit dem Deckpunkt (2,0), einem Rotationswinkel von 45° und einem Kontraktionsfaktor von 0,9. Die Gleichungen, die den Kern des Programmes bilden, sind

$x' = x/(x^2 + y^2)$
$y' = y/(x^2 + y^2)$

und

$x' = ax - by + (2 - 2a)$
$y' = bx + ay - 2b$

Mit dem Programm INVERMC erhalten wir dann das in Bild 3.23 dargestellte Fraktal.

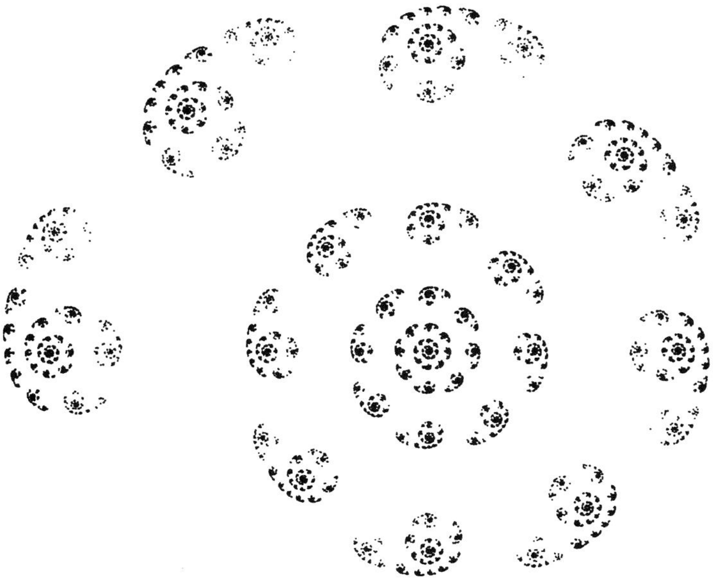

Bild 3.23 Ein Fraktal als Resultat einer Inversion und einer Drehmultiplikation

4 Dynamische Systeme

Die vergangenen Jahrhunderte sind durch eine andauernde Mechanisierung des Weltbildes gekennzeichnet, eine Entwicklung, die wir bei Archimedes beginnen lassen können, die ihren Höhepunkt mit Newton erlebt und ihre Vollendung in den letzten hundert Jahren hat. Die Gesetze, die die Bewegung der Himmelskörper beschreiben, erwiesen sich als so exakt, daß sie uns, durch die Rechenmaschinen unterstützt, in die Lage versetzen, einen kosmischen Kundschafter in die äußersten Ecken des Universums zu senden, genau dorthin, wo sich interessante Objekte befinden. Dynamik ist die Lehre der Kräfte, und das Sonnensystem formt auch den Prototyp eines dynamischen Systems, wobei die Schwerkraft die auserwählte Kraft ist, die alles in Bewegung hält. Kein Wunder, daß wir glauben, auf gleiche Art und Weise noch mehr berechnen zu können. Es ist schon Jahrhunderte lang gute Tradition, Sonnen- und Mondfinsternisse lange im voraus exakt vorhersagen zu können. Wir sollten mit den schnellen Rechenmaschinen von heute doch wohl in der Lage sein, wenigstens das Wetter des nächsten Tages genau vorhersagen zu können. Die Erfahrung zeigt, daß die Ergebnisse bisher eher mäßig sind, und eigentlich kann die moderne Computerapparatur nur wenig mehr als ein erfahrener Bauer, zu den Wolken aufblickend und mit seinem Finger in der Luft.

Nun, die Meteorologie ist eine ziemlich komplizierte Angelegenheit, bei der eine enorme Anzahl elementarer Luft- und Wasserteilchen betroffen sind und wo vielerlei Kräfte im Spiel sind. Wir wollen uns erst einmal mit einem viel einfacheren dynamischen System beschäftigen, dem sogenannten Drei-Körper-Problem von Poincaré. Newton konnte bereits beweisen, daß zwei sich gegenseitig anziehende Himmelskörper, idealisiert in Punktmassen, elliptische Bahnen um einen gemeinsamen Schwerpunkt beschreiben. Poincaré wollte einen Schritt weitergehen und einen dritten Körper hinzufügen, kam aber schon bald in große theoretische Schwierigkeiten.

Heute wissen wir, daß die Probleme prinzipieller Natur sind, und daß selbst in stark vereinfachten Sonderfällen dieses Problems sich auf die Dauer ein nicht vorhersehbares, chaotisches Verhalten einstellt. Man kann sich fragen, wie sich dies mit den Gesetzen von Newton verträgt. Man kann in diesem Fall das dynamische System in die Form eines mathematischen Modells fassen, das aus ein paar Differentialgleichungen besteht. Nach der Theorie legt eine gegebene Anfangssituation die Zukunft vollständig fest, auch wenn wir zeitlich bis ins Unendliche gehen würden. Und dennoch nehmen wir bei vielen dynamischen Systemen wie auch hier auf die Dauer Unvorhersehbarkeit und chaotisches Verhalten wahr.

Erst seit kurzem begreifen wir, wie das möglich ist. Einfach gesagt läuft es darauf hinaus, daß wir bei der mathematischen Berechnung mit jeder erneuten Berechnung an Genauigkeit verlieren. Würden wir über einen Computer verfügen, der Zahlen mit einer Genauigkeit von, sagen wir, 30 Nachkommastellen verarbeitet, würden wir davon auf die Dauer nichts mehr bemerken. Das liegt nicht am Computer, sondern an der Art des dynamischen Systems. Wir können diese Erscheinung anhand einfacher Beispiele leicht verdeutlichen, aber zuerst möchten wir noch etwas über die berühmten Experimente des Meteorologen Edward Lorenz sagen.

Der Schmetterling von Lorenz

1961 machte Lorenz Computerberechnungen an einem meteorologischen Modell, das aus zwölf Differentialgleichungen bestand. Es fiel ihm auf, daß die erhaltene Graphik stark abhängig von der verwendeten numerischen Genauigkeit war, und er fragte sich zu Recht, ob das Ergebnis auch nach sehr vielen Berechnungen noch realistisch war. Er hatte den Eindruck, daß eine sehr kleine Veränderung am Anfang die Berechnungen auf die Dauer ernsthaft störte, und er gab seinen Zweifeln Ausdruck in dem Titel einer seiner Publikationen: "Kann das Flattern eines Schmetterlings in Brasilien einen Orkan in Texas verursachen?" Später stellte sich heraus, daß er recht hatte und daß der von ihm endeckte Effekt, nun der "Schmetterlingseffekt" genannt, sehr häufig vorkommt.

1963 beschrieb Lorenz ein stark vereinfachtes mathematisches Modell, das praktisch die gleichen Eigenarten zeigte wie das erste, kompliziertere Modell. Es ist das folgende System von drei Differentialgleichungen:

$$
\begin{aligned}
(4.1) \qquad dx/dt &= -\sigma x + \sigma y \\
dy/dt &= rx - y - rz \\
dz/dt &= -bz + xy
\end{aligned}
$$

wobei t die Zeit beschreibt. Lorenz gab σ den Wert 10, b den Wert 8/3 und experimentierte mit verschiedenen Werten von r. Eine Lösung des Systems gab er auf dem Bildschirm seines Computers wieder als eine räumliche Kurve aus, selbstverständlich in der Form einer Projektion. Nach der mathematischen Theorie ist durch die Situation zu einem Anfangszeitpunkt t = 0 die Lösung unzweifelhaft festgelegt. In geometrischen Begriffen ausgedrückt, bedeutet dies, daß die Lösungskurve völlig durch ihren Anfangspunkt definiert ist.

Lorenz nahm unter anderem den Wert r = 28 und sah, daß hier eine sehr eigenartige, aus vielen Schleifen bestehende Figur gebildet wurde. Auch wenn er jedesmal einen anderen Anfangspunkt wählte, so fand er auf die Dauer doch immer wieder die gleichen Schleifen. Es schien ganz so, als befände sich im Raum ein eigenartiges Objekt, zu dem alles hinführte, eine Art "Anzieher". Wählte er einen anderen Anfangspunkt, so zeigte sich, daß die gebildete Kurve praktisch bereits nach wenigen Schleifen auf dem Weg zum "attractor" war.

Bild 4.1 Frontale Projektion des Lorenz-Attraktors

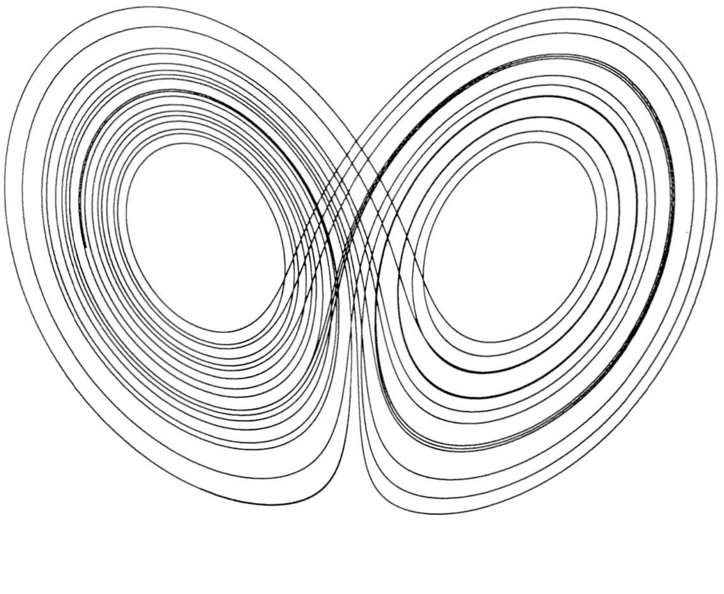

Diese merkwürdige, durch Lorenz gefundene Figur ist das erste Beispiel eines sogenannten "strange attractor". In den Bildern 4.1 und 4.2 zeigen wir zwei Projektionen. Der Attraktor scheint aus einer unendlichen Anzahl von Schleifen zu bestehen, die sich selbst auf den Seiten eines halb geöffneten Buches befinden.

Bild 4.2 Seitliche Projektion des Lorenz-Attraktors

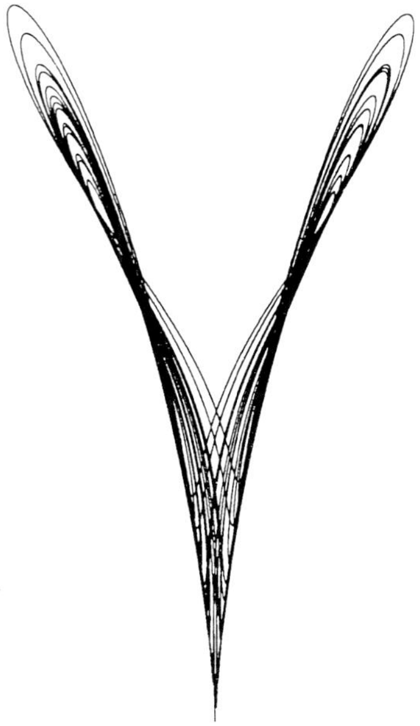

Diese Illustrationen kann man mittels des Programmes LORENZ1 mühelos selbst auf den Bildschirm bekommen. Mit dem vereinfachten Modell von Lorenz kann man auch den Schmetterlingseffekt auf schöne Weise illustrieren. Im Programm LORENZ2 gehen wir von einer Anzahl sehr dicht beieinander liegender Anfangspunkte aus. Jeder dieser Anfangspunkte erzeugt eine Lösungskurve, eine Bahn. Die Bahn selbst zeichnen wir nicht, wohl aber markieren wir die augenblickliche Position eines jeden Punktes in aufeinanderfolgenden Zeitpunkten. Es ist so, als ob ein mikroskopisch winziger Zug mit vielen Waggons abfährt. Wenn wir einen schnellen Computer haben und wir auch noch eine kompilierte Version von BASIC verwenden, dann sehen wir vor unseren Augen einen Film ablaufen. Der Zug folgt global einer Anzahl Schleifen des Lorenz-Attraktors und wird dabei jedesmal etwas länger. Die losen Punkte, die erst noch ein kleines Linienstück zu formen schienen, verlieren ihren Zusammenhang, und zum Schluß sehen wir eine ausgedehnte Reihe von Punkten sich über den Bildschirm bewegen. In einem bestimmten Moment ergibt sich eine Aufteilung, die eine Hälfte geht nach links, die andere nach rechts. Der Zug fällt auseinander, bis sich eine Wolke von Punkten ohne Ordnung, chaotisch, wie wir sagen, über den Bildschirm bewegt. Die Punkte befinden sich wohl mehr oder weniger genau auf dem Attraktor, aber es ist unvorhersehbar, wo genau sie sich befinden.

Noch mehr Attraktoren

In den vergangenen Jahren ist das, was wir heute den "Lorenz-Attraktor" nennen, ausgiebig studiert worden, und es sind viele ähnliche Objekte gefunden worden. In der Regel sind es Fraktale, und sie haben eine gebrochene Dimension. In einer Situation wie die des Lorenz-Modells ist der Anzieher eine Art stabile, linienförmige Figur. Angenommen, daß wir einmal statt eines Zuges aus einzelnen Punkten alle Punkte einer großen Kugel als Anfangspunkt nehmen, und daß wir die Kugel so groß wählen, daß der Lorenz-Attraktor bequem hineinpaßt. Wir sehen dann, daß die Kugel sich im Laufe der Zeit verformt, wobei in zwei Richtungen Verkürzungen und in der dritten Richtung eine Ausdehnung auftreten. Die Kugel wird erst zu einer Art Wurst, dann zu einem Haufen Vermicelli und zum Schluß zu einem dünnen Draht mit vielen Schleifen. Die endgültige Form der massiven Kugel ist eine unendlich lange gewundene Linie, der Attraktor.

1979 gab Otto Roessler von der Universität Stuttgart noch einige Beispiele von "strange" Attraktoren. Seine Modelle betreffen auch wieder ein System von drei Differentialgleichungen, und ebenso wie bei Lorenz kann das Lösen eines derartigen Systems interpretiert werden als das Bilden einer Kurve im Raum. Eines seiner Modelle finden Sie hier:

Bild 4.3 Ein Roessler-Anzieher

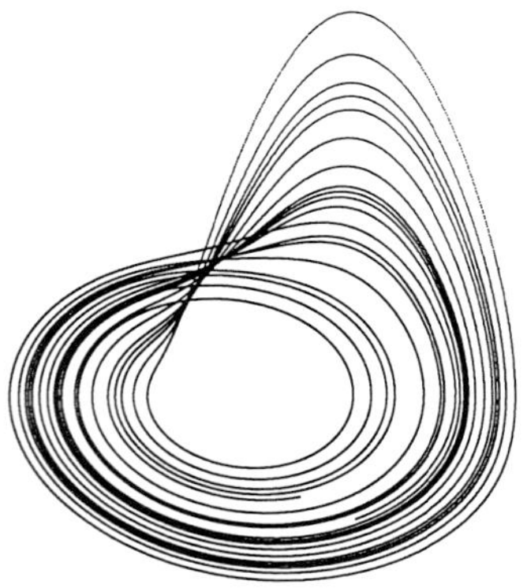

$$\begin{aligned} dx/dt &= -y - z \\ dy/dt &= x + ay \\ dz/dt &= bx - cx - xz \end{aligned} \tag{4.2}$$

wobei a, b und c bestimmte ausgewählte Zahlenwerte sind.

Unter bestimmten Umständen führen alle Lösungen zu ein und derselben Linienstruktur, dem sogenannten Roessler-Attraktor, wie er in Bild 4.3 zu sehen ist.

Mit einem Programm vom Typ ROESSLER kann man diese Illustration und artgleiche Figuren in einer willkürlichen Projektion auf den Bildschirm ausgeben.

Iterative dynamische Systeme

Das System von Lorenz ist ein sogenanntes kontinuierliches dynamisches System, da die Zeit ohne Unterbrechung weiterläuft. Ein solches System ist meist gekennzeichnet durch eine Beschreibung mit Differentialgleichungen. Newtons Gesetze sind in Form von Differentialgleichungen formuliert, und in diesem Sinne sind praktisch alle mechanischen Systeme, von einem einfachen Pendel bis hin zu komplizierten, aus vielen Teilen bestehenden kosmischen Systemen, als kontinuierliche dynamische Systeme zu verstehen. Wenn wir aber derartige Modelle für den Computer aufbereiten möchten, sind wir gezwungen, die Zeit in kleine Scheiben zu zerhakken. Differentiale müssen durch Differenzen ersetzt werden. Es hat sich ein ganzes Fachgebiet - die Numerische Mathematik - entwickelt, bei der in raffinierter Weise die Differentialgleichungen von Newton so gut wie möglich imitiert werden. Dank dieser Disziplin konnten z. B. die Bewegungen von Raumfahrzeugen äußerst präzise berechnet werden.

Im allgemeinen sprechen wir von einem iterativ-dynamischen System, wenn die Zeit in kleinen Schritten fortschreitet, wenn sich das System jedesmal ein klein wenig, aber doch stoßweise, verändert. Wir können feststellen, daß ein kontinuierliches dynamisches System vor allem ein Objekt für die Theorie ist, etwa die theoretische Mechanik, aber daß wir es durch ein iterativ-dynamisches System ersetzen müssen, sobald mit dem Computer daran gerechnet werden soll. Der Begriff "iterativ" (lateinisch: wiederholend) bedeutet, daß wir jedesmal von einem willkürlichen Zeitpunkt zum nächsten Zeitpunkt dieselbe Berechnung ausführen müssen, stets eine Wiederholung derselben Berechnung mit denselben Gleichungen.

Bei einigen Anwendungen liefert ein iterativ-dynamisches System eine viel passendere Beschreibung eines natürlichen Prozesses. Das ist speziell der Fall in der sogenannten Populationsdynamik, einem Gebiet der Biologie, bei der man beispielsweise Modelle von gebremstem Wachstum oder der Interaktion zwischen verschiedenen Tierarten und deren Kampf ums Überleben studiert. Das für uns einfachste Modell ist das von Verhulst, in dem das gebremste Wachstum von aufeinander folgenden Generationen beschrieben wird, zum Beispiel bei Insekten. Das Modell ist gleichzeitig so interessant und wichtig, daß auf allen Niveaus, von populär bis hoch wissenschaftlich, schon viel darüber geschrieben wurde.

Das Modell von Verhulst

Bei diesem vielbesprochenen Modell beschränken wir uns hier auf das Wesentliche. Das Modell wird durch die iterative Gleichung

$$x_{n+1} = ax_n(1 - x_n) \qquad (4.3)$$

beschrieben, wobei $0 \leq x_n \leq 1$ und $0 < a \leq 4$.

Die biologische Bedeutung von x_n ist die relative Anzahl der n-ten Generation einer Tierart, wobei 1 die maximale Anzahl, die Tragfähigkeit der Umwelt angibt. Der Index n bezeichnet die in kleinen Schritten verlaufende Zeit. Der Parameter a ist ein Maß für die Fruchtbarkeit. Wenn $a < 1$ ist, ist die Fruchtbarkeit gering und die Tierart stirbt aus.

Wie wir mit einem solchen Modell arbeiten können, zeigen wir am besten anhand eines einfachen Beispiels: Wählen wir $a = 1.5$ und fangen wir zum Zeitpunkt 0 mit dem x-Wert 0.1 an, dann können wir die danach folgenden Werte aus der Tabelle ablesen:

0	0.1	6	0.3055
1	0.1350	7	0.3182
2	0.1752	8	0.3254
3	0.2167	9	0.3292
4	0.2546	10	0.3313
5	0.2847	...	

In diesem Beispiel geht x_n für $n \to \infty$ gegen den Grenzwert 0.3333 oder exakt 1/3, was wir leicht verifizieren können, indem wir die Werte für x_n und x_{n+1} substituieren. Im allgemeinen Fall können wir auf die gleiche Weise feststellen, daß $x = 1 - 1/a$ den gleichen Wert ergibt. Wenn wir es für $a = 2.5$ probieren, geht es gut, aber wenn wir beispielsweise $a = 3.2$ nehmen, dann scheint die Wertereihe nicht auf eine einzige Grenze zuzustreben, sondern letztlich zwischen zwei Werten hin und her zu springen.

Eine genauere Untersuchung zeigt, daß noch sehr viel mehr passiert, wenn wir a langsam größer werden lassen. Es kann passieren, daß x_n für $n \to \infty$ auf ein System von m Punkten zuläuft, ein sogenannter periodischer Grenzzyklus, oder kurz: ein m-Zyklus. Oder anders gesagt, wir haben einen aus m Punkten bestehenden Attraktor vor uns. Mittels des Programmes VERHULST kann man dies selbst mit dem Computer nachvollziehen. Der Attraktor kann aber auch aus unendlich vielen Punkten bestehen, also viel komplizierter sein, vergleichbar mit dem "strange" Attraktor von Lorenz. Selbst den Schmetterlingseffekt, das Kennzeichen eines "seltsamen" Attraktors, kann man bei diesem einfachsten Modell schon feststellen.

Die großen Linien

Was jetzt folgt, ist von großer Bedeutung für die Einsicht in dynamische Systeme, die damit verbundenen "strange" Attraktoren und Fraktale. Im Modell von Verhulst gibt es für jeden Wert von a zwischen 0 und 4 einen Attraktor, und man kann sich fragen, inwieweit dieser von a abhängt, wenn wir a vom Anfangswert 0 an langsam größer werden lassen. Es scheint, daß der Attraktor im allgemeinen eine Zeitlang mehr oder weniger unverändert bleibt, sich aber bei einem bestimmten Wert von a plötzlich ändert. Diese Erscheinung ist bekannt unter dem Namen Bifurkation, wörtlich "Verästelung", wie bei einer Gabel, bei der ein Stiel in zwei oder mehr Zinken übergeht. Man kann dann ein Diagramm erstellen, in dem auf die eine oder andere Weise die Bifurkationen in Abhängigkeit von a sichtbar gemacht werden, ein sogenanntes Bifurkations-Diagramm.

Was wir bei diesem allereinfachsten Modell von Verhulst an Besonderheiten antreffen können, gilt analog auch bei viel komplizierteren Systemen. Die "anziehenden" Zahlenreihen dieses Modells können schöne Fraktale und Julia-Mengen werden. Das Bifurkations-Bild kann zu einer famosen Mandelbrot-Menge auswachsen. Das Bifurkations-Diagramm des Verhulst-Modells ist übrigens schon kompliziert genug; es ist im wesentlichen nichts anderes als ein Schnitt entlang der Symmetrieachse der Mandelbrot-Menge.

Wenn wir ein dynamisches System untersuchen wollen, dann fragen wir im allgemeinen nach den Attraktoren. Ein solcher bestimmt das Verhalten des dynamischen Systems auf die Dauer und sagt etwas über mögliche Stabilität des Systems aus. Ist ein Attraktor lediglich ein einzelner Punkt, dann herrscht auf jeden Fall Gleichgewicht, von einem willkürlichen Anfang geht das System zu jenem Punkt, zum Gleichgewicht hin. Eine Störung des Gleichgewichts stellt dieses Gleichgewicht wieder her. Im allgemeinen darf eine Störung nicht allzu groß sein.

Die Bedeutung eines Gleichgewichts ist durchgehend lokal. Es kann passieren, daß ein dynamisches System mehrere mögliche Gleichgewichte hat, und dann hängt es völlig von der Ausgangssituation ab, zu welchem der Gleichgewichte das System geht. Im übertragenen Sinne rechnet man manchmal einen unendlich fernen Punkt als Gleichgewicht, aber es dürfte klar sein, daß bei praktischen Anwendungen so etwas wie ein unendlich ferner Attraktor wenig anziehend ist.

Das Bifurkations-Diagramm des Verhulst-Modells

Ein Teil des Bifurkations-Diagramms des Modells (4.3) von Verhulst ist in Bild 4.4 enthalten. Das Diagramm ist in der Literatur ausführlich besprochen, so daß wir uns hier kurzfassen können. Mit Hilfe des Programmes BIFUR1 kann man es selbst auf dem Bildschirm des Computers sichtbar machen. In der Illustration ist a horizontal von 0 bis 3.57 aufgetragen. Vertikal ist der Attraktor, oder jedenfalls eine Näherung davon, aufgetragen. Von links nach rechts gehend sehen wir, wie der Attraktor anfänglich aus einem einzelnen Punkt besteht.

Bei a = 1 tritt eine Art Bifurkation auf, aber der Anzieher bleibt noch einzeln, bis er sich bei dem Wert a = 3 in zwei Teile aufteilt. Bei den Werten a = 3.449490, a = 3.544090, a = 3.564407 usw. tritt erneut eine Verdoppelung auf, und das geht so weiter bis zum Wert a = 3.669202. Die Bifurkationspunkte liegen immer dichter beisammen, so wie die Terme einer geometrischen Reihe. Mitchell Feigenbaum war einer der ersten, der diese auffallende Regelmäßigkeit beschrieb. Er fand auch heraus, daß dies ein allgemeines Phänomen ist, das auf die gleiche Weise auch bei anderen iterativen Prozessen auftritt. Dieses Phänomen ist wichtig bei der Theorie der Übergangsprozesse in der theoretischen Naturwissenschaft, bei den sogenannten Phasenübergängen wie Schmelzen und Verdampfen.

Streit in der Insektenwelt

Beim obigen Rechenbeispiel haben wir gesehen, daß periodische Gleichgewichte existieren können. Für kompliziertere iterativ-dynamische Systeme gilt das ebenso,

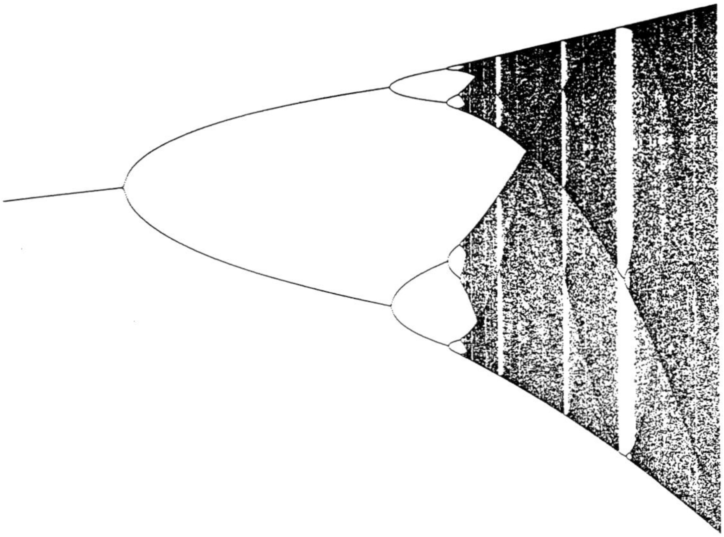

Bild 4.4 Das Bifurkations-Diagramm des Verhulst-Modells

und wir möchten zur Illustration die Aufmerksamkeit auf das folgende iterative System lenken:

$$(4.4) \qquad \begin{aligned} x_{n+1} &= ax_n(1 - x_n - y_n) \\ y_{n+1} &= ax_ny_n \end{aligned}$$

Dieses stammt aus der Populationsdynamik und ist verwandt mit dem bekannten Modell von Verhulst. Es ist ein Modell für die Wechselwirkung zwischen zwei Insektenarten, vergleichbar mit Raubtieren und Beutetieren, bei denen die eine Art auf Kosten der anderen lebt.

Solche Modelle werden gegenwärtig im Landbau beim Studium der biologischen Bekämpfung von schädlichen Insektenarten eingesetzt.

Es ist nicht schwierig zu überprüfen, daß bei $x = 1/a$, $y = 1 - 2/a$ ein Gleichgewicht herrscht, aber es ist natürlich nur die Frage, inwieweit dieses Gleichgewicht stabil und von daher anziehend ist. Lassen wir den Parameter a wachsen, angefangen mit dem Wert 2, dann ist das Gleichgewicht nur stabil bis a = 3, und danach geschieht Sonderbares. Experimentell kann man einen Eindruck von den verschiedenen Möglichkeiten bekommen, indem man ein Bifurkations-Diagramm anfertigt, so wie in Bild 4.4. In den Bildern 4.5 und 4.6 haben wir mit Hilfe des Programmes BIFUR2 zwei Teile daraus abgebildet. In Bild 4.5 ist das Teilstück (2.98, 3.08) wiedergegeben, wobei vertikal die Grenzwerte von x_n aufgetragen sind. In Bild 4.6 ist entsprechend das Teilstück (3.377, 3.392) abgebildet. Die Illustrationen sprechen für sich. Solche Bifurkations-Diagramme geben bereits einen Vorgeschmack dessen, was wir bei den Mandelbrot-Mengen erwarten können, nämlich Bifurkations-Diagramme, bei denen zwei Parameter eine Rolle spielen.

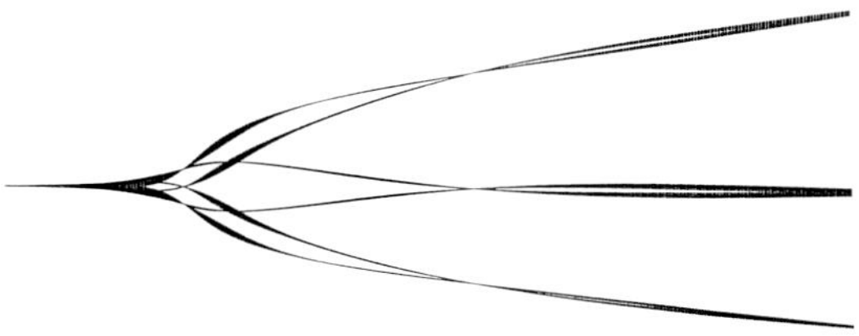

Bild 4.5 Das Bifurkations-Diagramm für 2.98 < a < 3.08

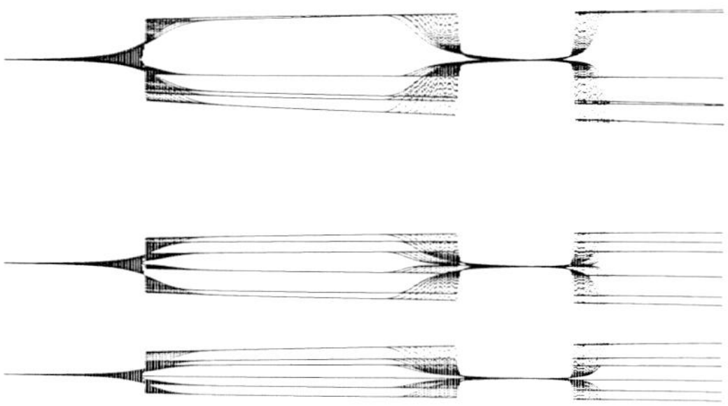

Bild 4.6 Das Bifurkations-Diagramm für 3.377 < a < 3.392

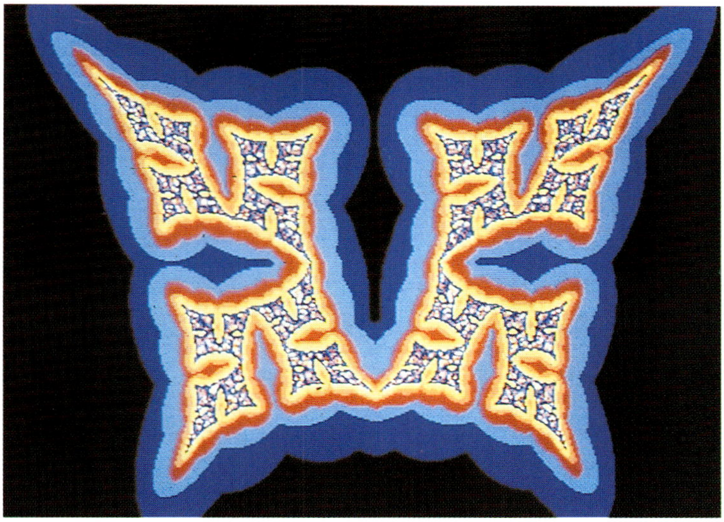

Ein selbstähnlicher Schmetterling

Höhenkarte einer Fraktaloberfläche, generiert mit einem Wellenmuster.

5 Baumstrukturen

Bild 5.1 Das Schema eines binären Baumes

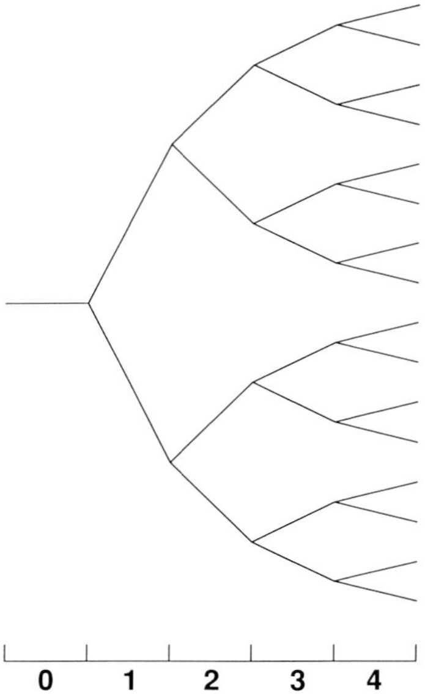

In den vorangegangenen Kapiteln haben wir bereits einige baumartige Fraktale kennengelernt. In diesem Kapitel wollen wir diese etwas systematischer betrachten, und im besonderen gehen wir auf praktische Aspekte ein für den Fall, daß wir eine Baumstruktur mit dem Computer erzeugen wollen.

Eine Baumstruktur können wir als einen diskret-dynamischen Prozeß von Elementen auffassen, zum Beispiel lebenden Zellen, die sich zu bestimmten Zeitpunkten, im Takte einer imaginären Uhr, teilen. Das Schema ist in Bild 5.1 oder Bild 5.2 dargestellt. Das Anfangselement pflegen wir den "Stamm" zu nennen. Die Elemente der folgenden Generationen heißen dann "Äste". In Bild 5.1 sehen wir eine sogenannte binäre Baumstruktur, eine Struktur, die durch die Zahl 2 gekennzeichnet ist. In jeder Generation teilt sich ein Ast in genau zwei weitere Äste. Die Anzahl Äste der einzelnen Generationen, beginnend bei Rangnummer 0, ist gleich 1, 2, 4, 8, 16, 32, ... Die Anzahl der Äste der Generation mit der Rangnummer g ist demnach 2^g, die Gesamtzahl ist $2^{g+1} - 1$.

Man beachte, daß Bild 5.1 keine geometrische Bedeutung haben muß. Das Bild ist primär als ein buchhalterisches Schema gedacht, das die Struktur eines Baumes visualisieren soll. Die Länge der Äste ist dabei nicht von Bedeutung. Aber natürlich kann dieselbe Illustration auch im geometrischen Sinne verwendet werden, als eine Wiedergabe eines "echten" Baumes. Die Äste entsprechen dann, abgesehen von ihrer Länge, denen von echten Bäumen.

Bild 5.2 Eine allgemeinere Baumstruktur

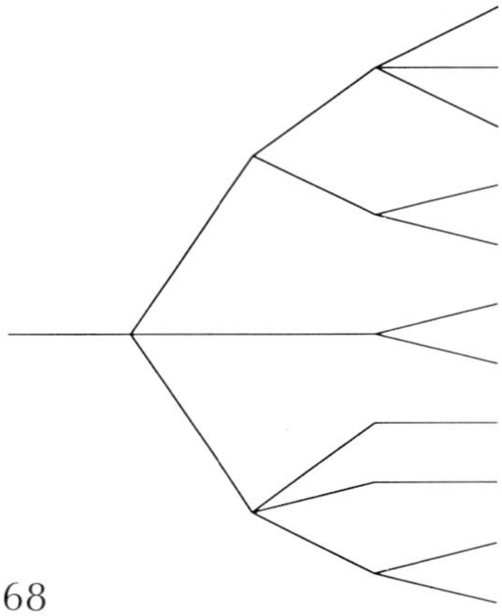

In Kapitel 1 haben wir zwei Möglichkeiten der geometrischen Verwirklichung von binären Baumstrukturen kennengelernt. Bei dem in Bild 1.5 abgebildeten kahlen Baum von Pythagoras entsprechen die Äste der Baumstruktur Linienstücken, wogegen bei der in Kapitel 2 besprochenen und in den Bildern 2.6 und 2.7 abgebildeten Kurven von Lévy Punkte abgebildet werden. In der Natur nehmen wir wahr, daß sich Äste nicht immer in zwei Teile trennen, sondern daß einige davon sich manchmal in drei oder mehr, im allgemeinen in eine variable Anzahl von Ästen aufteilen. Es liegt also auf der Hand, das Schema in Bild 5.1 zu verallgemeinern und auch ein Schema wie das von Bild 5.2 zu betrachten, wo sich die Äste beispielsweise in maximal drei Äste unterteilen.

Zum Zwecke der Buchhaltung, die zum Schreiben eines Computerprogrammes nötig ist, kann es notwendig sein, die Äste eines Baumes auf eine übersichtliche Weise zu numerieren, so daß wir in der Lage sind, durch die Angabe einer oder mehrerer Rangnummern einen ganz bestimmten Ast zu identifizieren. Bei einer komplizierten Baumstruktur mit einer variablen Anzahl von Teilungen eines Astes ist kaum etwas anderes möglich, als einen willkürlichen Ast durch eine Aufzählung von Zahlen anzugeben. Zum Beispiel 1, 3, 2, 5, 2, 6 ..., das wie folgt zu lesen ist: Nach dem Stamm (1) nehmen wir den dritten Ast (3) und davon wieder den zweiten Seitenast (2), davon wieder die fünfte Verästelung (5) und so weiter. Wir zählen also Generation um Generation, angefangen mit dem Generationsindex g, wobei g = 0 für den Stamm steht.

Die Numerierung eines binären Baumes

Für einen binären Baum sowie übrigens für jede artgleiche, regelmäßige Baumstruktur, kann die Numerierung viel einfacher vorgenommen werden. Die Gesamtzahl der Äste, Generation um Generation, können wir aus folgender Tabelle ablesen:

g	0	1	2	3	4	5	6	...
n	1	2	4	8	16	32	64	...

Wenn wir die Äste nacheinander einfach durchnumerieren, angefangen mit 1:

1; 2,3; 4,5,6,7; 8,9,10,11,12,13,14,15; ...

dann können wir für eine willkürliche Rangnummer n schnell feststellen, wo sich der betreffende Ast im Baum befindet. In Bild 5.3 sehen wir, daß ein Ast mit der Rangnummer r sich teilt in zwei Seitenäste mit den Rangnummern 2r und 2r + 1. Durch Rückverfolgung

Bild 5.3 Die Numerierung von Ästen

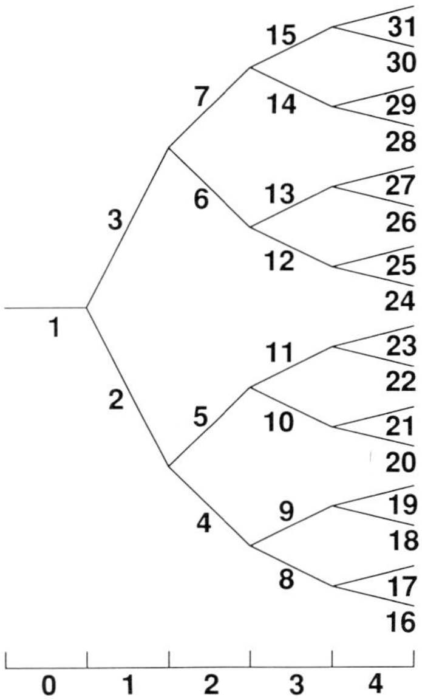

können wir dann genau feststellen, wo sich ein Ast mit einer bestimmten Rangnummer befindet. Suchen wir beispielsweise einmal nach dem Ast mit der Rangnummer 43: Offenbar ist dieser Ast ein Unterast des Astes mit der Nummer 21. Und so können wir durch mehrmaliges Halbieren bis zum Stamm zurückgehen:

$$43 \rightarrow 21 \rightarrow 10 \rightarrow 5 \rightarrow 2 \rightarrow 1$$

Der Ast 43 hat also die Generationszahl 5. Sind wir nur an der Generationszahl interessiert, dann können wir g auch einfach bestimmen als den kleinsten ganzzahligen Exponenten, für den $2^g < n$ gilt. In dem gegebenen Beispiel ist $n = 43$ und $2^5 = 32$, wogegen $2^6 = 64$ ist.

In dem Computerprogramm TREESB, mit dem das Fraktal von Lévy (Bilder 2.6 und 2.7) Punkt für Punkt aufgebaut wird, ist das eine oder andere näher ausgearbeitet. Jedesmal werden die Äste einer neuen Generation aus der vorhergehenden abgeleitet. Dazu ist es notwendig, im Arbeitsspeicher des Computers Platz zu reservieren für die numerischen Daten der nachfolgenden Generationen.

Der Platzbedarf kann enorm zunehmen, wenn die Generationszahl die Zahl 10 überschreitet. Für die Ordnung $p = 12$, bei der die Gesamtzahl der Äste 8095 beträgt, kann auch ein moderner Computer schon mal die Meldung "Out of Memory" ausgeben. Wenn man jedoch in seinen Wünschen bescheiden bleibt, kann man dieses Programm als einen guten Kompromiß zwischen Einfachheit und Effektivität sehen. Möchte man mehr, dann muß tiefer nachgedacht werden. Daß sich die Mühe lohnt, wird sich bald herausstellen.

Backtracking

Der Stolperstein bei der vorigen Methode war der begrenzte Arbeitsspeicher des Computers. Deshalb wollen wir hier bei der Frage verweilen, wie wir das Problem umgehen können. Bisher haben wir von jedem berechneten Punkt die Daten in zwei Arrays x(n), y(n) geschrieben, ungeachtet dessen, ob wir sie später noch benötigen oder nicht. Es ist deutlich, daß während der Berechnungen unnötig viel Speicherplatz durch die bereits ver-

Ein Julia-Menge, bestimmt durch die Tangensfunktion.

Vom Stern zum Fraktal

arbeiteten Daten blockiert wird. Mit der nun zu besprechenden Methode des "Backtracking" geht das auf jeden Fall viel besser.

Diese Methode kann man als das systematische Suchen in einem Irrgarten ansehen. Wir folgen einer bestimmten Route, indem wir beispielweise bei jeder Gabelung rechts abbiegen und indem wir vermeiden, dasselbe Wegstück zweimal zu gehen. Darum müssen wir während unseres Spazierganges an jeder Gabelung ein wenig Buchhaltung treiben. Wir stellen uns eine fünf Generationen tief gehende, binäre Baumstruktur vor, wie in Bild 5.4 dargestellt. Die Numerierung der Äste ist bereits angepaßt an die nun zu besprechende Methode. Insgesamt gibt es 31 Äste. Wir fassen das Schema als ein Wegenetz auf, und wir versetzen uns in die Lage eines Postboten, der die Aufgabe hat, alle Wege ab dem Stamm abzuschreiten.

Bild 5.4 Numerierung bei der Backtracking-Methode

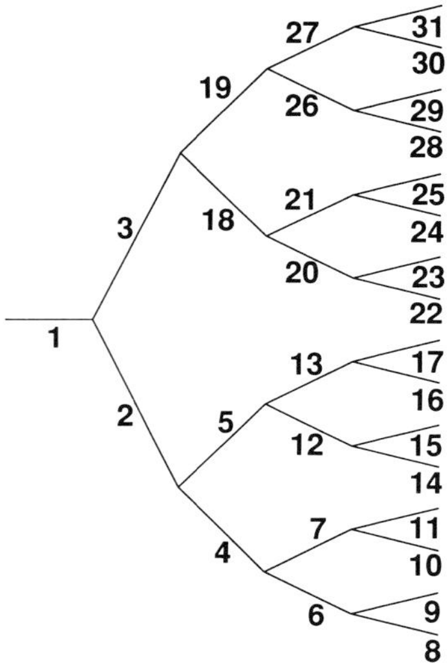

Wir beginnen mit der Route 1, 2, 4, 6, 8, wobei wir bei jeder Gabelung dem rechten Ast folgen. Am Ende dieses Teiles müssen wir zwar in unseren eigenen Fußstapfen zurückgehen bis an die letzte Gabelung. Im englischen sprechen wir hierbei von "backtracking", und diesen technischen Begriff übernehmen wir für diese Methode. Der folgende Ast ist also Nummer 9, aber dann müssen wir wieder zurück bis zur ersten Gabelung, die wir noch nicht benutzt haben. Wir erhalten nun die Nummern 7, 10, 11, wonach wir wieder ein ganzes Stück zurückkehren müssen. Das folgende Teilstück ist nun 5, 12, 14, 15, 13, 16, 17 und wieder ein gutes Stück zurück bis zu der Stelle, an der sich der Stamm gabelt. Der Rest verläuft auf dieselbe Weise.

Diese Methode ist in dem Programm TREEBT verwendet worden. In diesem Programm wird sehr sparsam mit dem Arbeitsspeicher umgegangen, und die einzige praktische Begrenzung ist lediglich der Zeitfaktor. Wer einen schnellen Computer hat, kann in kurzer Zeit mehr Generationen berechnen, allerdings ist das nicht wirklich immer sinnvoll. Wesentlich für diese Methode ist, daß zuvor eine Aussage über die Anzahl der zu berechnenden Generationen gemacht wird. Diese Anzahl, die sogenannte Ordnung, deuten wir in dem Programm durchgehend mit dem Buchstaben p an. Selbstverständlich ist das Programm für willkürliche Werte von p geschrieben, es muß also bei jeder konkreten Anwendung am Anfang für p ein Wert gewählt werden. Wir wählen zur Illustration den Wert p = 4. Es gibt dann im ganzen $2^5 - 1 = 31$ Äste, wobei für jeden der abzubildenden Punkte ebensoviele Koordinaten x,y bestimmt werden müssen. Das Programm beruht im wesentlichen auf der Verwendung eines "Stapels". Berechnete Daten, die wir später noch einmal verwenden müssen, lagern wir in einem Speicherbereich, den wir uns wie einen Stapel Spielkarten vorstellen können. Neue Karten kommen obendrauf, und benötigte Karten (= Daten) werden oben vom Stapel geholt nach der Methode "Last in – first out".

Der erste Punkt, im Programm der Punkt (0,1), ist unser Start. Danach werden die Punkte mit den Rangnummern 2 und 3 berechnet. Mit 2 fahren wir fort, aber die Koordinaten von 3 bewahren wir für den späteren Gebrauch als x(1) und y(1) auf. Dabei notieren wir in einem Feld die Generation als z(1). Den Punkt 1 brauchen wir nun nicht mehr zu verwenden. Aus 2 leiten wir die Punkte mit den Rangnummern 4 und 5 ab. Mit dem rechten Ast gehen wir weiter, aber die Daten des linken Astes notieren wir unter x(2), y(2), z(2). Beim folgenden Schritt gehen wir weiter mit Punkt 6 und legen die Daten von Punkt 7 als x(3) und so weiter oben auf den Stapel. Nun beim vorletzten Ast angekommen, ändert sich unsere Vorgehensweise. Die Daten der Punkte 8 und 9 werden berechnet, und die Punkte werden dargestellt. Es muß nun nichts mehr gespeichert werden, wohl aber muß, um weitergehen zu können, die oberste Karte vom Stapel genommen werden. Das betrifft Punkt 7, und nun können auch die Daten der Äste 10 und 11 berechnet und verarbeitet werden. Um jetzt weitergehen zu können, schauen wir wieder auf die oberste Karte im Stapel, wo wir die Daten von Punkt 5 finden. Wir fahren auf diese Weise fort, bis wir nicht mehr weiterkönnen, und das merken wir daran, daß der Stapel leer ist.

Das beschriebene Programm ist eine Art Prototyp für solche Programmtypen. Da von jedem abzubildenden Element die Generationsnummer immer verfügbar ist, eignet sich das Programm auch für die Anwendung von Farben, wobei jede Generation ihre eigene Farbe erhält. Es ist auch nicht schwierig, ein ähnliches Programm für einen Baum mit einer ternären Struktur zu schreiben.

Das Programm SIERBT ist dafür ein Beispiel. Darin wird aus drei zentralen Multiplikationen ein Staubfraktal aufgebaut, wobei das Sieb von Sierpinski einen Sonderfall darstellt.

Bedingte Rückkehr

Beim obenstehenden Schema des Backtracking gehen wir von einer Baumstruktur aus, bei der die Anzahl der zu berechnenden und zu zeichnenden Generationen, im Programm gezählt mit p, festgelegt wird. Systematisch bewegen wir uns in den Baum hinein, soweit wie möglich den rechten Ast wählend, bis die letzte Generation an der Reihe ist. Dies gibt dann das Signal zur Rückkehr zu den Ästen, die noch nicht an der Reihe waren. Es ist allerdings auch ein völlig anderes Prinzip der Rückkehr denkbar, indem nämlich auf den Grad der Verkürzung geachtet wird. Wir nehmen an, daß jeder folgende linke Ast um den Faktor f_1 verkürzt ist. Rechte Äste besitzen den Faktor f_2. Es ist nicht schwierig, in dem Programm bei der Berechnung der Position eines willkürlichen Astes zugleich den zugehörigen Reduktionsfaktor zu bestimmen. Verfügen wir über die Daten eines willkürlichen Astes und ist f dabei der Reduktionsfaktor, dann sind ff_1 und ff_2 die entsprechenden Faktoren der nachfolgenden Äste. Wir vereinbaren, daß wir zum Backtrakking zurückkehren, sobald die gesamte Verkürzung unter eine zuvor vereinbarte Schwelle gerät.

Mit ein wenig mehr Aufwand können wir die beiden Prinzipien der Rückkehr kombinieren. Im Programm TREEBTA ist das so, und wir kehren in unseren eigenen Fußstapfen zurück, sobald die letzte Generation p erreicht ist, oder sobald die Verkürzung die gegebene Schwelle unterschreitet. Das Ergebnis dieses Programmes, eine spiralförmige Punktewolke, ist in Bild 5.5 dargestellt.

Ein schiefer Pythagoras-Baum

In Bild 5.6 zeigen wir einen sogenannten schiefen Pythagoras-Baum, der ganz deutlich selbstähnlich ist. Der

Baum basiert auf zwei Kontraktionen, Drehmultiplikationen, wobei nicht nur die Drehwinkel, sondern auch die Kontraktionsfaktoren unterschiedlich sind. Wer gerne die Anzahl der gezeichneten Generationen wissen möchte, kann vom kleinsten Ästchen bis zum Stamm hin zurückzählen. Aber bereits eine oberflächliche Betrachtung zeigt, daß die Anzahl der Gabelungen sehr unterschiedlich sein kann. Es ist nicht schwierig, damit eine Theorie zu verbinden, aber wir möchten lieber ein konkretes Beispiel geben, bei dem der Reduktionsfaktor der linken Äste 1/2 und der der rechten Äste 1/4 ist. Nach vier Generationsschritten sind aus dem Stamm sechzehn Äste entstanden, wobei der am weitesten links befindliche um den Faktor 16 verkürzt ist und der am weitesten rechts befindliche um den Faktor 256.

In der Abbildung ist der letzte Ast praktisch zu einem Punkt degeneriert, und es hat keinen Sinn, noch weitere Generationen zu berechnen. Den am weitesten links befindlichen Ast aber können wir noch ein wenig weiter verfolgen. Um eine gleichgewichtige Illustration zu erstellen, können wir vereinbaren, daß wir die Äste, die weniger als eine zuvor vereinbarte Länge haben, die Toleranz oder Schwelle, nicht mehr abbilden. Im Prozeß des Backtracking können wir, ähnlich wie im Programm TREEBTA, die Vereinbarung einbauen, daß wir genau solange in der Baumstruktur vorwärts gehen, bis die gesetzte Schwelle erreicht ist. Im Programm PYT3BT, das die Figur 5.6 zeichnet, ist diese Vereinbarung eingebaut worden.

Bild 5.5 Eine spiralförmige Punktwolke

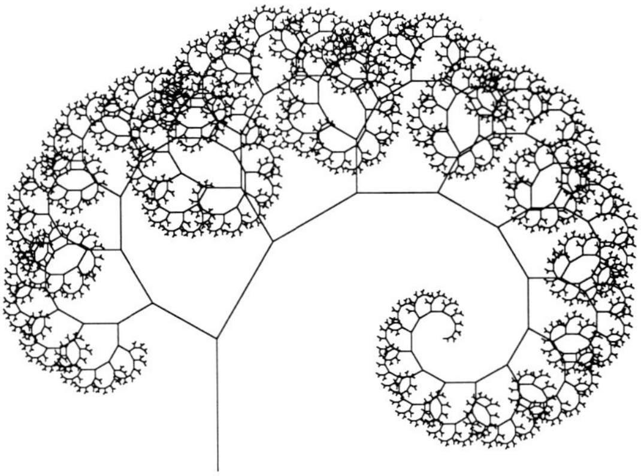

Bild 5.6 Ein asymmetrischer kahler Baum von Pythagoras

6
Die Monte-Carlo-Methode

Heinz-Otto Peitgen, einer der ersten, der die Welt mit vielen schönen Fraktalen überraschte, die er aus seinem Computer zauberte, nennt es ein "Chaos-Game", ein Spiel mit dem Chaos. Michael Barnsley spricht in seinem bereits genannten Buch von einem IFS, einem "iterativen Funktions-System". Sie lassen den Eindruck entstehen, daß Fraktale eher das Zufallsprodukt von "Chaos" seien, aber eigentlich ist gerade das Gegenteil der Fall. Ein Fraktal, möge es auch bei oberflächlicher Betrachtung ziemlich konfus aussehen, hat normalerweise eine ausgesprochen regelmäßige Struktur. Im besonderen ist das für mathematische Fraktale der Fall, bei denen Selbstähnlichkeit zugrunde liegt. Ein ideales Fraktal besteht aus unzählbar vielen Punkten und kann als solches niemals bis in alle Details abgebildet werden. Wir können wohl versuchen, eine möglichst gute Näherung des Fraktals durch eine Punktewolke aus einigen tausend Punkten zu erreichen.

Fraktaltennis

Wir stellen uns eine Art mathematisches Tennis vor, das von den Personen A, B und C mit einem punktförmigen Ball auf dem Computerbildschirm gespielt wird. Die Regeln sind sehr streng: Auf dem Schirm befinden sich drei Punkte, übrigens in willkürlicher Position. Diese Punkte nennen wir A, B und C. Nehmen wir an, daß im Spielverlauf der Ball sich in der Position des Punktes P befindet und daß Person A am Zuge ist. Sie schlägt den Ball in einer Weise, daß dieser in der Mitte der Linie AP landet. Entsprechend würden B und C, sobald sie an der Reihe sind, den Ball mittig auf die Linien PB und PC spielen. Durch Zufall wird bestimmt, wer gerade an der Reihe ist. Wir können uns vorstellen, daß ein Schiedsrichter mit einem Würfel jedesmal festlegt, wer den nächsten Schlag ausführen darf. Natürlich müssen wir irgendwo beginnen, und das bestimmt der Schiedsrichter, indem er den Ball einfach irgendwohin wirft. Bei diesem Computertennis bleibt bei jedem Schlag die vorherige Position des Balles erhalten, so daß wir nach zum Beispiel sechstausend Schlägen noch die Übersicht über den Verlauf des Spieles haben. Wohl ist die Reihenfolge der Schläge verlorengegangen, aber man sieht deutlich, wo der Ball überall gewesen ist.

In Bild 6.1 geben wir das Bild nach den ersten Schlägen wieder.

Obwohl das Spiel notfalls auch mit Bleistift und Papier gespielt werden kann, können wir doch besser den Computer zu Hilfe nehmen. Das Computerprogramm TENNIS simuliert diesen Tenniswettkampf. Den Kern des Programmes können wir im Pseudocode wie folgt beschreiben:

```
RANDOMIZE
Q1 = 1/3 : Q2 = 2/3 (Wahrscheinlichkeitsgrenzen)
P = P0 (Wähle den Anfangspunkt der Bahn)
FOR N = 0 TO 6000 (Beginn der Schleife)
R = RND (Bestimme eine Zufallszahl)
IF R < Q1 THEN GOSUB A
IF R ≥ Q1 AND R < Q2 THEN GOSUB B
IF R ≥ Q2 THEN GOSUB C
DRAW P (Zeichne neuen Bahnpunkt)
NEXT N (Wiederhole die Schleife)
END
```

Das Ergebnis dieses Spieles zeigen wir in Bild 6.2. Der Ehrlichkeit halber bekennen wir, daß wir am Anfang einige Schläge weggelassen haben.

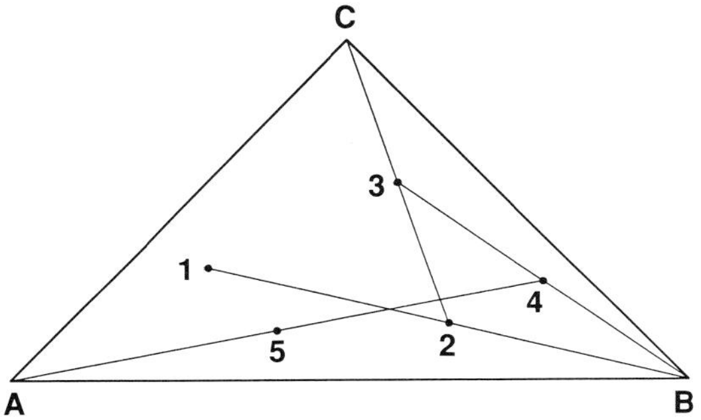

Bild 6.1 Der Anfang des Fraktalspieles

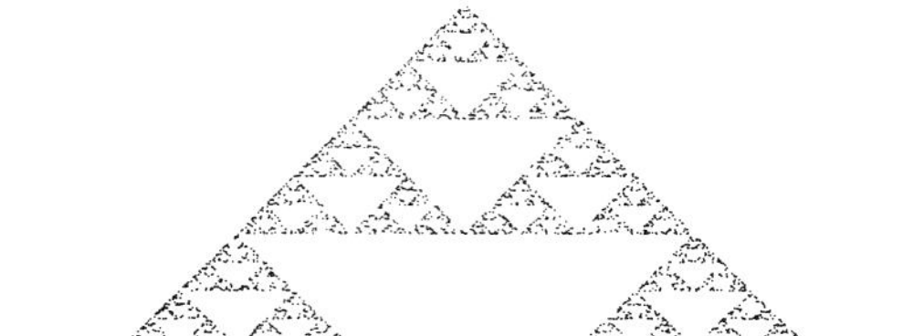

Bild 6.2 Nach dem Wettkampf

Das Sieb von Sierpinski

Vielleicht zur Überraschung vieler ist das Ergebnis eine Variante des bekannten Siebes von Sierpinski. Wer aber ein wenig nachdenkt, der kann das schon erwarten. Die Aktion des Spielers A ist jedenfalls nichts anderes als das Ausführen einer kontrahierenden Abbildung, eine Kontraktion mit dem Faktor 1/2, in diesem speziellen Fall eine zentrale Multiplikation mit dem Faktor 1/2 bezüglich des Eckpunktes A. Entsprechendes gilt für die beiden anderen Spieler. Die Grenzfigur ist also selbstähnlich hinsichtlich jeder dieser drei Kontraktionen und hinsichtlich aller Kombinationen von diesen drei Basistransformationen. In Kapitel 3 haben wir ausführlich über solche Situationen gesprochen, und wir wissen, daß für ein gleichseitiges Dreieck ABC das Resultat das Sieb von Sierpinski ist.

In Kapitel 3 haben wir allerdings nur auf die Ähnlichkeitstransformationen geachtet, nun aber zeigt sich anhand des Fraktaltennisspieles, auf welch einfache Weise ein Fraktal daraus aufgebaut werden kann. Es geht also um nichts anderes, als würfelnd die verfügbaren Basistransformationen in einer willkürlichen Reihenfolge anzuwenden. Die einzige Bedingung ist, daß die Basistransformationen Kontraktionen sind, daß sie also die Linienstücke stets verkleinern. Daß der Anfangspunkt überhaupt keine Rolle spielt, ergibt sich leicht aus der fortdauernden Kontraktion. Würden wir die Punktereihe bei Q und nicht bei P beginnen lassen und würden wir in beiden Fällen dieselbe Reihe von Transformationen anwenden, dann ist nach einigen Schritten die Länge von PQ solchermaßen reduziert, daß die Reihe der Q-Punkte nicht mehr von der der P-Punkte zu unterscheiden ist.

In Kapitel 4 sprachen wir über dynamische Systeme und wir zeigten, daß eine Punktereihe, die durch eine iterative Abbildung wie

$$P \rightarrow \mathbf{T}(P)$$

gebildet wird, eine anziehende Grenzmenge haben kann. In unserem Fall ist **T** eine Kontraktion, frei gewählt aus mehreren Möglichkeiten, und die Grenzmenge ein selbstähnliches Fraktal. Die Punktereihe konvergiert in der Regel recht schnell zu dem Fraktal. In der Praxis können wir davon ausgehen, daß die Reihe sehr bald so dicht am Fraktal anliegt, daß man sagen kann, daß sie ein Teil desselben ist. Wer das Äußerste herausholen will, muß natürlich dafür sorgen, daß bereits der Anfangspunkt der Punktreihe dem Fraktal angehört. Das ist gar nicht schwierig, denn die Deckpunkte der Basistransformationen gehören mit Sicherheit zum Fraktal. Sobald wir auch nur einen einzigen Punkt des Fraktals kennen, können wir noch viel mehr solcher Punkte konstruieren, einfach dadurch, daß wir die Basistransformationen anwenden. Im Falle des Tennisspieles mit den Spielregeln von Sierpinski gehören die Eckpunkte A, B und C dem Fraktal an, ebenso die Mitten der Seiten des Dreiecks.

In Kapitel 5 betrachteten wir Baumstrukturen. Wir vergegenwärtigen uns, daß dem Tennisspiel eine Baumstruktur zugrundeliegt, wobei jeder Ast sich in drei gleiche Teile gabelt. Nach dem Monte-Carlo-Prinzip vorzugehen bedeutet hier, daß wir den Baum hinaufklettern und daß wir bei jeder Gabelung eine willkürliche Wahl treffen. Es gleicht einem großen Wunder, daß wir würfelnd doch das gesamte Fraktal erhalten, obgleich wir große Teile des Baumes "unbenutzt" lassen.

Daß die Monte-Carlo-Methode hier so erfolgreich funktioniert, ist auf zwei Effekte zurückzuführen. Erstens haben wir es immer mit Kontraktionen zu tun, bei denen alles, was anfangs groß und weit weg ist, auf die Dauer klein wird und nahe herankommt. Zweitens haben wir es mit den fundamentalen Gesetzen der Wahrscheinlichkeitsrechnung zu tun. Zum Beispiel die bekannte RND(Random)-Funktion des Computers: Diese liefert stets eine Zahl zwischen 0 und 1, und die können wir als Punkt auf einem Linienstück abbilden. Würfeln wir also viele hundert Punkte zusammen, dann scheinen diese das Linienstück gleichmäßig zu besetzen. Je mehr Punkte wir nehmen, desto besser geht es. Tatsächlich benötigen wir für eine gute und gleichmäßige Füllung eines zweidimensionalen Fraktals viel mehr Punkte, einige zehntausend zum Beispiel.

Mit hoher und geringer Wahrscheinlichkeit

Im vorherigen Kapitel sahen wir, welche Maßnahmen wir treffen mußten, um zum Beispiel von einem schiefen Pythagorasbaum doch noch eine gleichgewichtige Abbildung zu erhalten. Wir wandten dabei die Methode des Backtracking an mit dem Kriterium des kleinsten zu zeichnenden Elementes, der sogenannten Toleranz. Bei der Monte-Carlo-Methode haben wir es mit einem ähnlichen Problem zu tun. Wir betrachten, wie im Programm CONTRMC1, zwei Ähnlichkeitstransformationen, und wir folgen dabei in etwa dem Aufbau des Programmes TREEBTA. Die Transformation **L** hat den Reduktionsfaktor f_2. Wir können für f_1 einen Wert wählen, der dicht bei 1 liegt, zum Beispiel 0.8, und für f_2 einen viel kleineren Wert, etwa 0.1. Wenn wir bei einer willkürlichen Reihe von Transformationen doch noch zu einer mittleren gleichmäßigen Verkürzung kommen wollen, dann muß **L** wesentlich häufiger als **R** gewählt werden. Da $(0.8)^9$ ungefähr gleich 0.11 ist, müssen wir **L** rund neunmal so häufig ausführen wie **R**. Im stochastischen Prozeß können wir dies erreichen, indem wir eine Wahrscheinlichkeitsschwelle q einführen. Der Kern des Programmes lautet dann:

```
FOR N = 0 TO NMAX
R = RND
IF R < Q THEN GOSUB L ELSE GOSUB R
DRAW P
NEXT N
```

Es verbleibt noch die nähere Festlegung der Schwelle q. Im Programm werden die Transformationen **L** und **R** jeweils mit den Wahrscheinlichkeiten q und 1 - q gewählt. Um die gewünschte mittlere Verkürzung zu erreichen, müssen die beiden Wahrscheinlichkeiten im selben Verhältnis stehen wie die dazugehörenden Kontraktionen, also

$$q : (1 - q) = f_1 : f_2$$

Eine kleine Berechnung zeigt dann:

$$q = f_1/(f_1 + f_2)$$

Auf dieser Beziehung basiert das Programm CONTRMC1, von dem Bild 6.3 ein Resultat zeigt.

Bild 6.3 Eine gutgewählte spiralförmige Wolke

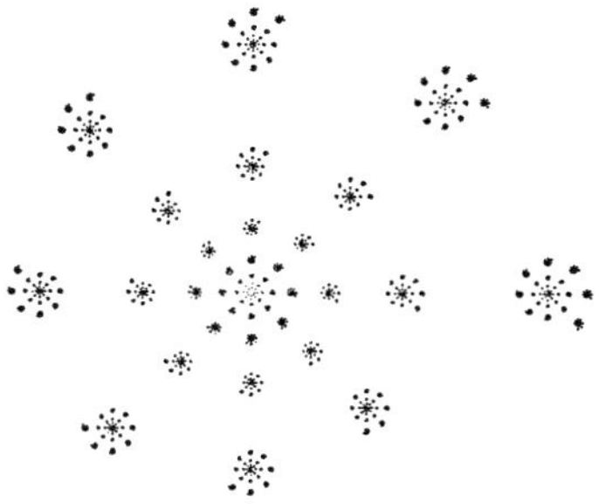

Die Farne von Barnsley

Eine schöne Illustration der eben besprochenen Technik ist das in Bild 3.4 abgebildete Farnblatt von Michael Barnsley. Dieser Figur liegen vier affine Transformationen folgender Form zugrunde (siehe 3.1):

$$x' = ax + by + e$$
$$y' = cx + dy + f$$

Die Koeffizienten können in der untenstehenden Tabelle zusammengefaßt werden:

a	b	c	d	e	f	RF	W
0	0	0	0.16	0	0	0	0.01
0.85	0.04	-0.04	0.85	0	1.6	0.72	0.85
0.2	-0.26	0.23	0.22	0	1.6	0.10	0.07
-1.5	0.28	0.26	0.24	0	0.44	0.11	0.07

RF = Reduktionsfaktor, W = Wahrscheinlichkeit

Diese Zahlen stammen von Barnsley. Der Reduktionsfaktor, der sich hier auf die Oberflächen bezieht, ist für eine affine Transformation gleich ad - bc. Die Wahrscheinlichkeitsschwellen sind hierzu proportional. Von den vielen von Barnsley behandelten interessanten Figuren zeigen wir noch das Ahornblatt, dargestellt in Bild 6.4.

Auch hier kamen vier affine Transformationen zur Anwendung, nämlich zwei zentrale Multiplikationen und zwei Schrumpfdrehungen. Das Programm MAPLE ist lediglich eine Variante des Farnprogrammes. Die Tabelle lautet hier:

a	b	c	d	e	f	RF	W
0.6	0	0	0.6	0.18	0.36	0.36	0.3
0.6	0	0	0.6	0.18	0.12	0.36	0.3
0.4	0.3	-0.3	0.4	0.27	0.36	0.25	0.2
0.4	-0.3	0.3	0.4	0.27	0.09	0.25	0.2

RF = Reduktionsfaktor, W = Wahrscheinlichkeit

Bild 6.4 Das Ahornblatt von Barnsley

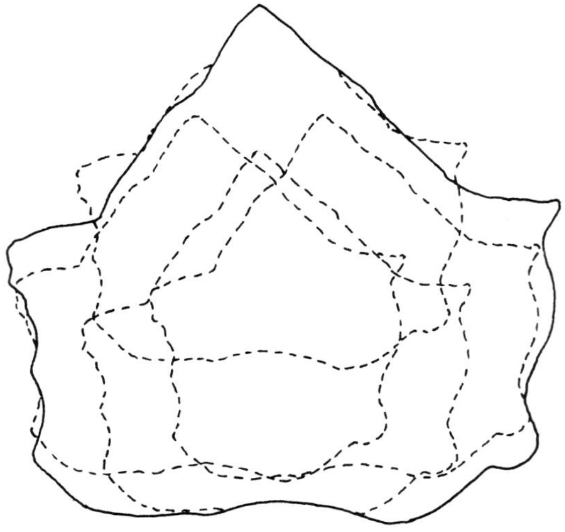

Bild 6.5 Die Kollage eines Ahornblattes

Fraktale auf Bestellung

Michael Barnsley fragte sich, wie er eine gegebene geometrische Figur, wie zum Beispiel das eben besprochene Ahornblatt, mit einem Fraktal simulieren könne. In seinem Artikel "Fractals made to order" und in seinem Buch "Fractals Everywhere" schenkt er dieser Frage viel Aufmerksamkeit, wobei er auch recht tief auf die zugrundeliegende mathematische Theorie eingeht. Seine Methode läuft zusammengefaßt auf das folgende hinaus: Er versucht, die gegebene Figur aus verkleinerten Kopien ihrer selbst zusammenzukleben, genau wie bei einer Kollage. Eine solche Kopie ist anfangs eine selbstähnliche Verkleinerung des Originals in einer verschobenen und gedrehten Position. Man kann die Kopie jedoch als etwas Elastisches auffassen, das noch in eine bestimmte Richtung gedehnt werden kann, wie bei einer linearen Verformung, die wir in Kapitel 3 eine affine Transformation genannt haben. Bei der Kollage muß man nicht allzu genau sein. Die zusammengestellten Teile können einander ein wenig überlappen, es können auch kleine Zwischenräume bleiben. Daß die Methode erfolgreich ist, wird durch Barnsley mathematisch bewiesen in seinem sogenannten "Collage Theorema".

Das bewußte Ahornblatt kann zum Beispiel aus vier Verkleinerungen, wie in Bild 6.5 zu sehen, aufgebaut werden. Um die Technik einzuüben, kann man am besten selbst einmal ein Fraktal mit einer mehr oder weniger vorgeschriebenen Form entwerfen.

Wir stellen uns die Aufgabe, ein Fraktal zu entwerfen, das die Form des Großbuchstabens H hat. Um die Rechenarbeit so einfach wie möglich zu halten, geben wir dem Buchstaben die Form eines Quadrates, aus dem zwei kleinere Quadrate entfernt wurden (siehe Bild 6.6). Der Buchstabe setzt sich also aus sieben identischen Quadraten zusammen.

Es liegt auf der Hand, sieben Abbildungen zu nehmen, die jede ein großes Quadrat auf eines der Teilquadrate abbilden. Dem genügen wir, wenn wir jedesmal eine zentrale Multiplikation mit dem linearen Verkleinerungsfaktor 1/3 anwenden. Mit Hilfe des Programmes COLLAGEH, ebenfalls eine Variante des Ahorn-Programmes, erhalten wir dann das schöne, in Bild 6.7 abgebildete Fraktal. Die in Kapitel 2 genannte Theorie versetzt uns zugleich in die Lage, die fraktale Dimension dieses Fraktals zu berechnen: log(7) / log(3) = 1.77.

Es gibt natürlich noch zahllose andere Wege, um diesen Buchstaben mit Kopien seiner selbst aufzufüllen, und wir überlassen es dem Leser, weitere Experimente auszuführen.

Fraktalspionage

Was wir mit einem Farnblatt oder einem Buchstaben tun können, können wir mit jedem beliebigen geometrischen Objekt durchführen. In Gedanken sehen wir uns die Teile eines Gemäldes oder einer Fotografie durch eine Serie von Fraktalen ersetzen. Natürlich kann man sich fragen, welchen Sinn so etwas hat. Aber lassen wir uns nun einmal nicht durch künstlerische Überlegungen leiten, sondern beschäftigen wir uns mit dem Thema Dokumentation. Die übliche Methode, Daten eines Fotos in einem Archiv zum Zwecke des Nachschlagens zu einem späteren Zeitpunkt aufzubewahren, besteht im gedanklichen Anbringen eines Rasters. Das Foto wird beispielsweise in ein Quadrat von 1000 × 1000 Pixeln eingeteilt,

Bild 6.6 Das große H

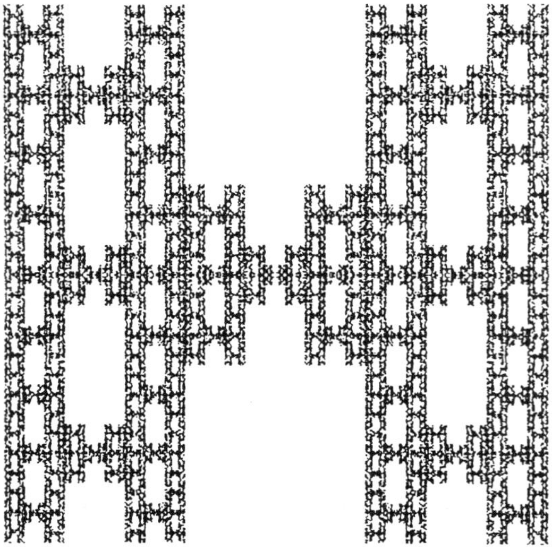

Bild 6.7 Ein typographisches Fraktal

und von jedem Pixel muß der Grau- oder Farbwert gespeichert werden. Es ist bekannt, oder zumindest können wir es vermuten, daß sich viele künstliche Satelliten im Weltraum bewegen, einzig mit dem Auftrag, fotografisches Material zu sammeln. Den Umfang der Daten kann man sich kaum vorstellen, aber es dürfte einleuchten, daß es sich um gigantische Mengen "Megabytes" handelt. Jede Technik, die den andauernden Datenstrom etwas eindämmen kann, ist hier willkommen. Und hierbei kommen uns die Fraktale zur Hilfe.

Angenommen, das Farnblatt von Barnsley (Bild 3.4) ist Teil eines Fotos. Für die Dokumentation dieser Pflanze würden wir alle das Farnblatt bildende Pixel in unseren Datenbestand aufnehmen müssen. Angesichts des Detailreichtums wäre das sehr viel Arbeit. Wir unterstellen einmal, daß wir für die Dokumentation eine Liste von ungefähr zehntausend Zahlen brauchten, wobei eine "Zahl" eine ganze Zahl zwischen 0 und 99 bedeutet. Vielleicht ist diese Schätzung noch zu niedrig, aber das soll uns jetzt nicht stören. Das im Programm FERN2 berechnete Fraktal braucht zu seiner Definition nicht mehr als die oben aufgeführte Tabelle aus 4×7 Koeffizienten, der Rest gehört zum Standardprogramm. Einfach gesagt läuft es darauf hinaus, daß die Menge von zehntausend Daten reduziert ist auf 28 Zahlen. Dies ist eine Reduktion um etwa den Faktor 400.

Dieses einfache Beispiel läßt uns die Möglichkeiten ahnen. Es gibt bereits ein Unternehmen, das die Ideen von Barnsley und seinen Mitarbeitern kommerziell auswertet. Ganz wie zu erwarten hat natürlich auch der Geheimdienst ein Interesse daran gefunden, und so entziehen sich ein Großteil der Untersuchungen der Öffentlichkeit. Im großen und ganzen ist es nicht einmal so schwierig, ein gegebenes Foto, eine Landschaft oder was auch immer als eine Kombination aus Fraktalen aufzufassen. Nehmen wir an, es handele sich um ein Schwarzweißfoto und dessen Graustufen. Wenn es zum Beispiel sechzehn Grauwerte gibt, dann können wir das Foto in 16 Bilder gleicher Grauwerte aufteilen. Eine einzelne Abbildung besteht aus einer Anzahl Flecken, und diese nähern wir so gut wie möglich durch Ellipsen an. Dies sind die hierfür geeigneten Figuren, da zwei Ellipsen durch eine affine Transformation immer ineinander überführt werden können. Wir suchen nun vor allem nach regelmäßigen Reihen, wobei wir nach dem Wiederholungsprinzip vorgehen. Je mehr sich wiederholende Elemente vorkommen, desto besser funktioniert es. Man kann sich gut vorstellen, daß zum Beispiel ein Sonnenblumenfeld sich besonders für eine solche Behandlung eignet. Barnsley hat tatsächlich verblüffende Beispiele für die von ihm entwickelte Technik gezeigt.

Ein Zukunftstraum

... Zum ersten Mal hat es die Menschheit geschafft, ein unbemanntes Raumschiff zum nächsten Planetensystem zu schicken. Das Raumschiff ist auf den Namen "Mandelbrot" getauft, nach dem Pionier des zwanzigsten Jahrhunderts, der an der Wiege der fraktalen Aufklärung stand. Mit dem neuen optischen Fraktalisator kann man schöne Bilder von noch unbekannten Welten sehen, mehr und besser als es früher mit den klassischen Methoden möglich gewesen war. Die Technik der fraktalen Aufklärung, bisher den Militärs vorbehalten, war nun zum ersten Mal für astronomische Zwecke verfügbar geworden. Große Aufregung entstand, als die empfangenen Bilder eines noch unbekannten Planeten, Julia getauft, analysiert wurden. Man glaubte, wenn auch ziemlich undeutlich, die Konturen des bekannten Apfelmännchens, die Mandelbrot-Menge, darin zu erkennen. War dies möglicherweise der erste Kontakt mit fremden, intelligenten Leben im Weltall, das sich so für die Außenwelt erkennbar machen wollte, oder war es eine zufällige Erscheinung, wie auch die Kanäle des Mars? Man erinnerte sich, daß vor einigen Jahrhunderten vorgeschlagen wurde, die These von Pythagoras in den Sibirischen Wäldern in einem solchen riesigen Maßstab anzubringen, daß außerirdische Besucher dies wohl als Äußerung von Intelligenz erkennen mußten. Und in der 50. Auflage eines weit verbreiteten Konversationslexikons steht unter dem Stichwort "Angewandter Humor" die folgende Passage: "... Ein bekanntes Beispiel für angewandten Humor ist die Abbildung einer Mandelbrot-Menge, die ein Computerprogrammierer in ein astronomisches Auswertungsprogramm einarbeitete, was seinerzeit zu großer Aufregung führte ..."

Das Sieb von Menger

7
Stochastische Fraktale

In der Natur begegnen wir einer großen Anzahl bizarrer geometrischer Muster, bei denen der Vergleich mit Fraktalen sehr nahe liegt. Wir stoßen dabei auf ein interessantes philosophisches Problem. Ein Weihnachtsbaum ist uns ein vertrautes Bild, und viele Exemplare, ob echt oder künstlich, befinden sich am Jahresende in unseren Wohnungen. Keine zwei Exemplare sind genau gleich, aber trotzdem haben wir keinerlei Mühe, eine Tanne oder Fichte von anderen Baumarten zu unterscheiden. Offenbar befindet sich in unserer Vorstellung ein Bild der idealen Fichte, eine Art mathematische Struktur, dem der ideale Baum zu entsprechen hat. Das Element der Selbstähnlichkeit fällt bei solchen Strukturen am deutlichsten auf. Nicht die Selbstähnlichkeit nach einem strengen mathematischen Schema, aber eher im Sinne von zufälligen Übereinstimmungen und Ähnlichkeiten auf verschiedenen Ebenen.

Zur Verdeutlichung wollen wir nun keine abstrakten Begründungen geben, sondern lieber konkrete Beispiele. Eine Küstenlinie sieht im großen eigentlich genauso bizarr aus wie im kleinen Maßstab. Die großen Wellen des Ozeans machen auf den sich in einem Flugzeug befindenden Betrachter den gleichen Eindruck wie die Wasserkräuselungen auf den Angler in einem Fischerboot. Die durch Robert Brown wahrgenommene zufällige Bewegung von Blütenpollen in einem Wassertropfen unter dem Mikroskop ist der Prototyp des sogenannten stochastischen Fraktals. Es ist ein Fraktal, weil die Struktur der wahrgenommenen Bewegung sich nicht ändert, wenn der Maßstab verändert wird. Es sieht also gleich aus, ungeachtet welche Vergrößerung Brown einstellen würde, und das ist ja Selbstähnlichkeit, das Wesentliche am Begriff "Fraktal". Das Adjektiv "stochastisch" bedeutet, daß die wahrgenommene Struktur den Gesetzen des Zufalls unterworfen ist, eine Behauptung, über die übrigens viel diskutiert wird, aber auch das übergehen wir, weil die genaue Beschreibung eine gründliche Kenntnis der Wahrscheinlichkeitstheorie voraussetzt. Es ist übrigens interessant zu wissen, daß gerade Mandelbrot aus dieser Theorie, der sogenannten Stochastik, den Fraktalbegriff mathematisch aufgebaut hat.

Reine Spekulation

Von der Wahrscheinlichkeitsrechnung brauchen wir nicht allzuviel technisches Wissen, um einigermaßen erfolgreich damit arbeiten zu können. Wichtig ist vor allem der Begriff der Verteilungsfunktion: Ein Würfel kann sechs Ergebnisse liefern, 1, 2, 3, 4, 5, 6, die alle gleich wahrscheinlich sind. Da es sechs Möglichkeiten gibt, hat jeder Wert bei einem Wurf die Wahrscheinlichkeit 1/6. Graphisch stellen wir das wie in Bild 7.1 dar, in dem vertikal die Wahrscheinlichkeitsfunktion aufgetragen ist. Diese hat für jede der Zahlen 1, 2, 3, 4, 5 und 6 den Wert 1/6, und wir sprechen hier von einer "diskreten Wahrscheinlichkeitsverteilungsfunktion". Die Beifügung "diskret" bedeutet lediglich, daß es eine begrenzte Anzahl von Ergebnissen gibt. Das Resultat eines Würfelwurfs ist ein Beispiel für eine sogenannte stochastische Größe. Eine solche Größe kann in diesem Fall also sechs verschiedene Werte ("1" bis "6") mit gleicher Wahrscheinlichkeit (1/6) annehmen.

Bild 7.1 Die Verteilungsfunktion des Würfelwurfs

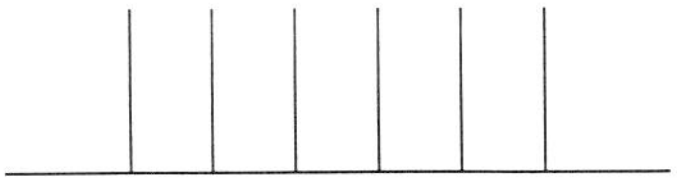

Bild 7.2 Die Verteilungsfunktion von zehnmal "Kopf oder Zahl"

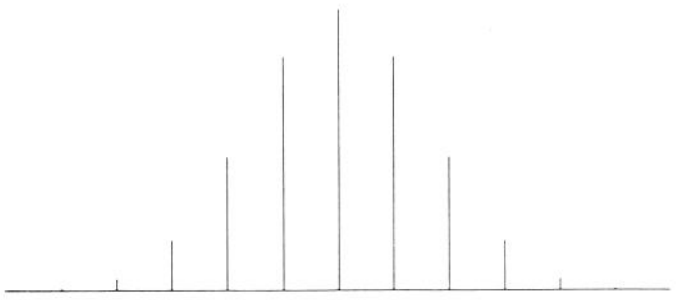

Das Werfen einer Münze, "Kopf oder Zahl", liefert uns das Beispiel einer stochastischen Größe mit zwei möglichen Resultaten, beschrieben mit 0 und 1, mit gleicher Wahrscheinlichkeit. Werfen wir zehnmal hintereinander eine Münze, dann ist die Gesamtheit der Würfe mit Kopf ein Beispiel für eine stochastische Variable mit elf Resultaten, von 0 bis 10. Die Verteilungsfunktion der möglichen Resultate sieht dann so wie in Bild 7.2 aus.

Bild 7.3 Die Verteilungsfunktion des Zufallszahlengenerators RND

Neben einer diskreten stochastischen Größe gibt es die kontinuierliche stochastische Variable. Ein bekanntes Beispiel ist die RND-Funktion von Computern, welche eine willkürliche Zahl zwischen 0 und 1 liefert. In Wirklichkeit handelt es sich um eine diskrete Größe, weil ein Computer nun einmal in der Stellenzahl der Zahlen begrenzt ist. Mit der häufig gebrauchten Genauigkeit von sechs Dezimalen ist zwischen 0 und 1 lediglich Platz für eine Million Computerzahlen aus einer unendlichen Menge von Möglichkeiten. Abgesehen von diesen Grenzen ist die RND-Funktion ein sehr brauchbares Beispiel für eine ideale stochastische Größe. Die dazugehörende Verteilungsfunktion stellt sich graphisch als horizontale Linie dar (Bild 7.3).

Die Normalverteilung

Die für die Praxis wichtigste Verteilungsfunktion ist die sogenannte Normalverteilung. Die dazugehörende stochastische Variable, die wir x nennen, kann theoretisch alle Werte annehmen. Die Wahrscheinlichkeit, daß x einen Wert annimmt, der zwischen den zwei Grenzen x_1 und x_2 liegt, können wir graphisch aus der Figur ablesen als die Größe der Oberfläche, die begrenzt wird von den Vertikalen durch die beiden Grenzzahlen x_1 und x_2 der Verteilungsfunktion.

Die Normalverteilung ist gekennzeichnet durch einen Mittelwert und eine Standardabweichung oder Streuung, traditionell bezeichnet mit σ. Das Quadrat der Streuung ist bekannt als die "Varianz". Die Streuung ist ein Maß für die Breite der Normalverteilung. Wir nehmen an, daß die stochastische Variable x der in Bild 7.4 abgebildeten Normalverteilung folgt, bei welcher der Mittelwert 0 ist. Die Wahrscheinlichkeit, daß x einen Wert innerhalb des Intervalls $(-3\sigma, 3\sigma)$ annimmt, ist gleich 0.9973. Das bedeutet, daß eine Abweichung hinsichtlich des Mittelwertes von mehr als dreimal der Streuung eine große Seltenheit ist, weniger als drei Promille. In der Praxis kommt die Normalverteilung sehr häufig vor, und ein Großteil der klassischen Statistik ist hierauf aufgebaut.

Bild 7.4 Die Normalverteilung

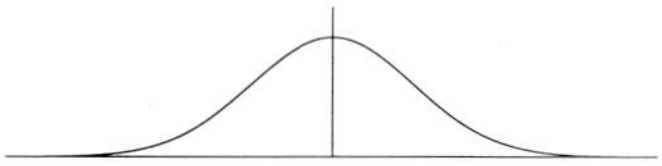

Es kann bewiesen werden, daß das Zusammenfallen einer großen Anzahl von Zufälligkeiten, das vielfache Werfen einer Münze, auf die Dauer zu einer Normalverteilung führt, eine Gesetzmäßigkeit, die uns bei der Computersimulation von Vorteil sein wird. Wir sehen das bereits an den Bildern 7.2 und 7.4, die tatsächlich große Ähnlichkeit aufweisen.

Brownsche Bewegung

In Kapitel 1 erwähnten wir bereits, daß Robert Brown im Jahre 1818 durch sein Mikroskop seltsame Bewegungen von Blütenpollen beobachtete und daraus schloß, daß die Bewegungen nicht biologischer Art waren, sondern durch physikalische Gesetze bestimmt sind. Wir können uns vorstellen, daß eine Blütenpolle infolge der Wärmebewegungen der umliegenden Moleküle jedesmal kleine Stöße aus willkürlichen Richtungen empfängt. Diese Stöße sind klein, und die Körnchen sind relativ dazu gewaltig groß. Es wird schon eine Menge Energie benötigt, um die träge Masse aus dem Gleichgewicht zu bringen, und doch geschieht das jedesmal. Das Ergebnis nehmen wir in unserem menschlichen Maß von Zeit und Raum wahr als eine zitternde Bewegung. Ein Jahrhundert später beschäftigte sich auch Einstein (1905) mit der Theorie der Brownschen Bewegung und zeigte unter anderem, daß die Größe der Teilchen keine Rolle spielt.

Die Bahn eines punktförmigen Teilchens, das in der Ebene eine Brownsche Bewegung ausführt, können wir nun als einen im statistischen Sinne in jeder Vergrößerung selbstähnliches Linienfraktal auffassen. Das bedeutet, daß eine statistische Analyse eines jeden willkürlichen Fragmentes zu denselben statistischen Kenngrößen führt. Der Vorteil dieser Interpretation ist der, daß für eine Brownsche Bewegung die Theorie der Fraktaldimension angewendet werden kann.

"Random Walk" oder der Weg eines Betrunkenen

Man stelle sich ein Hafenviertel vor, das wie ein Schachbrett aus vielen langen, einander rechtwinklig schneidenden Straßen besteht. Auf den Schnittpunkten befinden sich gemütliche Kneipen. Ein durstiger Seemann, dem der Sinn nach Abwechslung steht, begibt sich auf den Weg und läuft ein Stück in beliebiger Richtung, besucht die nächstliegende Kneipe, trinkt ein Glas und begibt sich wieder auf den Weg zum nächsten Anlegeplatz. Das geht so, zumindest in dieser Geschichte, endlos weiter. Jedesmal legt er von Kneipe zu Kneipe in beliebiger Richtung eine beliebige Strecke zurück. Was wir hier beschrieben haben, ist gewöhnlich als "drunken man's walk" bekannt. In der Wahrscheinlichkeitsrechnung heißt dies etwas vornehmer "random walk" und ist ein wichtiges Teilgebiet, über das viel publiziert worden ist. Ein auf kariertem Papier durch einen Punkt beschriebener Random Walk gibt uns eine gute praktische Näherung einer Brownschen Bewegung. Ideal wäre es, wenn die Kästchen unendlich klein wären, doch leider haben wir nicht unendlich viel Zeit zu unserer Verfügung.

Mit dem Computerprogramm RWALK simulieren wir eine solche Bewegung, wobei ein Punkt als "Betrunkener" im Zentrum eines rechtwinkligen Liniengitters startet. Die Anzahl der vertikalen und horizontalen Linien kann willkürlich gewählt werden, abhängig von der Menge Pixel, die auf dem Bildschirm zur Verfügung stehen. Eine Anzahl von 401 mal 301 ist recht geeignet.

In dem Programm wird durch den herumstreunenden Punkt jedesmal ein Schritt von festgelegter Größe, zum Beispiel ein Gitterabstand, zurückgelegt. In jedem Moment wird also eine Wahl aus vier Möglichkeiten getroffen, links, rechts, unten oder oben. Diese Wahl wird jedesmal mittels der RND-Funktion des Computers getroffen. Wie man vielleicht weiß, hängen die durch den Computer zu erzeugenden Zahlen von der am Anfang des Programmes zu wählenden Anfangszahl ab (der "seed" im Computerjargon). Die gleiche Anfangszahl ergibt stets die gleiche Reihe von "zufälligen" Zahlen.

Bild 7.5 Ein "random walk"

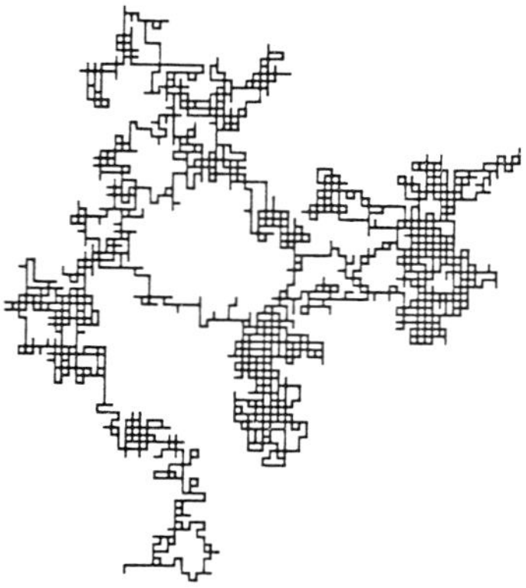

Wirklich zufällig sind die Zahlen daher natürlich nicht, aber wohl sind sie ein geeigneter Ersatz dafür, da sie sich bei den gebräuchlichen statistischen Prüfungen in jeder Hinsicht wie zufällige Zahlen verhalten. Eine Illustration wie in Bild 7.5 hängt daher sehr stark von der gewählten Anfangszahl ab. Dem Leser und Computeranwender wird daher geraten, mit dem bewußten Programm viele Male zu experimentieren und dabei jedesmal eine andere Anfangszahl zu wählen. Wenn gewünscht, kann man auch den BASIC-Befehl RANDOMIZE TIMER verwenden, weil dadurch die Anfangszahl automatisch gewählt wird, abhängig von der eingebauten Uhr des Computers. Im Programm wird die Bahn mit einer vorher festgelegten Anzahl Schritten verfolgt.

Wenn die Bahn jedoch vorzeitig den Rand der rechtwinkligen Begrenzung erreicht, bricht das Programm automatisch ab.

In der Theorie des Random Walk spricht man von "absorbierenden Wänden". In den Anwendungen steht diese Erscheinung Modell für ein materielles Teilchen, ein Molekül zum Beispiel, das, in einem Medium umherirrend, sich zum Schluß durch chemische oder physikalische Bindung an irgend etwas anhängt. Mit einer kleinen Veränderung im Programm kann man dafür sorgen, daß das Teilchen nicht am Rand absorbiert wird, sondern innerhalb des gegebenen Rechtecks weiterwandert. Man spricht dann von "reflektierenden Wänden". Es ist, als würde ein Experiment in einer gläsernen Schale ausgeführt werden.

Das beschriebene Computerexperiment ist das erste und einfachste einer ganzen Reihe ähnlicher Modelle. Es kann natürlich noch verbessert und verfeinert werden. Aber es fällt dabei wohl auf, daß das Ergebnis im großen und ganzen qualitativ immer das gleiche ist, sicher dann, wenn viele kleine Schritte durchlaufen werden.

Wir haben bei der Besprechung der Normalverteilung bereits darauf hingewiesen, daß das vielmalige Werfen einer Münze näherungsweise zu einer Normalverteilung führt. Das gleiche ist der Fall bei dem Computerexperiment. Tatsächlich wird bei jedem Schritt zweimal eine Münze geworfen: "links oder rechts" und "oben oder unten". Nach einer großen Anzahl solcher Schritte ist es, als ob der sich bewegende Punkt in einer beliebigen Richtung durch die Normalverteilung bestimmte, willkürliche Schritte tat. Auch dies könnten wir mit demselben Computerexperiment nachvollziehen. Dazu müßten wir die Schrittweite etwas verkürzen, würden bei der Abbildung jedesmal einige Schritte auslassen und müßten die Gesamtzahl der Schritte drastisch erhöhen. Auch für einen schnellen Computer ist das ein wenig Arbeit, und es werden auch hier die physikalischen Grenzen hinsichtlich Raum und Zeit schnell erreicht. Es trifft sich daher ganz gut, daß gerade auf theoretischem Gebiet viele und wichtige Ergebnisse erzielt worden sind.

Diffusion

Die durch Brown entdeckte zufällige Bewegung von Blütenpollen ist also nichts anderes als ein Random Walk, wobei die einzelnen Schritte molekulare Abmessungen haben. Die Wahrscheinlichkeitstheorie zeigt uns, daß die statistischen Eigenschaften einer solchen Bahn maßstabsunabhängig sind. Es herrscht also Selbstähnlichkeit in jeder Vergrößerung, und damit ist die Bahn ein echtes Fraktal. Wir könnten uns fragen, welchen Wert wohl die fraktale Dimension hat. Die Antwort ist 2. Das heißt, daß die Bahn, statistisch gesehen, flächenfüllend ist. Computerexperimente der Art wie von Bild 7.5 bestätigen das auch. Wenn wir nur lange genug warten, erreicht die Bahn jeden Punkt, den wir nur wollen.

Eine einzelne Bahn sieht übrigens sehr bizarr aus, aber wenn wir eine große Anzahl von Teilchen vom selben Anfangspunkt aus einen Random Walk beginnen ließen, und wenn wir die Teilchen insgesamt betrachten, sieht alles viel regelmäßiger aus. In der Naturwissenschaft spricht man dann von Diffusion. Diese Erscheinung kann sich auf Moleküle oder zum Beispiel kleine Farbstoffpartikel beziehen. Wenn wir einen Tropfen Tinte auf ein Blatt Filter- oder Löschpapier fallen lassen, verteilen sich die einzelnen Farbstoffteilchen entlang der Poren des Papiers und im Random Walk. Makroskopisch sehen wir davon nicht viel. Wir sehen lediglich, daß sich der Farbstoff in stets größer werdenden Kreisflächen verteilt.

In der mathematischen Physik wird die Diffusion von Materie in einem porösen Medium durch die Differentialgleichung

$$D\Delta u = \delta u/\delta t$$

bestimmt, wobei u die Konzentration der Materie, t die Zeit und D die sogenannte Diffusionskonstante ist. Das Symbol Δ ist der Laplace-Operator. Über die Bedeutung des Symbols und die Ableitung dieser Gleichung ziehe man mathematische Literatur zu Rate. Hier wollen wir nur erwähnen, daß die Diffusion von Materie entlang einer einzelnen, unendlich langen Linie, der x-Achse, bestimmt wird durch die sogenannte Punkt-Ursprungs-Lösung:

$$u = 1/(2\sqrt{\pi Dt})\exp(-x^2/(4Dt))$$

Die Lösung können wir graphisch interpretieren als eine Normalverteilung mit dem Mittelwert 0 und der Streuung $\sqrt{2Dt}$. Zum Anfangszeitpunkt ist die gesamte Masse im Ursprung $x = 0$ konzentriert, danach verteilt sie sich nach links und rechts. Zu jedem Zeitpunkt ist die Masse entlang der x-Achse gemäß der Normalverteilung verteilt. Interessant ist der Schluß, daß die Streuung, ein Maß für die Breite der Massenverteilung, mit der Wurzel aus der Zeit zunimmt.

In der zweiten und dritten Dimension ergibt sich etwas Ähnliches. Eine Menge Materie, die zum Anfangszeitpunkt in einem Punkt einer Fläche konzentriert ist, verteilt sich in konzentrischen Kreisen, wobei der Grad der Ausbreitung wieder durch denselben Term $\sqrt{2Dt}$ bestimmt wird.

Zum Vorteile von Lesern, die etwas Mühe mit dem Lesen von mathematischen Gleichungen haben, fassen wir einige wesentliche Punkte zusammen. Diffusion ist eine sehr allgemeine Erscheinung, die sich in unserer Welt überall dort zeigt, wo von einer ungerichteten, chaotischen oder nicht-systematischen Bewegung kleiner Teilchen die Rede ist. Diese Teilchen können Moleküle sein, radioaktive Teilchen, giftige Bestandteile wie Dioxine, Wasser und Öl in porösen Erdschichten, und so weiter. Die Teilchen können sich in Wasser, in der Luft, aber auch unterirdisch über das Grundwasser oder durchlässige Erdschichten bewegen. Aus dieser Liste wird wohl deutlich werden, daß, um die Umwelt zu erhalten, einige Probleme zu lösen sind.

Auf naturkundlichem und mathematischem Wege können wir uns mit Hilfe von sogenannten mathematischen Modellen bessere Einsicht verschaffen. Es zeigt sich, daß Materie, von einer Anfangskonzentration ausgehend, sich ausbreitet, wobei der Abstand mit der Wurzel aus der Zeit zunimmt. Diffusion können wir als einen Random Walk oder als eine Brownsche Bewegung vieler Teilchen gleichzeitig auffassen, gefolgt von einem Prozeß der Mittelung.

Es gibt eine Anzahl äußerst wichtiger Diffusionsprobleme, bei denen man bis vor kurzem nicht vorankam. Aber seit die modernen Computer eine bessere Simulation natürlicher Prozesse ermöglichen, ist das anders geworden. Und nun bilden wie selbstverständlich auch Fraktale einen wichtigen theoretischen Hintergrund. In vielen Bereichen der Technik und der Wissenschaft wird hart gearbeitet. Noch verbirgt sich vieles in den Laboratorien und Hinterzimmern. Aber angesichts der großen Bedeutung versuchen wir hier mit zwei repräsentativen Beispielen den Leser an den modernen Entwicklungen teilnehmen zu lassen.

Versuch und Irrtum

Das Ausbeuten eines Ölvorkommens ist keine einfache Angelegenheit. Man stelle sich vor, daß sich irgendwo in der Tiefe ein noch nicht erschlossenes, kreisförmiges Ölvorkommen befindet. Das Öl befindet sich in Form von kleinen Tröpfchen in den Poren einer Gesteinsschicht, z. B. Sandstein. Von Natur aus steht das Öl dort unter hohem Druck. Der Druck, vor allem von den höher gelegenen Erdschichten stammend, wird an das Öl und ebenfalls anwesende Mengen Gas und Wasser weitergeleitet. Aber nehmen wir einmal an, daß das Gas nicht vorhanden ist, so daß lediglich Wasser als treibende Kraft infrage kommt. Setzen wir ein Bohrloch in die Mitte des Feldes, dann hat das Öl die Tendenz, über mikroskopisch kleine Kanäle zum Bohrloch hin zu strömen und an die Oberfläche zu gelangen. Wenn das Öl von sirupartiger Konsistenz ist, geht das nicht so schnell, und es muß gepumpt werden. Man sollte meinen, je höher der Pumpdruck ist, desto mehr Öl käme heraus. Aber das trifft im allgemeinen nicht zu. Es zeigt sich, daß desto mehr Wasser hinzukommt, je höher der Pumpdruck ist. Die Erklärung ist die, daß sich Wasserteilchen viel leichter durch die Kanäle des porösen Gesteins bewegen als die zähen Öltröpfchen, die im Rennen zum Bohrloch sogar zur Seite gedrängt werden. Eine experimentelle Untersuchung Anfang der fünfziger Jahre an kleineren Labormodellen zeigte, daß in einer porösen Schicht die Grenzlinie zwischen Wasser und Öl gar nicht so regelmäßig ist, sondern daß das Wasser "mit langen dünnen Fingern" in das Ölgebiet eindringt. Mit dieser Erscheinung vor Augen können wir uns nun besser vorstellen, was unter der Erde vorgeht, wenn zu stark gepumpt wird. Offenbar ziehen wir lange "Wasserfinger" an, das Öl bleibt mehr oder weniger zurück, und eigentlich pumpen wir nur öliges Wasser nach oben.

In der Computerbranche versuchte man auf verschiedenen Wegen, diese unerwünschte Erscheinung in den Griff zu bekommen, um am Ende doch so günstig wie möglich so viel Öl wie möglich aus einem solchen Ölfeld herausholen zu können. Daß hierbei durch Computersimulationen gestützte Theorie nützlich sein kann, ist selbstverständlich. In seinem Buch "Fractals" geht Jens Feder, ein Physiker an der Universität Oslo, ausführlich auf diese Problematik ein und beschreibt Untersuchungen, die er in Zusammenarbeit mit der Nordischen Ölindustrie (Statoil) durchgeführt hatte. Er zeigt unter anderem, daß die Grenze zwischen Öl und Wasser, die zugleich in einer flachen, porösen Schicht anwesend sind, eine fraktale Linie ist, und daß die fraktale Dimension dieser Linie ungefähr 1.75 beträgt. In Bild 7.6 zeigen wir das Ergebnis eines Computerexperimentes, das man auf einem schnellen Personal Computer selbst ausführen könnte. Ausgangspunkt ist eine rechteckige Matrix von 400 × 300 Pixeln. Am linken Rand werden Wasserteilchen "injiziert", die danach zur rechten Ecke durch Diffusion ihren Weg suchen. In der Praxis imitieren wir diesen Prozeß, indem wir achtzigtausend Teilchen zufällig über das Rechteck verteilen. Horizontal nehmen wir eine Normalverteilung an mit dem Mittelwert auf dem linken Rand und mit einer solchen Streuung, daß lediglich einzelne Teilchen sich gänzlich rechts befinden. Alle übrigen Pixel fassen wir als winzige Ölteilchen auf. Es geht jetzt um die Bestimmung der Grenze zwischen Wasser und Öl. In der physikalischen Wirklichkeit müssen wir mit Wasserteilchen, gefangen zwischen Öltröpfchen oder umgekehrt, rechnen. Um solche Inseln auszuschalten, müssen wir von der Ansammlung der Wasserteilchen den zusammenhängenden Teil bestimmen, ein programmtechnisch gesehen lästiges Problem. Ebenso müssen wir den zusammenhängenden Teil des Öles bestimmen. Danach wird es einfach: Alle Pixel des zusammenhängenden Wassergebietes, deren Grenze an zu-

Bild 7.6 Die fraktale Grenze zwischen Öl und Wasser in einer Computersimulation

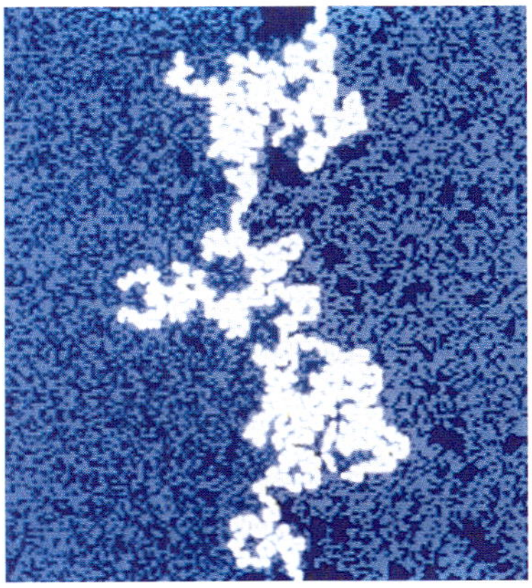

mindest ein Pixel des zusammenhängenden Ölfeldes liegen, gehören zu der Wasser-Öl-Grenze, der sogenannten Hülle des diffundierenden Wassers.

Das entsprechende Programm ist wegen seiner Länge und wegen des speziellen Einsatzgebietes im Anhang dieses Buches nicht aufgenommen worden.

Fraktaler Blitz

Sicherlich kennt man die merkwürdigen, sternförmig verzweigten Muster, die als Folge von elektrischen Entladungen, Blitzschlägen zum Beispiel, auftreten. In Bild 7.7 sehen wir so etwas, aber die abgebildete Figur ist nur das Resultat einer Computersimulation. Solche sternförmigen Dendriten, zufällige, fraktalartige Verzweigungen, die von einem einzelnen Punkt ausstrahlen, oder Varianten davon, kommen in der Natur häufig vor. Ein anderes Beispiel finden wir in der Kristallographie, wo (mehr oder weniger zufällig) halbgeordnete Zusammenklumpungen entstehen. Ein Beispiel hierfür ist elektrolytisch gebildetes Zink. Solche Formen können sowohl in zwei als auch in drei Dimensionen auftreten. In drei Dimensionen können dendritartige Gruppen entstehen, zum Beispiel, wenn Eiweiße sich im Prinzip in Diffusion oder Random Walk frei bewegen, aber bei einer zufälligen Begegnung sich aneinander festsetzen. Diese Erscheinung ist in der Fachliteratur als "diffusion limited aggregation", oder kurz DLA, bekannt.

Das Programm CLUSTERC, das dem Bild 7.7 zugrunde liegt, geht von einem durch einen Kreis begrenzten Pixelfeld aus. Wir beginnen mit einem Teilchen im Zentrum. Danach wird ein zweites Teilchen an eine zufällige Stelle innerhalb des Kreisgebietes, aber ausreichend weit weg vom Mittelpunkt gesetzt. Dieses Teilchen lassen wir eine Brownsche Bewegung ausführen, einen Schritt nach links, rechts, unten oder oben, mit gleicher Wahrscheinlichkeit. Mit diesem eigentlich primitiven, aber für den Computer äußerst geeigneten Prozeß imitieren wir also eine Diffusion. Kommt ein Teilchen auf dem Kreisrand an, dann beginnen wir einfach von vorne, so lange, bis das Teilchen in der Nähe des bereits im Mittelpunkt anwesenden Teilchens ist. Dies wiederholen wir viele tausend Male. Jedesmal erzeugen wir ein Teilchen und lassen dieses genau so lange diffundieren, bis es sich an den bereits gebildeten Teilchen festsetzt. Das Programm ist relativ einfach, aber sehr zeitraubend.

"Lange Finger"

Bei unserer Geschichte über die Gewinnung von Öl und Wasser wiesen wir darauf hin, daß eine dünnere Flüssigkeit sich mit dünnen, gewundenen Fingern in die dickere Flüssigkeit hineinbewegen kann. Diese Erscheinung können wir anhand des soeben beschriebenen Computerexperimentes begreifen. Allerdings dürfen wir dann nicht von einem Punkt in zentraler Lage ausgehen, sondern von einer geraden Linie. In Bild 7.8 haben wir eine solche Situation abgebildet. Der Diffusionsprozeß findet hier in einem festen Rechteck statt.

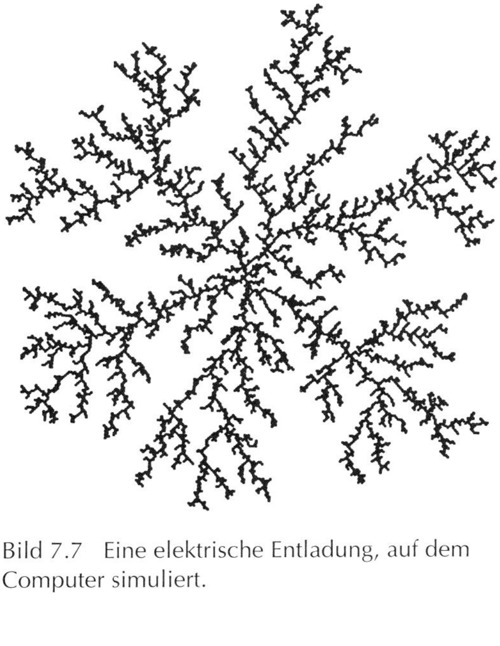

Bild 7.7 Eine elektrische Entladung, auf dem Computer simuliert.

Bild 7.8 Synthetische DLA-Gewächse

Die Teilchen diffundieren und bleiben aneinander und auch am unteren Rand kleben. Das betreffende Programm CLUSTERL ist eine einfache Variante des vorherigen. Auch dieses Programm ist einfach und zugleich zeitraubend. Wer solche Bilder sieht, denkt vielleicht an chemische Gärten, mittels derer sich Chemiedozenten Beachtung zu verschaffen pflegen. Andere denken vielleicht an die dendritartigen Figuren in Achat, einem bekannten Halbedelstein, oder an ähnliche Muster von Pyrit in Sand- oder Kalkstein.

8
Lindenmayer-Systeme

Der niederländische Biologe A. Lindenmayer, der bis zu seinem Tode 1989 eine Professur in Theoretischer Biologie in Utrecht innehatte, gab seinen Namen einer allgemeinen mathematischen Methode zur Beschreibung pflanzlicher Strukturen. In diesem Kapitel beschränken wir uns auf einzelne einfache Beispiele zweidimensionaler pflanzlicher Muster.

Ein Teil einer Pflanze wird mit einer Reihe von Symbolen beschrieben:

... L [+ L] L [- L] L ...

Die Bedeutung der Symbole ist wie folgt:

L	gibt einen Ast als ein gerades Linienstück in einer bereits bekannten Richtung an,
[	gibt den Beginn eines Seitenastes an,
+	bestimmt die Richtungsänderung eines Seitenastes nach links,
-	bestimmt die Richtungsänderung eines Seitenastes nach rechts,
]	ist das Ende eines Astes.

Die obenstehende Folge von Symbolen können wir mit einer graphischen Vorstellung verknüpfen, indem wir bei + und - bestimmte Winkel wählen, zum Beispiel 45 und -45 Grad. Für jedes L zeichnen wir eine gerade Linie mit einer festen Länge. Geben wir die erste Linie durch eine vertikale Linie als Stamm eines Baumes an und setzen wir die folgenden Linien einfach jeweils mit dem Kopf an das Fußende, wie beim Addieren von Vektoren, dann entsteht Bild 8.1.

Bild 8.1 Das Grundmuster eines Strauches

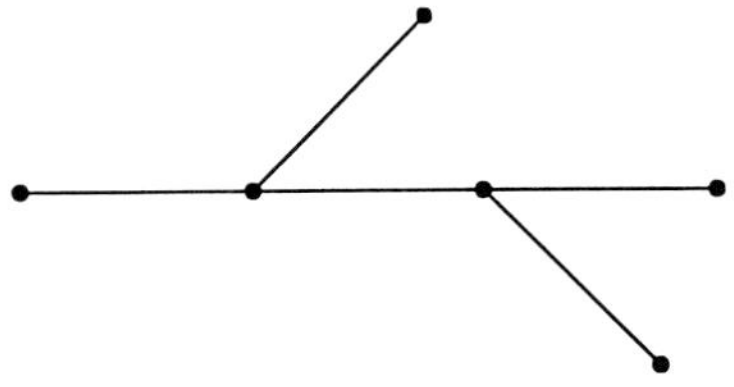

Die Substitutionsregel

Der Kern der Methode von Lindenmayer ist das Substitutionsprinzip, eine abstrakte Form des Pflanzenwachstums. Eine Wachstumsphase wird in diesem System dadurch beschrieben, daß zum Beispiel alle Buchstaben L durch ein festes Muster ersetzt werden. Wir sprechen dann von der "Produktionsregel". Zur Illustration benutzen wir die folgende Vorschrift:

L → + L - L +

Natürlich müssen wir irgendwo anfangen, und dies so einfach wie möglich, mit einem einzelnen Buchstaben L. Also:

Phase 1	L
Phase 2	+L-L+
Phase 3	++L-L+-+L-L++
Phase 4	+++L-L+-+L-L++-++L-L+-+L-L+++

Bei der Substitution bleiben die Symbole + und - unverändert. In diesem sehr einfachen Beispiel haben die Verzweigungssymbole [und] keine Bedeutung. Schauen wir uns nun einmal an, was dieses einfache Beispiel geometrisch bedeutet. Dazu interpretieren wir L wieder als "zeichne ein Linienstück", geben + die Bedeutung einer Richtungsänderung von 45 Grad im positiven Sinne und setzen das Symbol - gleich einer Vierteldrehung nach rechts, also im negativen Drehsinne. Die vier Wachstumsphasen, oben als "Wörter" beschrieben, können wir nun geometrisch illustrieren, wie in Bild 8.2 dargestellt.

Bei den Systemen von Lindenmayer gibt es vielerlei Möglichkeiten, aber am Anfang betrifft es immer das Bilden von "Wörtern" mittels einer begrenzten Anzahl von Symbolen, dem "Alphabet", und das schrittweise Ausführen einer Produktionsregel, wobei alle Symbole simultan durch etwas anderes ersetzt werden. Dies kann dasselbe Symbol oder auch ein Wort sein.

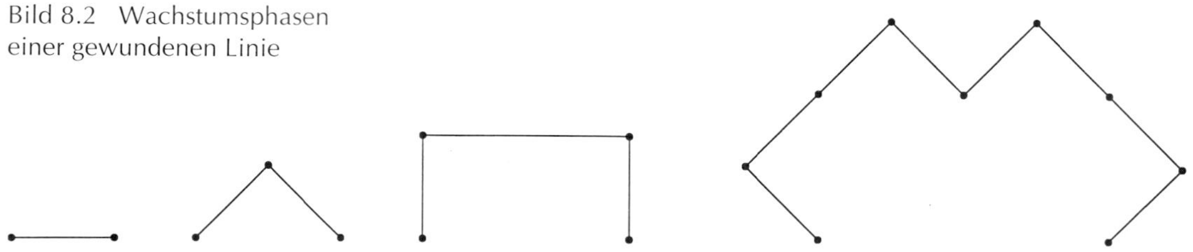

Bild 8.2 Wachstumsphasen einer gewundenen Linie

Die kriechende Schildkröte

In der Welt der Computergraphik ist der Begriff "turtle graphics" weitbekannt. Man stellt sich dabei vor, daß eine gekrümmte Kurve durch eine Roboterschildkröte gezeichnet wird, die lediglich ein paar Aufträge ausführen kann. Die Kommandos lauten am Anfang "vorwärts und zeichne eine Linie", "nach links" und "nach rechts". Auf kariertem Papier kann also schon ganz schön was gezeichnet werden. Viele von uns kennen auch die Aufgabe des Nachzeichnens einer gegebenen Figur, ohne den Stift vom Blatt zu heben. Manchmal wird dies durch die Bedingung verkompliziert, daß keine Linie mehr als einmal gezeichnet werden darf. Wenn wir bei der Richtungsänderung der Schildkröte nach beliebigen, aber festen Winkeln, wie beim Zeichnen der Kurve von Lévy, vorgehen, können wir alle "Wörter" von Lindenmayer ohne Verzweigungssymbole durch die Schildkröte zeichnen. In dem Programm LEVYLIND ist dies näher ausgearbeitet.

Dieses Programm, Prototyp artgleicher Programme, besteht aus zwei Teilen. Im ersten Teil wird für jede Wachstumsphase ein neues Wort ausgearbeitet. Das alte Wort befindet sich im Array x(.), während das neue Wort im Array y(.) aufgebaut wird. In dem bewußten Programm sind die Werte dieser Arrays ganze Zahlen. Die Länge dieser Arrays kann bei weiteren Wachstumsphasen enorm zunehmen, und die Grenze des Arbeitsspeichers ist schon bald erreicht. Selbstverständlich wird ein geschickter Programmierer einen Ausweg finden, aber mit dem jetzigen Programm kommen wir kaum viel weiter als zehn Phasen. Im zweiten Teil des Programmes werden die Symbole des zuletzt gebildeten Wortes Symbol für Symbol analysiert und graphisch verarbeitet. Dies ist ein ziemlich einfacher Prozeß.

Daß die Kurve von von Koch ganz analog gebildet werden kann, liegt jetzt auf der Hand. Wieder wird ein Lindenmayer-Wort gebildet, aus denselben Symbolen, aber nun gehört zu + ein Winkel von 60° und zu - ein Winkel von 120°. Der Anfang ist wie immer ein einzelnes Linienstück, und die Produktionsregel lautet (siehe auch Bild 8.3 und das Programm KOCHLIND):

L → L + L - L + L

wogegen die Winkelsymbole keinerlei Veränderung unterzogen werden.

Das Sieb von Sierpinski und die Schildkröte

Daß das bekannte Sierpinski-Dreieck auch als eine ununterbrochene, gewundene Kurve aufgefaßt werden kann, liegt nicht sofort auf der Hand. Die Struktur ist ja etwas komplizierter, und wir müssen ein extra Symbol X heranziehen, das wohl keine direkte graphische Bedeutung hat, aber das bestimmt, wo etwas substituiert werden muß. Das "Alphabet" besteht nun aus den vier Symbolen L, X, + und -. Als Anfangswort wählen wir wieder so einfach wie möglich den einzelnen Buchstaben X, graphisch als Punkt darstellbar. Die Produktionsregel gilt nun sowohl für L als auch für X:

L → L L
X → - L X L + L X L + L X L -

Die Symbole + und - erhalten nun die Bedeutung einer Drehung über 120 Grad im positiven und im negativen

Bild 8.3 Das Schema der von-Koch-Kurve

Bild 8.4 Die zweite Wachstumsphase der Sierpinski-Kurve

Sinne. Die Wirkung der auf X angewandten Produktionsregel sehen wir in Abbildung 8.4, wobei bereits die zweite Phase abgebildet ist. Um der Deutlichkeit willen sind dabei Winkel gewählt, die von 120 Grad etwas abweichen. Das Resultat ist ein System gleichseitiger Dreiecke. Die Mitten der Seiten sind die X-Positionen, bei denen jedesmal substituiert wird.

Das betreffende Programm SIERLIND unterscheidet sich nur geringfügig von den vorigen Programmen. Das Ergebnis ist natürlich bekannt, aber es ist ganz nett und lehrreich zu sehen, wie auf dem Bildschirm das Sieb als ununterbrochene gewundene Linie gebildet wird.

Eine Kurve von Peano

Der italienische Mathematiker Giuseppe Peano (1858-1932) beschäftigte sich vor allem mit der Mengenlehre, einem Thema, das eng mit den Grundlagen der Mathematik verbunden ist. Man könnte Peano vielleicht als einen Vorläufer von Mandelbrot ansehen. Die Verdienste von Mandelbrot liegen darin, daß er vielen die Existenz komplizierter geometrischer Figuren, heute Fraktale genannt, bewußt gemacht hat. Aber Peano wies bereits 1887 darauf hin, daß Kurven so komplex sein können, daß sie praktisch flächenfüllend sind.

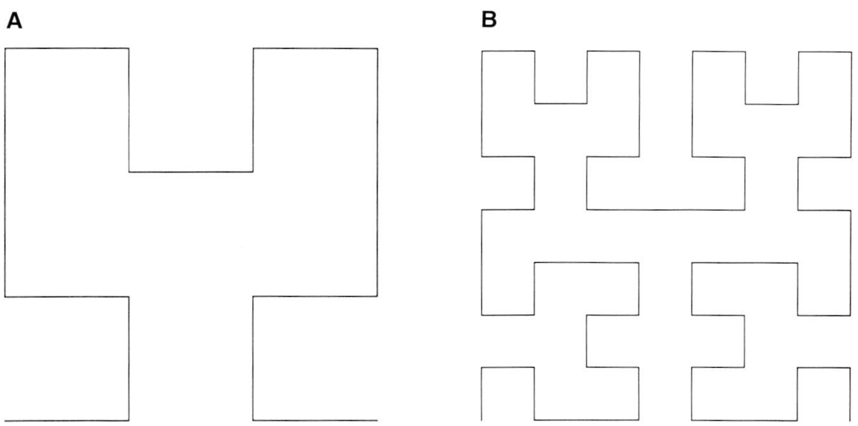

Bild 8.5 Zwei frühe Stadien einer Peano-Kurve

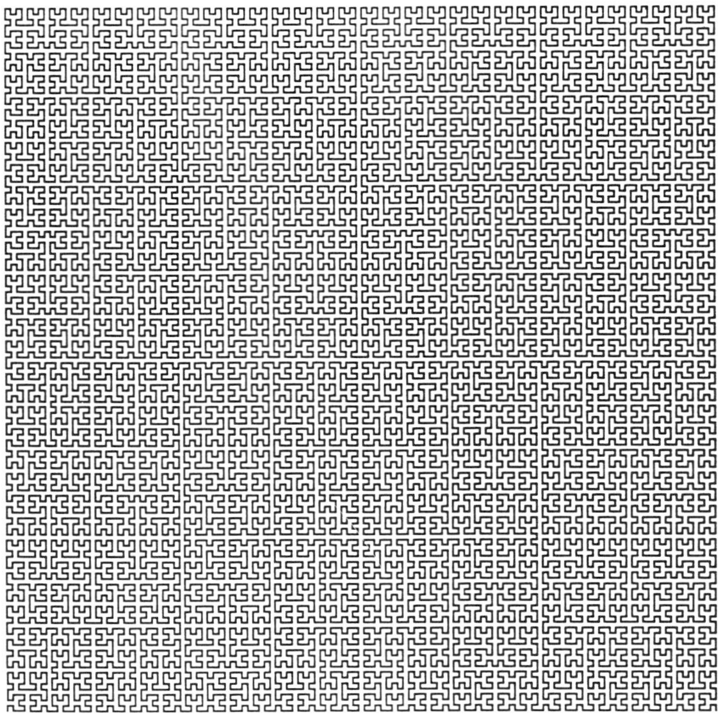

Bild 8.6 Die fünfte Phase einer Peano-Kurve

Er gab uns einige Beispiele, und wir sprechen noch heute von einer Peano-Kurve. In Bild 8.5 geben wir zwei frühe Stadien der Bildung einer Peano-Kurve, die eine quadratische Fläche füllt.

Es ist kein sehr einfaches Problem, die Systematik in der Entstehungsweise der folgenden Phasen zu durchschauen und diese in eine entsprechende Produktionsregel zu bringen. Wir enthalten uns denn auch einer ausführlichen Besprechung und nennen ohne weiteren Kommentar die Substitution:

X $\rightarrow$ - Y L + X L X + L Y -
Y $\rightarrow$ + X L - Y L Y - L X +

mit dem Startpunkt X.

Die Winkelveränderungen sind dabei eine Vierteldrehung nach rechts bzw. nach links. Im Programm PEANOL ist das ein oder andere besser ausgearbeitet. Ohne extra Vorkehrungen zu treffen, können wir damit bis zur fünften Wachstumsphase vordringen. Wir erhalten dann die in Bild 8.5 B gezeigte verschlungene Kurve. Um weiterzukommen, gibt es verschiedene Möglichkeiten. Steht eine Festplatte zur Verfügung, dann kann man die Elemente des X- und des Y-Arrays jedesmal in eine Datei auf der Festplatte schreiben oder von dort einlesen. Der Arbeitsspeicher wird dann kaum benutzt. Eine auf diese Weise erstellte Illustration ist in Bild 8.6 zu sehen.

Verzweigungen

Kehren wir wieder zurück zu dem Muster in Abbildung 8.1. Gehen wir vom Element L aus und wenden wir jedesmal die folgende Substitutionsregel an:

L → L [+ L] L [- L] L

dann erhalten wir ein schnell wachsendes Wort, das in der fünften Phase bereits aus 6249 Elementen besteht. Interpretieren wir die Symbole + und - als Seitenäste, die mit dem Hauptast einen Winkel von ungefähr 28 Grad bilden, dann erhalten wir die in Bild 8.7 abgebildete Staude. Das dazugehörige Programm ist BUSHLIND. In diesem Programm wenden wir das Prinzip des Stapels an, das wir bereits in Kapitel 5 besprochen haben. Bei der Interpretation des Wortes müssen wir jedesmal beim Lesen des Symbols [die Daten dieses Verzweigungspunktes, die Position des Anknüpfungspunktes und die Richtung des vorherigen Astes auf einen Stapel legen. Begegnen wir beim Lesen dem Symbol], dann ist das Ende eines Astes erreicht, und wir müssen zurück zur letzten Verzweigung. Die Daten hierfür befinden sich oben auf dem Stapel und stehen damit sofort zu unserer Verfügung. Auch hierbei ergibt sich das technische Problem, daß die Wörter des Lindenmayer-Systems derart schnell anwachsen, daß der Computer bereits bald die Meldung "Out of Memory" ausgibt. Aber mit einiger Erfahrung im Programmieren läßt sich dieses Problem lösen, auch wenn es auf Kosten der Laufzeit geht.

Bild 8.7 Eine Staude in ihrer fünften Wachstumsphase

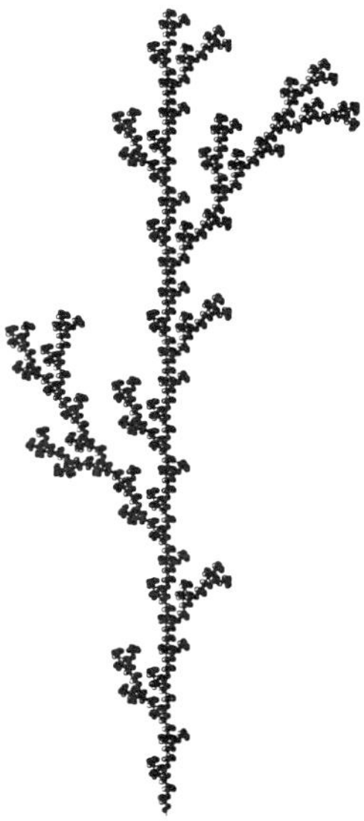

Bedeutung für die Biologie

Biologen pflegen ihr Fach auf verschiedene Weise zu klassifizieren, und eine davon ist, nur auf das Äußerliche zu achten. Mit den Biologen stellen wir uns hier auf ein und denselben morphologischen Standpunkt, wenn wir bei Algen, Seetang, Sträuchern und Bäumen nur auf die Verzweigungsstruktur achten. Es gibt dann zwei Haupttypen, die sogenannte Monopodie und die Dichotomie. Bei der Monopodie (wörtlich: aus dem selben Fuß) ist die Rede von einem Hauptast mit Seitenästen. Dichotomie ("in zwei schneiden") ist in der Botanik die Erscheinung, daß ein Pflanzenteil sich in zwei gleiche Teile teilt, also eine Gabelung. Dies ist für niedere Pflanzen wie Schimmel, Tange oder Farne die weitestverbreitete Art des Wachstums. Bei höheren Pflanzen, Saatpflanzen also, kommt dies viel weniger häufig vor, hier ist die Monopodie die gebräuchlichste Form. Lindenmayer konnte seine Methode gut auf primitivere Organismen anwenden, aber zur Beschreibung von Strukturen, bei denen Monopodie vorherrscht, reichte sie nicht aus. Bei letzteren denken wir vor allem an Bäume wie Zedern oder Pinien, bei denen der Hauptstamm wie ein Mast eines Schiffes gerade in die Höhe zeigt. In Kapitel 10, in dem wir einige räumliche Fraktale besprechen, kommen wir darauf zurück.

Graftale

1984 beschrieb Alvyn Ray Smith in der Zeitschrift *Computer Graphics* eine interessante Ausweitung des oben beschriebenen Systems von Lindenmayer. Wieder geht es um die Bildung von Wörtern, aufgebaut aus einer begrenzten Anzahl von Symbolen. In der einfachsten Form sind es die Symbole 0, 1, [und], und darauf wollen wir uns auch hier beschränken. Das untenstehende Beispiel ist einem Artikel von Steve Estvanik (1986) entliehen. Die Produktionsregeln beziehen sich nun auf Tripel von Nullen und Einsen. Aus den Symbolen 0 und 1 lassen sich die gleich folgenden acht Dreiergruppen bilden.

Das Bilden einer Folgegeneration bedeutet, daß wir jedem dieser Tripel ein zu substituierendes Muster zuweisen. Es gibt also insgesamt acht Substitutionsregeln. Um die Methode anhand eines konkreten Beispiels zu erläutern, nehmen wir das folgende Schema:

$000 \to 0$	$100 \to 0$
$001 \to 1$	$101 \to 00[01]$
$010 \to 0$	$110 \to 0$
$011 \to 1$	$111 \to 0$

Bild 8.8 Ein Graftal-Strauchgewächs

Eine Sinus-Mandelbrot-Menge, beschädigt durch einen Computervirus (Vergrößerung 15×).

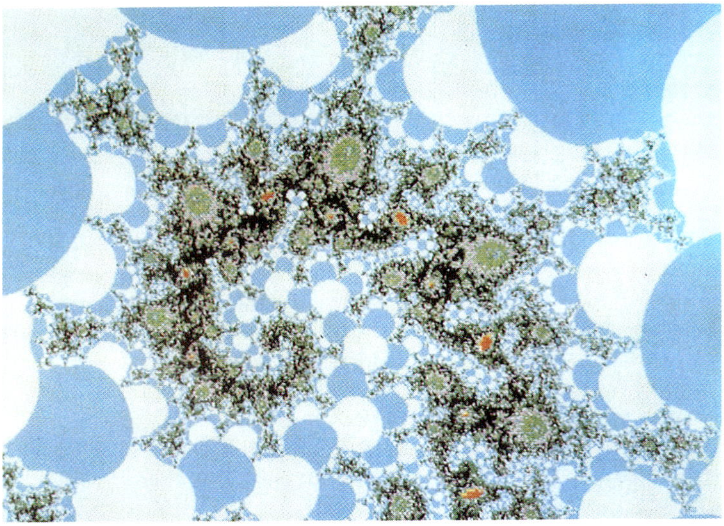

Spiralstrukturen in der Sinus-Mandelbrot-Menge (Vergrößerung 150×)

Ein Tripel wird gebildet, indem man bei einem Symbol das vorstehende und das nachfolgende Symbol mit einbezieht. Gibt es kein vorstehendes Symbol, dann setzen wir dafür die 1. Das nachfolgende Symbol muß sich wohl am selben Ast befinden; befinden wir uns bereits am Ende eines Astes, dann ist das nachfolgende Symbol per Definition eine 1. Wir sind jetzt bereit, ausgehend vom Symbol 1, jedesmal eine Folgegeneration, ein neues Wort, zusammenzustellen.

Generation		
0		1
	Tripel	111
1		0
	Tripel	101
2		00[01]
	Tripel	100 001 001 011
3		01[11]
	Tripel	101 011 111 111
4		00[01]1[00]
	Tripel	100 001 001 011 011 100 001
5		01[11]1[01]
	Tripel	101 011 111 111 111 101 011
6		00[01]1[00]0[00[01]1]

Dies sieht vielleicht alles etwas merkwürdig und an den Haaren herbeizogen aus, aber wir sahen bereits oben, zu welchen schönen, geometrischen, fraktalähnlichen Mustern die Wörter eines Lindenmayer-Systems führen können. Die geometrische Interpretation ist hier entsprechend. Die Symbole [und] deuten wieder den Anfang oder das Ende eines Seitenastes an. Die Winkel, die hier die Seitenäste zum Hauptast bilden, müssen wir näher erläutern. Das Einfachste ist es, alle Winkel gleich oder periodisch aus zum Beispiel vier Möglichkeiten auszuwählen. Die Symbole 0 und 1 können wir als das Zeichnen eines Astes als gerade Linie ansehen. Die zwei Möglichkeiten 0 und 1 können wir dazu verwenden, die Äste unterschiedlich zu färben. Eine andere Möglichkeit ist es, ihnen eine unterschiedliche Länge zu geben. Kurz, es sind hier sehr viele Interpretationen möglich.

In Bild 8.8 zeigen wir ein nach dieser Methode gebildetes Graftal, eine Art Strauchgewächs. Dabei gingen wir zwölf Generationen tief. Die Arrays sind dann bereits auf 2500 Elemente angewachsen.

9
Zelluläre Automaten

1903 in Ungarn als Janos geboren, ging er 1926 unter dem Namen Johann nach Göttingen und emigrierte nach Amerika, wo er 1937 als John Staatsbürger wurde. Es ist die Rede von John von Neumann, einem der größten Mathematiker unserer Zeit. Er ist in weiten Kreisen bekannt geworden, als er die Grundlagen der Theorie für unsere modernen Computer legte. In seinem relativ kurzen Leben, er starb 1957, beschäftigte er sich unter anderem mit den Problemen des Lebens. Er fragte sich, ob es eine Maschine geben könnte, die in der Lage wäre, eine exakte Kopie ihrer selbst anzufertigen. Er sah eine Art Roboter vor sich, ausgestattet mit einer Reihe von Instruktionen, der sich durch ein Lager mit Einzelteilen bewegt, um dort Material auszusuchen und dieses später zu einem neuen Roboter zu kombinieren. Es würden dann später zwei Roboter damit beschäftigt sein, je einen neuen Roboter zu bauen, hiernach vier ... Das erinnert uns an das Gedicht "Der Zauberlehrling" von Goethe, das so schön in der Musik von Paul Dukas als "L'apprenti sorcier" vertont ist.

Ein zellulärer Automat

Als guter Mathematiker betrachtet von Neumann für seine Beweisführung ein sehr abstraktes Weltbild. Seine "Welt" besteht aus einem unendlichen Stück karierten Papiers. Jedes Kästchen, von ihm Zelle genannt, kann bestimmte Zustände annehmen. In der einfachsten Form gibt es lediglich zwei Zustände, die wir als "an" oder "aus", "1" oder "0", als "aktiv" oder "passiv" auffassen können. In seiner Version verstreicht die Zeit in kleinen Schritten, wie das Ticken einer Uhr. Mit jedem Tick verändert sich das Muster der aktiven und passiven Zellen nach bestimmten Regeln. Von Neumann konnte auf diesem Wege mit einer Anzahl wohlgewählter Rechenregeln zeigen, daß es möglich war, daß ein bestimmtes Anfangsmuster nach einer Anzahl von Ticks, seinem

Schicksal überlassen, nach Ablauf einer gewissen Zeit sich praktisch verdoppelt hatte. Von Neumann wurde bei seinen Untersuchungen durch seinen treuen Freund und Kollegen Stanislaw Ulam unterstützt, einem polnischen Mathematiker, der ebenfalls wie von Neumann dem unsicheren Europa entflohen war. Zur Beweisführung verwendeten sie ein Modell mit 29 Zuständen. Dabei wurde bei jedem Schritt eine Zelle nur durch ihre vier nächsten Nachbarn beeinflußt.

Die Arbeit von Neumanns wurde später durch andere Wissenschaftler weitergeführt, variiert und vereinfacht. 1970 erfand der englische Mathematiker John Conway sogar eine Art Spiel: "The Game of Life." Seine Lebensregeln sind die Einfachheit selbst. Jede Zelle hat acht Nachbarn, vier an den Seiten und vier an den Eckpunkten. Die Spielregeln sind wie folgt:

1. Eine aktive Zelle, umgeben von einer oder keiner aktiven Zelle, wird passiv.
2. Eine aktive Zelle, umgeben von vier oder mehr aktiven Zellen, wird passiv.
3. Eine passive Zelle, umgeben von drei oder mehr aktiven Zellen, wird aktiv.

In Bild 9.1 ist zu sehen, wie sich ein einfaches Anfangsmuster im Laufe der Zeit entwickelt.

Das von Conway erfundene Spiel war sehr erfolgreich. Nach der ersten Beschreibung in der Zeitschrift Scientific American (1970) durch Martin Gardner und vielen darauf folgenden Publikationen gerieten viele in seinen Bann. Das System eignet sich hervorragend zur Bearbei-

Bild 9.1 Conways Game of Life

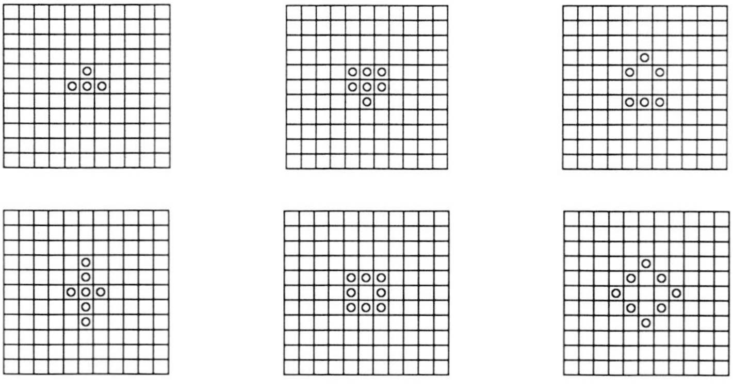

tung mit dem Computer, und nicht wenige Besitzer eines solchen modernen Rechenwerkzeuges sind darin versklavt. Der größte Reiz dieses Spieles liegt in der Unvorhersagbarkeit. Eine detaillierte mathematische Beschreibung ist so gut wie unmöglich, daher sind wissenschaftliche Untersuchungen auch auf Computerexperimente angewiesen. Auf Conways Spiel können wir im Rahmen dieses Buches nicht weiter eingehen, schon darum nicht, weil es nicht direkt mit Fraktalen im Zusammenhang steht. Letzteres ist wohl der Fall bei einem viel einfacheren Modell, das unlängst in der Zeitschrift *Algorithm* von Clifford A. Pickover beschrieben wurde.

Das Wachstumsmodell von Pickover

Selbstverständlich geht dieses Modell auch wieder zurück auf die Ideen Ulams und von Neumanns. Auch hier spielt das "Leben" sich auf einem unendlich weiten Stück karierten Papiers ab. Eine Zelle kennt nur zwei Zustände, "lebend" oder "tot", symbolisch dargestellt durch 1 oder 0. Eine einmal lebende Zelle hat in diesem Modell ein ewiges Leben. Eine tote Zelle wird lebendig, wenn in der vorherigen Generation genau eine der vier seitlichen Nachbarn (links, rechts, oben oder unten) lebt.

Beginnen wir einmal mit einer einzigen lebenden Zelle. In Bild 9.2 sind einige der folgenden Generationen dargestellt. Das Muster scheint sehr schlicht zu sein, und ohne Computer hätten wir alles schon längst aufgegeben. Aber betrachten wir nun die Situation nach 126 Generationen, wie in Bild 9.3 gezeigt. Dieses Bild ist mit PICK1, einem Programm mit sehr einfacher Struktur, erzeugt. Die hier vorhandene Symmetrie kommt uns sehr zunutze, so daß der Arbeitsspeicher des Computers optimal genutzt werden kann. Lediglich ein Viertel des ge-

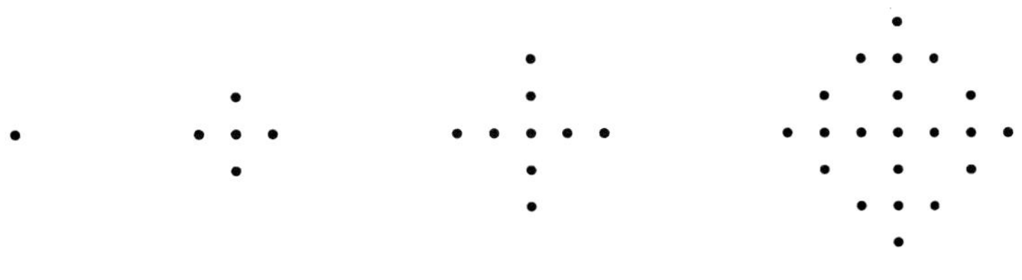

Bild 9.2 Die ersten Generationen beim Modell von Pickover

Bild 9.3 Das Muster von Pickover nach 126 Generationen

samten Musters muß berechnet werden. Es ist schon phantastisch zu sehen, wie sich dieses Muster aus einer einzigen lebenden Zelle auf dem Bildschirm entwickelt. Quadrate bilden an ihren Eckpunkten kleinere Quadrate in einer Weise, die charakteristisch ist für Fraktale.

Noch mehr Wachstum

Das besprochene Wachstumsmodell von Pickover ist das erste einer ganzen Reihe ähnlicher Modelle. An erster Stelle kann man bei diesem Modell untersuchen, was geschieht, wenn wir von einer kleinen Gruppe lebender Zellen ausgehen. Wir überlassen es dem Leser, damit zu experimentieren. Mit den ersten paar Generationen gelingt dies noch auf kariertem Papier, aber möchte man mehr, dann muß man schon den Computer zu Hilfe nehmen. Es genügt dann, das Programm PICK1 ein wenig anzupassen.

Eine andere Methode wäre, die Lebensregel zu ändern. Im ursprünglichen Modell wurde eine Zelle lebendig,

Bild 9.4 Ein "even-odd"-Muster in Farbe

sobald genau einer der vier seitlichen Nachbarn lebendig war. Statt nur der seitlichen, kann man auch die vier diagonalen Nachbarn heranziehen. Eine Zelle hat nun acht Nachbarn, so viele, wie ein König mitten auf dem Schachbrett Felder gehen kann. Wir können dann als neue "Lebensregel" vereinbaren, daß eine Zelle dann lebendig wird, sobald von den acht Nachbarn genau einer lebend ist. Pickover beschreibt ein "Game of Life", bei dem er mit jeder Generation die Lebensregel abwechselt. Zu einem geraden Zeitpunkt wählt er die Regel mit den vier Nachbarn und zu einem ungeraden Zeitpunkt die mit den acht Nachbarn. Sein "even-odd-growth" ist im Programm PICK2 beschrieben. Bild 9.4 zeigt davon eine farbige Version, wobei die Farbe einer Zelle durch die Anzahl ihrer Nachbarn bestimmt wird. Das entsprechende Programm, an dem der Leser leicht Veränderungen anbringen kann, ist PICK3.

Es ist nicht schwierig, sich noch mehr solcher einfachen Modelle auszudenken. Die Struktur des Programmes ist stets die gleiche. Das Muster einer Generation ist durch ein quadratisches Array x(i,j) beschrieben, wobei sowohl i als auch j von 0 bis an eine bestimmte Grenze n gehen, abhängig vom verfügbaren Arbeitsspeicher des Computers. Tatsächlich ist dies nur ein Quadrant des gesamten Musters, das sowohl horizontal als auch vertikal symmetrisch ist. Zur Bestimmung der nachfolgenden Generation wird für jede tote Zelle i,j die Umgebung untersucht. Wir bestimmen also die Anzahl der lebenden Zellen der vier seitlichen Nachbarzellen oder von allen acht Nachbarn. Im einfachsten Falle ist die Anzahl gleich 1, dann wird in der folgenden Generation diese Zelle lebendig. Die solchermaßen bestimmten Zellen werden im Array y(i,j) gespeichert. Wenn alle Zellen berechnet sind, wird der Generationswechsel vollzogen, und x(i,j) wird durch y(i,j) ersetzt.

Wir können, genau wie Pickover es tat, die beiden genannten Lebensregeln abwechselnd benutzen, aber wir können natürlich auch einen willkürlichen anderen Rhythmus wählen, wie zum Beispiel zweimal die eine, dreimal die andere Regel, und so weiter. Aber wir können auch den diagonalen Nachbarn weniger Gewicht geben als den seitlichen Nachbarn. Wieder eine andere Verallgemeinerung wäre es, den Zellen mehr Zustände zu gewähren, symbolisch mit den Zahlen 0, 1, 2, ... angedeutet. Auf dem Bildschirm könnten wir jedem Zustand dann seine eigene Farbe geben. Es gibt also genügend Möglichkeiten für einen Computerfreak, sich viele Stunden zu unterhalten.

Das Dreieck von Pascal und das von Sierpinski

1983 beschrieb Stephen Wolfram von der Universität Illinois einen noch einfacheren zellulären Automaten. Die Zellen erstrecken sich entlang einer geraden Linie und können damit ganz einfach als ganze Zahlen abgezählt werden. Vorläufig nehmen wir an, daß es nur zwei Zustände gibt, tot (0) oder lebendig (1). Wir beginnen mit einem einfachen Beispiel. Die Lebensregeln sind wie folgt:

Eine Zelle, die umgeben ist von einer toten und einer lebenden Zelle, wird lebendig.

Eine Zelle, die umgeben ist von zwei toten oder zwei lebenden Zellen, stirbt.

Den Zustand der Zelle an der Stelle i können wir mit x(i) angeben. Die obenstehenden Lebensregeln ergeben dann

$$x(i) \to x(i-1)+x(i+1) \bmod 2$$

oder ausgeschrieben:

$0 + 0 = 0$
$0 + 1 = 1$
$1 + 0 = 1$
$1 + 1 = 0$

Wer mit der symbolischen Logik oder Booleschen Algebra vertraut ist, erkennt hierin eine logische Beziehung, ein Begriff, der für die Computerprogrammierung sehr nützlich sein kann. Bei Computeranwendungen arbeiten wir mit einer festen Anzahl von Zellen. Wir zählen beispielsweise von $i = 0$ bis $i = m$, und das ergibt dann $m + 1$ Zellen. Manchmal ist es aus Gründen der Symmetrie nützlich, mit einer ungeraden Anzahl zu beginnen, und dann zählen wir von 0 bis 2n. Die obenstehende Lebensregel bedarf einer kleinen Anpassung, wenn wir am Anfang oder am Ende der Reihe der Zellen angelangt sind. Wenn $i = 0$ ist, dann hat der Term x(-1) natürlich keinen Sinn, aber wir tun dann, als wenn der Ausdruck 0 wäre. Entsprechend verhalten wir uns am Ende einer Reihe, und wir rechnen dann mit $x(m + 1) = 0$. Wenn wir mit einer einzelnen lebenden Zelle beginnen und die nachfolgenden Zellen untereinander aufschreiben, dann erhalten wir ein Diagramm wie in Bild 9.5.

Bild 9.5 Die Generationen einer einzelnen Zelle

```
         1
        1 1
       1 0 1
      1 1 1 1
     1 0 0 0 1
    1 1 0 0 1 1
   1 0 1 0 1 0 1
  1 1 1 1 1 1 1 1
 1 0 0 0 0 0 0 0 1
1 1 0 0 0 0 0 0 1 1
```

Wer mit dem Pascalschen Dreieck vertraut ist, erkennt darin vielleicht dieselbe Struktur. Für diejenigen, die es nicht mehr so genau wissen, zeigen wir in Bild 9.6 den Anfang dieses berühmten Dreiecks.

Wie wir sehen, ist jede Zahl in diesem Dreieck gleich der Summe der zwei Nachbarn, die sich links und rechts oberhalb von ihr befinden. Die Zahlen des Pascalschen Dreiecks sind Binomialkoeffizienten, die Koeffizienten des Termes, der entsteht, wenn wir (a+b) potenzieren. Wenn wir alle Zahlen des Pascalschen Dreiecks durch ihren Rest bei der Teilung durch 2 ersetzen, oder anders formuliert, wenn wir sie modulo 2 teilen, dann erhalten wir genau das zelluläre Muster von Bild 9.5.

Die Lebensregel kann wiederum einfach in einem Computerprogramm verarbeitet werden. In CELL1 ist dies getan. Der Zustand einer Generation von 2n + 1 Zellen ist im Array x(i) gespeichert, wobei i von 0 bis 2n geht. Wir beginnen mit einer Reihe mit x(n) = 1, während die übrigen Zellen sich im Zustand 0 befinden. Der Zustand einer Zelle der nachfolgenden Generation wird mit Hilfe von x(i-1) und x(i+1) zu y(i) berechnet. Sobald die neue Generation komplett gebildet ist, wird das alte Array x(i) durch das soeben gebildete y(i) ersetzt, und wir fangen von vorn an. Wie in Bild 8.5 werden die Generationen auf dem Bildschirm Reihe für Reihe untereinander gesetzt. Es ist nicht schwierig, einige hundert Generationen durchzurechnen. Das Ergebnis einer solchen Berechnung zeigen wir in Bild 9.7.

Wer einigermaßen mit Fraktalen vertraut ist, erkennt hierin das bekannte Sieb von Sierpinski mit seinen dreieckigen Löchern. Und tatsächlich, wenn wir das zelluläre Muster von Bild 9.7 unendlich lange fortführen würden und wenn wir zugleich die Abmessungen so begrenzen, daß das Dreieck stets dieselbe Größe hat, dann ist die Grenzfigur identisch mit dem Fraktal von Sierpinski.

Offenbar passiert hier etwas ganz Besonderes. Wenn wir das Dreieck von Sierpinski in der Nähe eines seiner Eckpunkte, an der Spitze zum Beispiel, stark vergrößern würden, veränderte sich nur wenig. Die Figur ist stets sich selbst ähnlich und zwar hinsichtlich eines jeden Eckpunktes mit dem Maßstabsfaktor 1/2. Bei jeder Ver-

Bild 9.6 Das Pascalsche Dreieck

1
1 1
1 2 1
1 3 3 1
1 4 6 4 1
1 5 10 10 5 1
1 6 15 20 15 6 1
1 7 21 35 35 21 7 1
1 8 28 56 70 56 28 8 1

Bild 9.7 Das Ergebnis einer einzelnen Zelle nach 256 Generationen

Bild 9.8 Das Ergebnis, wenn wir die Regel geringfügig ändern.

größerung um den Faktor 2 ist das gesamte Bild wieder größer geworden, aber die Umgebung der Spitze sieht unverändert aus. Wir könnten sagen, daß durch die Verdoppelung ein Faktor 1/2 wirkungslos gemacht wurde, und es gibt unendlich viele dieser Faktoren, so daß wir letztlich keinen Schritt weitergekommen sind. Dagegen läßt uns der zelluläre Automat der Abbildung 9.7 die Umgebung auf eine Weise sehen, die wir, vom Fraktal ausgehend, nie zu sehen bekommen würden. Andererseits erreichen wir nach unendlicher Fortführung des Automaten wohl das gesamte Fraktal.

In Bild 9.8 zeigen wir noch eine interessante Variante. Die Lebensregel ist nun

$$x(i) \rightarrow x(i - 1)+x(i)+x(i + 1) \bmod 2$$

Der einzige Unterschied ist, daß x(i) nun ebenfalls mit einbezogen wird. Drei aufeinanderfolgende Zellen sind nun jeweils im selben Maße an der eventuellen Bildung einer Zelle in der nachfolgenden Generation beteiligt. Eine solche Regel, in der die Summe der Zustände aller in Frage kommenden Zellen bestimmend ist, nennt Wolfram "totalistisch".

Das Programm CELL2 ist nur wenig verändert gegenüber dem vorigen Programm.

Die lebende und die tote Natur

In Bild 9.9 zeigen wir eine Muschel, eine bekannte Sammlermuschel aus der Familie der Kegelschnecken. Der wissenschaftliche Name ist Conus textile. Unsere seefahrenden Vorfahren müssen viele schöne Muscheln dieser Art auf ihren Reisen im Indischen und Stillen Ozean angetroffen haben. Die bräunliche Zeichnung läßt uns an ein indisches Batiktuch denken, und vielleicht ist das auch der Grund für diesen Namen.

Es gibt noch weitere Muscheln mit einem solchen Muster, aber diese hier ist vielleicht die bekannteste.

Wir stellen uns nun einen zellulären Automaten des oben beschriebenen Typs vor, aber anstatt von einer einzelnen Zelle wie in Bild 9.7 auszugehen, beginnen wir mit einer Reihe von Zellen, deren Art durch den Zufall bestimmt sei. Für jede Zelle würfeln wir demnach, um zu entscheiden, ob sie nun aktiv oder passiv ist. Im Computerprogramm CELL1A ist dies durch die Einbindung der RND-Routine geschehen, die uns eine zufällige Reihe von Nullen und Einsen generiert. Das Resultat ist in Bild 9.10 zu sehen.

Das gefundene Muster läßt uns sehr an die Verzierung des Conus textile denken. Wenn wir nun auch noch wissen, daß das Muschelmuster stark variabel ist, scheint es fast, als ob wir hinter eines der Geheimnisse der Natur gekommen wären. Wir können uns vorstellen, daß eine Reihe natürlicher Zellen (im biologisch wörtlichen Sinne) Reihe für Reihe ein Muster bilden, indem sie sich nach einer einfachen Regel verdoppeln oder nicht. In der Tat ist dies eines der vielen Beispiele dafür, daß augenscheinlich komplizierte Dinge in der Natur das Resultat von sehr einfachen Gesetzmäßigkeiten sein können.

Aber dennoch muß man vorsichtig sein! Sobald wir eine einfache Gesetzmäßigkeit in der Form eines einfachen mathematischen Modells gefunden haben, sind wir noch lange nicht fertig. Es ist sicher nicht so, daß wir damit die Natur "erklärt" hätten. Es kann sein, daß es mehrere Modelle gibt, die zu denselben Resultaten führen. Und dies ist gewiß der Fall beim zellulären Automaten von

Bild 9.10. Es zeigt sich nämlich, daß es viele andere "Lebensregeln" gibt, die zu einem Muster führen, das sich kaum von dem in Bild 9.10 unterscheidet.

Die linearen Automaten von Wolfram

Mit Wolfram betrachten wir wieder einen zellulären Automaten, bei dem die Zellen zwei Zustände annehmen können, angegeben durch 0 und 1 und entlang einer Linie angeordnet. Ein "linearer zellulärer Automat", sagt man. Der Automatismus besteht aus einer Fortpflanzung, bei der jedesmal drei benachbarte Zellen zusammenarbeiten, um eventuell eine neue, lebende Zelle hervorzubringen. Verwenden wir die obenstehende Notation, wobei x(i) den Zustand einer Zelle mit der Rangnummer i angibt, dann wird der Zustand der Zelle x(i) der folgenden Generation bestimmt durch die Zustände der drei Zellen x(i-1), x(i), x(i+1). Für eine Gruppe von drei Zellen gibt es die folgenden acht Möglichkeiten:

111 110 101 100
011 010 001 000

Eine Lebensregel aufzustellen bedeutet, daß wir jeder der Kombinationen eine 0 oder eine 1 zuweisen (eine neue Zelle in der folgenden Generation). Da es acht Wahlmöglichkeiten gibt, können wir 2^8 verschiedene Regeln erstellen. Das sind insgesamt 256, aber nicht jede Möglichkeit ist gleichermaßen sinnvoll. Es ist logisch, zu unterstellen, daß die erste Kombination 000 stets zu einer 0 führen muß, und damit verfällt bereits die Hälfte. Wolfram betrachtet von den übriggebliebenen 128 Möglichkeiten nur diejenigen, die zu einer symmetrischen Kombination gehören, wobei weder links noch rechts bevorzugt wird. Das bedeutet konkret, daß ein Paar wie 100 und 001 zu demselben Zustand führen muß. Solche Regeln nennt er "legal", und man kann leicht nachvollziehen, daß es insgesamt 32 solcher Regeln gibt. In der Rangfolge der obenstehenden Reihe können sie durch die Zahlenreihe

a b c d b e d 0

beschrieben werden.

Bild 9.9 Ein *Conus textile* aus dem Indischen Ozean

Bild 9.10 Ein zellulärer Automat in Aktion

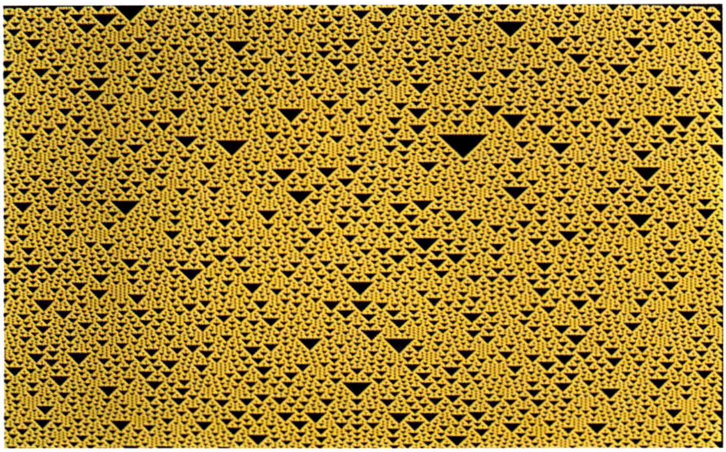

Im Computerprogramm CELL3 ist diese Reihe zusammengefaßt zu einer einzelnen Zahl, dem sogenannten "Code". Diese Zahl ist nichts anderes als die Interpretation der obenstehenden Reihe gemäß dem Dualsystem, das heißt:

Code = 128a + 64b + 32c + 16d + 8b + 4e + 2d

Die bereits früher besprochene einfache Regel, die zu dem Dreieck von Sierpinski führt, entspricht also der Konfiguration

0 1 0 1 1 0 1 0

oder, als Code, der Zahl 90. Analog dazu entspricht Bild 9.8 dem Code 150.

Mehr Zusammenarbeit

Es ist nicht schwierig, sich noch allgemeinere zelluläre Automaten auszudenken, und Wolfram ist uns dabei schon weit vorausgegangen. Man kann mehr Zellen in Beziehung zueinander setzen, oder man kann einer Zelle mehr Zustände zuweisen. Wenn wir jedesmal fünf Zellen in Beziehung setzen, gibt es noch viel mehr Kombinationen, aber mit Wolfram beschränken wir uns hier auf die sogenannten totalistischen Regeln. Das sind die Regeln, bei denen nur die Summe der Werte von fünf aufeinanderfolgenden Zellen zählt. Es geht also um die Summe

$$s = x(i - 2) + x(i - 1) + x(i) + x(i + 1) + x(i + 2)$$

Jede Summe trägt hierin in gleicher Weise bei. Gibt es nur die Zustände 0 und 1, dann kann s die sechs Werte 5, 4, 3, 2 ,1 und 0 annehmen. Weil der Wert 0 lediglich zu einer folgenden 0 führen kann, können wir damit genau 32 verschiedene Regeln gemäß dem Schema

5	4	3	2	1	0
a	b	c	d	e	0

erstellen. Die Zahlen a, b, c, d, e, die jeweils 0 oder 1 sind, können wir wieder in einem Code, wie

$$\text{Code} = 32a + 16b + 8c + 4d + 2e$$

unterbringen.

So entspricht das Muster 101010 der Codezahl 42. In dem Programm CELLC kann man mit einer willkürlichen, selbstgewählten Codezahl untersuchen, wie das Resultat einer Anfangssituation aussieht, wobei die Zustände willkürlich gewählt sind. Indem jedesmal ein anderer Code gewählt wird, erhält man so ungefähr alles zwischen Ordnung und Chaos in Bildern, die manchmal der Abbildung 9.10 sehr ähnlich sind.

Wolfram hat zahllose Möglichkeiten studiert, und seine allgemeine Schlußfolgerung ist, daß die Evolution eines zellulären Systems, das durch eine Reihe zufällig gewählter Zustände generiert wird, qualitativ gesehen in vier Klassen eingeteilt werden kann:

1. Die Evolution führt zu einer homogenen Situation.
2. Die Evolution führt zu einer Anzahl von einfachen, stabilen oder periodischen Strukturen.

3. Die Evolution führt zum Chaos, mit der Struktur eines stochastischen Fraktals
4. Die Evolution führt zu einer komplexen Struktur mit einer gewissen Regelmäßigkeit.

Dies ist übrigens eine ziemlich globale Einteilung, aber wir sehen doch schon, daß die augenscheinlich simplen linearen Automaten von Wolfram sehr stark dynamischen Systemen gleichen.

Ein Automat der ersten Klasse ist einer wie ein dynamisches System, mit ein oder mehreren stabilen Gleichgewichten. Die Automaten mit den Codezahlen 0, 14, 16, 32, 36, 48, 54, 60, 62 gehören zu diesem Typus.

Ein Automat zweiter Klasse ist ein dynamisches System mit einem anziehenden periodischen Zyklus. Beispiele sind die mit den Codezahlen 8, 24, 40, 56, 58. Die Automaten der dritten und vierten Klasse liefern uns Grenzstrukturen, die "fremdartigen Anziehern" auf Fraktale mit einer gebrochenen Dimension ähneln. Zu denen des dritten Typs rechnet Wolfram die Systeme mit den Codes 6, 10, 12, 14, 18, 22, 26, 28, 30, 34, 38, 42, 44, 46, 50. Die mit den Codes 20 und 52 schließlich rechnet er zum vierten Typ gehörig.

10
Räumliche Fraktale

Fraktale sind nicht an eine geometrische Dimension gebunden. Es gibt interessante Fraktale in der ersten Dimension, zum Beispiel auf einer geraden Linie. Allerdings ist hier viel mehr als die bekannte Cantor-Menge kaum möglich. In der zweiten Dimension, der flachen Ebene, gibt es eine reiche Welt von Fraktalen, kulminierend in den Julia-Fraktalen und der bekannten Mandelbrot-Menge. Man kann also erwarten, daß es im dreidimensionalen Raum noch sehr viel mehr zu sehen gibt, und das ist unzweifelhaft auch so. Das Problem ist wohl, daß es nicht leicht fällt, sich von dreidimensionalen Fraktalen eine gute geometrische Vorstellung zu machen. Computerbildschirme sind nun einmal zweidimensional und können lediglich eine Projektion unter dem einen oder anderen Blickwinkel wiedergeben. Es wäre schön, wenn wir, wie in einem Film, um ein räumliches Fraktal herumgehen könnten, aber diese Technik ist großen und schnellen Computern vorbehalten. Selbstverständlich ist mittels CAD-Techniken (Computer Aided Design) sehr viel möglich, und wir können mit Software wie Autocad ein beliebiges räumliches Objekt als sich bewegenden Gegenstand auf dem Bildschirm abbilden. Auch können wir dem Objekt eine willkürliche Oberflächenstruktur geben und es von beliebiger Seite her beleuchten. Es ist zum Beispiel nicht schwierig, einen Kubus dem Mond ähneln zu lassen, indem die Oberfläche mit Mondkratern versehen und entsprechend beleuchtet wird.

In diesem Kapitel wollen wir uns mit banaleren Dingen befassen und mit dem, was wir selbst, mit einem einfachen, aber modernen Computer, zustande bringen können. In der Welt um uns herum gibt es genügend Dinge, die uns inspirieren können. Schwämme und Korallen erinnern uns an Fraktale, mit Bäumen haben wir uns bereits früher beschäftigt, nun aber sind wir vorbereitet für dreidimensionale Objekte aus der Pflanzenwelt. Blumenkohl oder auch Broccoli könnten wir als eßbare Fraktale auffassen. Lungengewebe, Blutgefäße und Nervenstränge weisen eine deutliche Fraktalstruktur auf. Das Gehirn ist vielleicht die schönste Anwendung eines räumlichen Fraktals in der Natur. Man könnte sich vorstellen, daß die fraktale Dimension seiner Struktur ein objektives Maß der Intelligenz darstellt, viel besser, als es der IQ aus einem willkürlichen Test wiedergeben kann.

In diesem Kapitel beschränken wir uns auf einige repräsentative, aber einfache Beispiele. Alles was wir in diesem Kapitel besprechen werden, kann mit relativ einfachen Programmen auf einem Computer nachvollzogen werden. Im allgemeinen gilt aber wohl, daß die Ausführung dieser Programme viel Zeit in Anspruch nimmt. Vorteilhaft ist es, wenn man über einen Bildschirm mit hoher Auflösung verfügt, also EGA (640 x 350) oder VGA (640 x 480), und daß sechzehn Farben verwendet werden können. Besonders beim Darstellen von räumlichen Fraktalen kann die Verwendung von Farbe das Vorstellungsvermögen stark unterstützen.

Höhenkarte einer fraktalen Landschaft

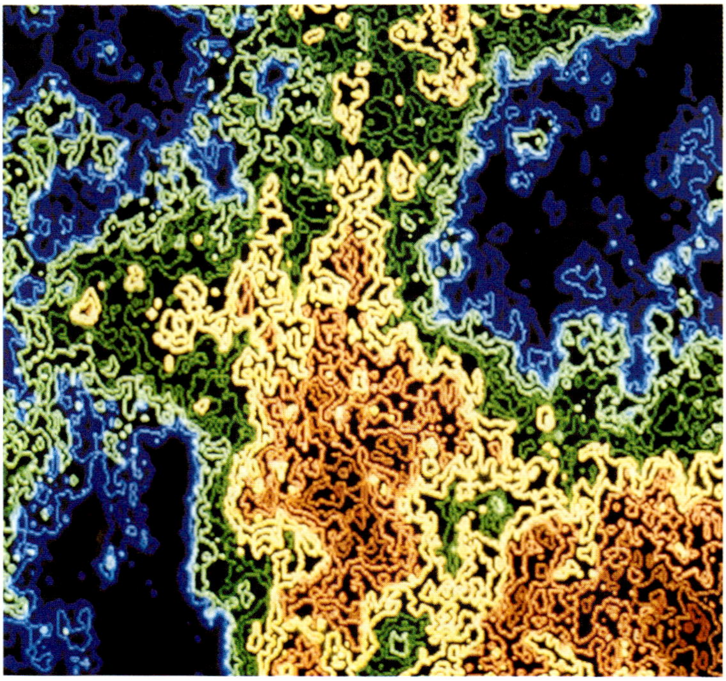

Projektionen

Beim Darstellen von räumlichen Fraktalen muß man eine geometrische Projektion durchführen, und dafür benötigen wir einige elementare mathematische Grundkenntnisse. Wir stellen es uns zur Aufgabe, einen sich im Raum befindlichen Kubus auf dem Bildschirm abzubilden. Dazu denken wir uns einen Würfel, der sich in einem räumlichen Koordinatensystem mit den Achsen x,y,z befindet, positioniert im ersten Quadranten. Die Koordinaten der acht Eckpunkte seien O(0,0,0), A(1,0,0), B(0,1,0), C(0,0,1), P(1,1,1), Q(0,1,1), R(1,0,1), S(1,1,0). In Bild 10.1 ist dargestellt, was wir auf dem Bildschirm projizieren wollen.

Die Projektion kommt zustande, indem die räumlichen x,y,z-Koordinaten in Bildschirmkoordinaten u,v transformiert werden. Die Transformationsgleichungen sind:

$$u = -x \cos\alpha + y \sin\alpha$$
$$v = -(x \sin\alpha + y \cos\alpha) \sin\beta + z \cos\beta$$

wobei α und β für die Richtung der Projektion bestimmend sind. Die Bedeutung der Winkel erkennen wir, wenn wir auf die Stelle der Eckpunkte O, A, B und C auf dem Bildschirm achten. Das Einsetzen ihrer x,y,z-Koordinaten in die Projektionsgleichungen ergibt:

O(0,0,0) wird projiziert zu (0,0)
A(1,0,0) wird projiziert zu $(-\cos\alpha, -\sin\alpha \sin\beta)$
B(0,1,0) wird projiziert zu $(\sin\alpha, -\cos\alpha \sin\beta)$
C(0,0,1) wird projiziert zu $(0, \cos\beta)$

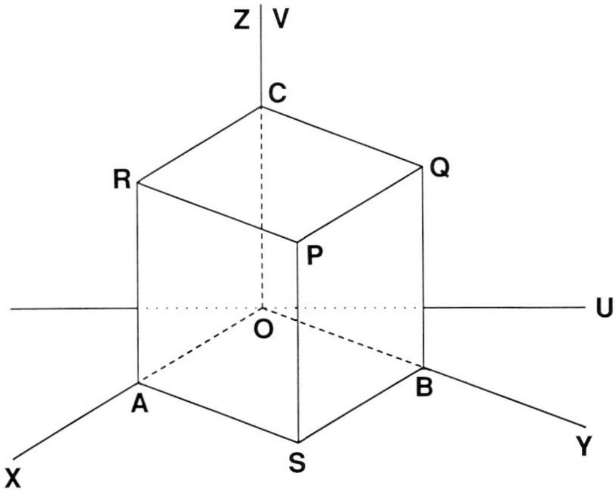

Bild 10.1 Die Projektion eines Würfels

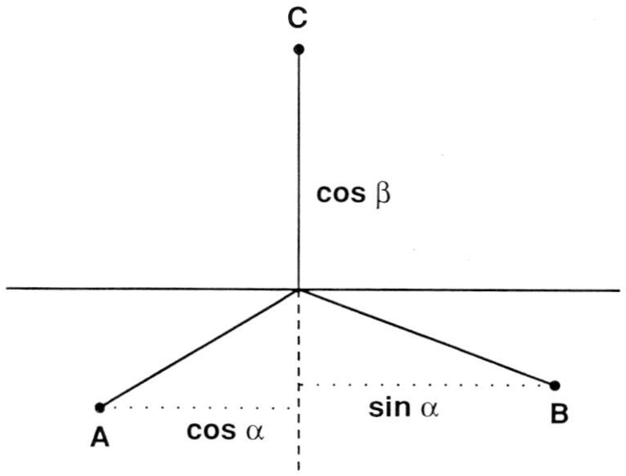

Bild 10.2 Von der räumlichen zur Bildschirmdarstellung

In der Abbildung 10.2 sehen wir, daß der Winkel β die Steigung der z-Achse bestimmt. Wenn $\beta = 0$ ist, dann verläuft die z-Achse parallel mit der Projektionsfläche, dem Bildschirm. Die vertikalen Abmessungen werden dann bei der Projektion in der wahren Größe abgebildet. Wenn $\beta = 90$ Grad ist, dann steht die z-Achse senkrecht zum Bildschirm und wird bei der Projektion als einzelner Punkt abgebildet. Die vertikalen Abmessungen gehen dann gänzlich verloren. Bei einem beliebigen dazwischenliegenden Winkel werden die vertikalen Linien um den Faktor cos β verkürzt abgebildet. Der Winkel α bestimmt die Links-/Rechts-Drehung. Geben wir β einen festen Wert und lassen wir α von 0 bis 180 Grad laufen, dann scheint in der Projektion der Kubus sich um die z-Achse zu drehen.

Wir könnten auch sagen, daß wir den ruhenden Kubus betrachten und daß wir jeweils den Blickwinkel, von dem aus wir ihn betrachten, verändern. Es ist dann geradeso, als ob wir um ihn herumlaufen würden.

In der Praxis wählt man für α oft den speziellen Winkel von 45 Grad. Die Punkte A und B befinden sich dann in einer symmetrischen Position links und rechts der z-Achse. In diesem Fall sind sowohl cos α als auch sin α gleich $1/\sqrt{2} = 0.7071$. Die Koeffizienten-Matrix der Transformationsgleichungen kann dann zu

$$\begin{pmatrix} -1 & 1 & 0 \\ -\sin\beta & -\sin\beta & \sqrt{2}\cos\beta \end{pmatrix}$$

vereinfacht werden, wobei alle Abmessungen mit $\sqrt{2}$ multipliziert sind.

Japanische Bäume

Im Leben der Japaner spielt die Natur traditionell eine große Rolle. Die Gärten und Parks wecken überall Bewunderung und dienen der westlichen Welt als Vorbild. Japaner strebten in ihrer Kultur stets danach, den Makrokosmos im Mikrokosmos zu verkörpern. Sorgfältigst geharkte Steinchen und ein paar Felsblöcke in einem Tempelgarten symbolisieren für sie das Inselreich Japans im Weltmeer. Die gleiche Miniaturisierung treffen wir bei den bekannten Bonsai-Bäumchen an, einer kunstvollen Maßstabsverkleinerung der in der Natur vorhandenen Bäume. Hier ist bereits ein Anfang der Selbstähnlichkeit festzustellen, ein Wesensmerkmal der Fraktale. Daß der moderne Japaner sich mit großem Erfolg auf die Mikroelektronik stürzte, wird damit verständlicher. Die Fraktale hätten eigentlich ganz gut in Japan entdeckt werden können, aber einen japanischen Mandelbrot gab es nicht. Vorgänger und Nachfolger gibt es wohl. Um das Jahr 1900 entwarf Teiji Takagi eine mathematische Konstruktion, die wir heute als eines der ersten von ihm erstellten Fraktale bezeichnen würden. Später in diesem Kapitel kommen wir darauf zurück. Gegenwärtig haben die Fraktale in der wissenschaftlichen Welt Japans vor allem in Verbindung mit Computergraphiken große Be-deutung.

1984 erschien ein Artikel von Masaki Aono und Tosiyasu Kunii von der Universität Tokio mit dem Titel "Botanical Tree Image Generation". Die Autoren beschreiben darin, wie aus einigen einfachen Wachstumsgesetzen ein Computerprogramm erstellt werden kann, das die äußere Form einer großen Anzahl verschiedener Baumtypen simulieren kann. Sie geben viele Beispiele von simulierten und echten Bäumen, wie zum Beispiel die Aucuba japonica und den Gingko biloba.

Wenn wir ihren Artikel unter wissenschaftlichen Aspekten betrachten, dann sehen wir, daß wir es mit einer dreidimensionalen Version des bei uns bekannten Baums von Pythagoras zu tun haben.

Bild 10.3 Das Wachstumsmuster eines japanischen Baumes

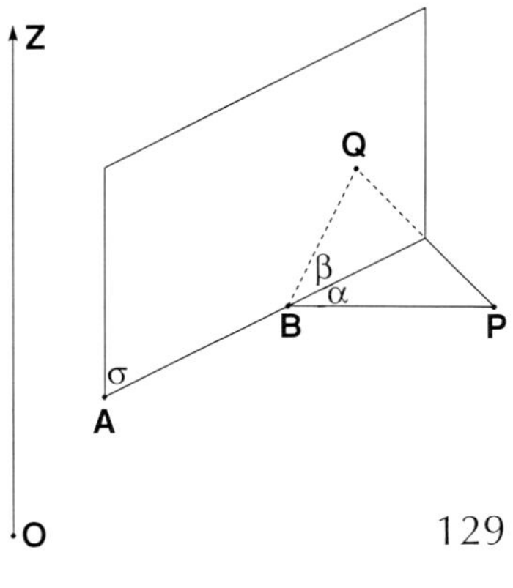

Ein japanischer Baum von Pythagoras

Die Wachstumsgesetze können anhand der Abbildung 10.3 wie folgt beschrieben werden: Die Hauptachse (der Stamm des Baumes) ist vertikal ausgerichtet gemäß der Richtung der Schwerkraft.

1. Ein Ast teilt sich in zwei Tochteräste.
2. Die Länge und der Durchmesser der Tochteräste stehen in einem festen Verhältnis zu der des Mutterastes.

3. Die Fläche von zwei Tochterästen steht senkrecht auf der Fläche, die durch den Mutterast und die vertikale Richtung gebildet wird. Die Flächen der Tochteräste und des Stammes stehen vertikal zueinander.
4. Die Verästelung findet an den Enden der Äste simultan statt.

Wir nehmen an, daß AB ein willkürlicher Ast sei und daß dieser im Winkel σ zur vertikalen Richtung, der z-Achse OZ des räumlichen Koordinatensystemes, stehe. Im Punkt B verzweigt sich AB in die Tochteräste BP und BQ auf solche Weise, daß A, B, P und Q in derselben Fläche liegen. Die festen Verkürzungen nennen wir p und q, so daß $BP = p \times AB$ und $BQ = q \times AB$. Wir nehmen an, daß die Winkel, die BP und BQ (als Vektoren betrachtet) mit AB bilden, für alle Äste gleich α beziehungsweise β sind. Weiter nehmen wir an, daß die Ebene BPQ hinsichtlich der vertikalen Fläche durch AB senkrecht steht. Die geometrische Situation ist dann vollständig bestimmt, und es verbleibt nur noch etwas Rechenarbeit. In Vektorschreibweise ist BP gleich

$$BP = p(AB - OZ \wedge AB \sin\alpha/\sin\sigma)$$

wobei $\wedge$ das Symbol für die Vektormultiplikation und OZ ein Einheitsvektor in vertikaler Richtung ist. Diese Gleichung bildet den Kern des Programmes PYT3DBT, das übrigens eine beinahe exakte Kopie des Programmes PYT3BT ist.

In Bild 10.4 zeigen wir ein Beispiel eines mit diesem Programm berechneten Baumes. Bei der Projektion sind die obenstehenden Projektionsgleichungen verwendet worden. In dem Programm wurde eine feste Links-/Rechtseinstellung, aber ein durch den Betrachter zu wählender Blickwinkel gewählt. Man kann mit diesem Programm den Baum sowohl von oben als auch von allen Seiten betrachten.

Selbstverständlich kann das Programm vielfältig variiert und erweitert werden. In Bild 10.3 könnte das Dreieck BPQ unter Beibehaltung der Verkürzungsverhältnisse p, q und der Winkel α, β eine etwas gedrehte Position einnehmen. Das ist vor allem dann wünschenswert, wenn einer der Winkel sehr klein ist. Es tritt dann eine Art monopodales Wachstum auf, wobei der Hauptstamm annähernd vertikal bleibt. Mit dem gegebenen Programm könnte der zu bildende Baum auch eine plattere Form annehmen. Um das zu vermeiden, muß jedesmal eine zusätzliche Drehung um die z-Achse, die sogenannte Divergenz, zugefügt werden.

Berg und Tal entlang

Unser Hauptziel soll sein, eine fraktalähnliche Berglandschaft zu gestalten, aber weil dies eine relativ komplizierte Angelegenheit ist, wollen wir uns erst etwas Einfacherem widmen, nämlich dem Gestalten eines vertikalen, flachen Schnittes durch eine synthetische Landschaft. Es gleicht einer Schulaufgabe, bei der man auf einer Europakarte von Köln nach Paris eine Linie zieht und dann eine Höhengraphik bezüglich des Meeresspiegels erstellen soll. Mandelbrot wies bereits darauf hin, daß eine solche Graphik viel von einem zufälligen Fraktal hat, ähnlich der Linie von Brown in Kapitel 7, und daß man die fraktale Dimension des Profils als geeignete Charakteristik verwenden kann. Ein solches Profil kann leicht synthetisch mit einer Methode gebildet werden, die Richard Voss auch zum Entwurf seiner spektakulären Landschaften, wie man sie in der Literatur finden kann, verwendete.

Ausgangspunkt ist, wie in Bild 10.5 zu sehen ist, eine Linie, die wir der Einfachheit halber als Teil einer Zahlengerade von 0 bis 1 betrachten. Die Konstruktion beruht auf dem fortwährenden Halbieren und Zuweisen von Höhen gemäß einem stochastischen Prozeß, der Zufallszahlen produziert mit einem Mittelwert von 0 und einer Streuung von 1. Die Zufallszahlen müssen entsprechend der Normalverteilung verteilt sein oder zumindest dieser angenähert.

Fangen wir mit den Punkten 0, 1 an, denen wir eine willkürliche Höhe zuweisen, bestimmt als stochastischer Wert mit Normalverteilung, einem Mittelwert von 0 und der Streuung σ_0. In der Mitte 1/2 wird die Höhe primär als Mittelwert der angrenzenden Punkte festgelegt. Danach wird der Wert um einen zufälligen Wert erhöht oder verringert, der durch eine Normalverteilung mit dem Mittelwert 0 und einer kleineren Streuung σ_1 be-

Bild 10.4 Ein japanischer Baum von Pythagoras

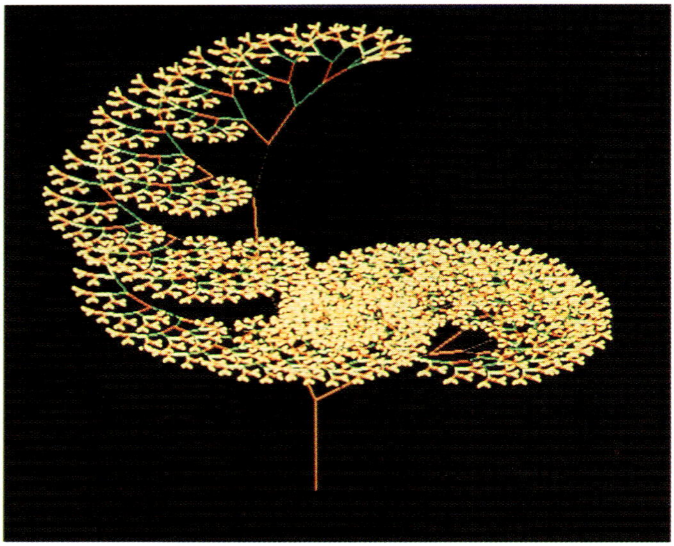

Bild 10.5 Die Konstruktion von Voss

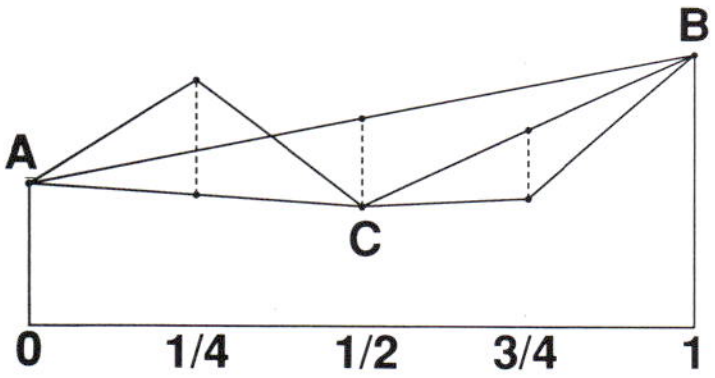

stimmt wird. In Bild 10.5 sehen wir dieses geometrisch umgesetzt, indem die gerade Linie AB durch die gebrochene Linie ACB ersetzt wird. Beim nächsten Schritt werden die Mitten der beiden Linien AC und CB vertikal um einen zufälligen Wert verschoben, der sich bei gleicher Normalverteilung, aber mit einer kleineren Streuung σ_2 ergibt. Im Fachjargon heißt diese Methode "midpoint displacement". So könnten wir in Gedanken unendlich oft weitermachen, aber für eine Darstellung auf dem Bildschirm ist es nicht sinnvoll, eine gebrochene Linie aus mehr als 512 kleinen Teilstücken zusammenzusetzen.

Um die gewünschte Selbstähnlichkeit zu erhalten, müssen die aufeinanderfolgenden Streuungswerte in Form einer geometrischen Reihe kleiner werden. Aus den Eigenschaften einer Brownschen Bewegung kann man auf theoretischem Wege ableiten, daß bei einer Halbierung des Längenmaßstabes eine Halbierung der Varianz σ^2 folgt und daß die fraktale Dimension der dazugehörenden Linie, abgebildet in Figur 1.2, gleich 1.5 ist. Allgemein können wir für die Reihe der Streuungswerte einen Faktor $(1/2)^H$ annehmen, wobei H zwischen 0 und 1 liegt. Also folgt:

$$\sigma_1 = (1/2)^H \sigma_0$$
$$\sigma_2 = (1/2)^H \sigma_1$$

und so fort. Die Wahl von σ_0 ist von geringer Bedeutung, genausogut kann man dafür 1 annehmen. Ebenfalls wieder theoretisch kann bewiesen werden, daß das resultierende Profil ein Fraktal mit der Dimension 2 - H ist. In Bild 10.6 ist ein solches Profil abgebildet. Dieses ist mit dem Programm PROFILE erzeugt.

Bild 10.6 Ein mit der Konstruktion von Voss erzeugtes fraktales Profil

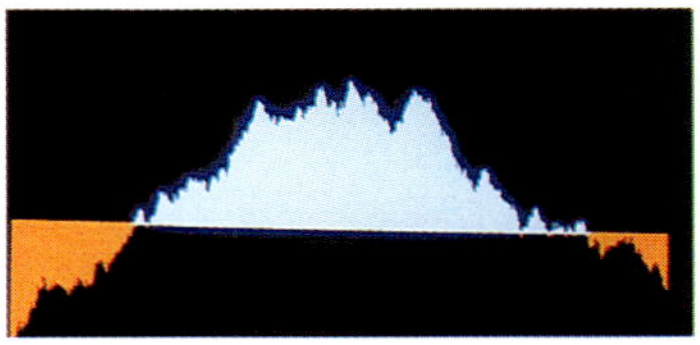

In der Natur kommen solche bizarren Linien häufig vor, angefangen bei einem EKG-Muster bis hin zur (graphischen Darstellung der) Statistik von Ozeanwellen. Die Kräuselungen auf einer Wasseroberfläche weisen auf ein Profil mit dem Höhenwert von beispielsweise H = 0.92 hin. Zu einer "verrauschten" Graphik gehört dagegen ein niedriger H-Wert, wie zum Beispiel 0.1. Auch hier kann man experimentelle Erfahrung mit dem Computer sammeln, indem das oben genannte Programm mehrfach durchlaufen und für H jedesmal ein anderer Wert eingesetzt wird.

Eine fraktale Landschaft

Die Konstruktion von Voss kann leicht zu einer entsprechenden Synthese in zwei Dimensionen ausgeweitet werden. Der Ausgangspunkt ist dann ein Quadrat in der x-y-Ebene mit den Eckpunkten (0,0), (1,0), (1,1), (0,1). Die gewünschte Landschaft bilden wir dann als Funktion z(x,y), die an einen beliebigen Punkt (x,y) einen z-Wert als Höhe hinzufügt. Das Niveau z = 0 könnten wir zum Beispiel als den Meeresspiegel auffassen, so daß ein negativer z-Wert dem Wasser entspricht. In den Eckpunkten des großen Quadrates wählen wir wieder eine zufällige Höhe als Wert einer Normalverteilung mit dem Mittelwert 1 und der Streuung σ_0. Anschließend bestimmen wir die Höhe im Zentrum (1/2,1/2) als Mittelwert der Höhen der vier Eckpunkte, verändert (vertical displacement) um einen zufälligen Wert aus einer Normalverteilung, aber mit einer kleineren Streuung. Danach bestimmen wir die Höhen der Mitten der Seite, und so weiter. In Bild 10.7 zeigen wir drei aufeinanderfolgende Phasen dieser Prozedur. Es zeigt sich, daß wir abwechselnd mit einem horizontal-vertikalen und einem diagonalen Muster aus Quadraten zu tun haben, wobei ein Verkleinerungsfaktor von $1/\sqrt{2}$

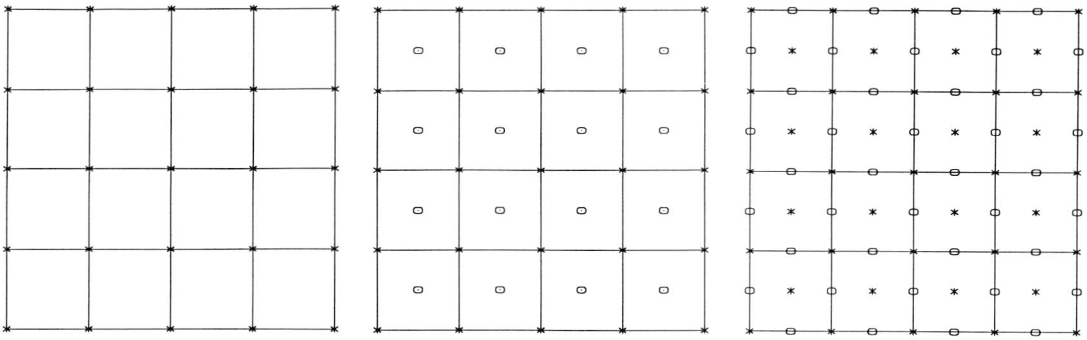

Bild 10.7 Die Konstruktion einer fraktalen Oberfläche

gilt. Die Zentren der Quadrate des einen Musters werden dann die Eckpunkte des nächsten Musters. Stets wird die Höhe eines neuen Punktes als der Mittelwert der bereits berechneten, umliegenden Eckpunkte berechnet, und stets wird dieser Mittelwert, geometrisch gesehen, vertikal um die zufällige Größe aus einer Normalverteilung verschoben. Selbstverständlich müssen am Rand des großen Quadrates spezielle Maßnahmen getroffen werden, da lediglich die Höhen von drei umliegenden Punkten herangezogen werden können.

Zu dieser Konstruktion gibt es einige Varianten. Man kann zum Beispiel jedesmal, nachdem die Höhen der Eckpunkte eines neuen quadratischen Musters bestimmt sind, auch die bereits berechneten Höhen einer zufälligen Verschiebung unterziehen. Die schönen, farbenprächtigen Landschaften, oft Hintergrund von Sciencefiction-Filmen, die man in der Computergraphik-Literatur antrifft, sind durchgehend das Werk eines schnellen, professionellen Computers, aber es ist auch gut möglich, zu Hause befriedigende Ergebnisse zu erzeugen. Die Konstruktion von Voss kann man dann am besten in einem Quadrat von 64 × 64 oder 128 × 128 Pixeln ausführen. Man kann die berechneten Höhenwerte in einem doppelten Array mit ebenso vielen Reihen und Spalten speichern. Der Arbeitsspeicher des Computers wird dabei zwar stark beansprucht, aber wenn die Höhen in ganzen Zahlen ausgedrückt werden, genügt ein "integer array", und das gelingt mit einer 128 × 128-Matrix durchaus noch. Eine solche Höhenliste ist im Programm VOSSFS erstellt. Basis des Programms ist eine beliebige Reihe zufälliger Zahlen, die durch eine einzige, ganze Zahl, die "seed", bestimmt ist. Für jede "seed" wird also wieder eine andere fraktale Oberfläche berechnet.

Kulissenprojektion

Mit dem Programm PROJS geben wir eine einfache Methode, um für eine mathematische Gleichung $z = f(x,y)$ bestimmte Oberfläche eine räumliche Projektion zu erstellen, bei der alles, was für das Auge unsichtbar ist, auch nicht abgebildet wird. Das gleiche Programm kann relativ einfach dahingehend geändert werden, daß eine Oberfläche, zum Beispiel eine fraktale Oberfläche, abgebildet werden kann, die durch eine Höhentabelle in Form einer Matrix gegeben ist. Das Programm ist für Monitore mit EGA- oder VGA-Auflösung geschrieben, wobei der Bildschirm in 640 Pixelspalten eingeteilt ist. Wir stellen uns vor, daß die Oberfläche mit den räumlichen Koordinaten x,y,z sich über das Einheitsquadrat $0 < x < 1$, $0 < y < 1$ erstreckt und daß z in absoluten Werten kleiner ist als 1. Die Bildschirmkoordinaten nennen wir u,v, wobei gilt: $0 < u < 640$ und $-1 < v < 1$. Das x,y-Quadrat wird als Parallelogramm ABCD, wie in Bild 10.8 gezeigt, auf die gleiche Weise auf den Bildschirm projiziert wie bei der Projektion, die am Anfang dieses Kapitels beschrieben wurde.

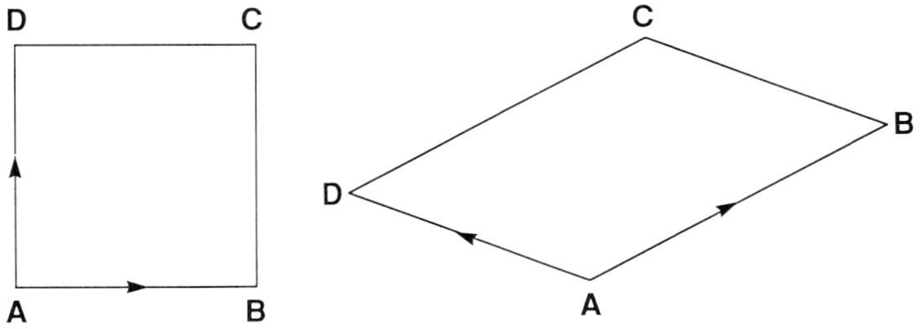

Bild 10.8 Die Projektion eines Quadrates

Wir kümmern uns nicht um die Projektionswinkel α und β, aber wir positionieren die Ecken auf geschickte Weise auf dem Bildschirm, nämlich A(288,-p), B(608,q), C(352,p) und D(32,-q) wobei gilt: $p = 9q$. Mit p haben wir die Möglichkeit, das Parallelogramm etwas schmaler oder breiter zu machen. Tatsächlich entspricht dies einer

Veränderung des Blickwinkels. Zwischen A und B befinden sich 320 Pixelspalten, zwischen A und D sind es 256. Diese Zahlen sind mit Absicht so gewählt.

Die räumliche Oberfläche denken wir uns durchschnitten von zwei Serien vertikaler Flächen, sogenannten Kulissen, Nh + 1 an der Zahl in x-Richtung und Nv + 1 in y-Richtung. Geeignete Zahlen sind für Nh = 40 und für Nv = 32, da diese sich von 320 und 256 um den gleichen Faktor 8 unterscheiden. Wir behandeln erst die Serie Kulissen, die parallel zur x-Achse liegen, und wir bauen sie von vorne nach hinten auf. Jede Kulisse stellen wir uns vor als eine flache, undurchsichtige, vertikale Platte mit den Grenzen $0 < x < 1$ und $-1 < z < f(x,y)$. Auf dem Bildschirm sehen wir von der Kulisse lediglich die durch $z = f(x,y)$ bestimmte Begrenzung als Projektion einer gekrümmten Kurve, sofern diese Kurve nicht durch eine zuvor gesetzte Kulisse verdeckt ist. Um zu wissen, was bereits als verdeckt und damit unsichtbar betrachtet werden kann, notieren wir eine Sichtbarkeitsgrenze in einem Array, der gerade so viele Elemente enthält, wie es verwendete Pixelspalten gibt. Hier also ein Array wie s(576), eine Art maximaler Höhenmesser. Kommt bei der Punkt-für-Punkt-Projektion der Obergrenze der Kulisse eine bestimmte Pixelspalte an die Reihe, muß der v-Wert des abzubildenden Punktes mit dem im dazugehörigen Array-Element vorhandenen Grenzwert verglichen werden. Ist v größer als diese Grenze, so wird der Punkt abgebildet und zugleich die Grenze auf das neue Niveau v erhöht. Ist v kleiner als diese Grenze, wird nichts abgebildet, und es wird die nächste Spalte überprüft. Wenn alle Kulissen abgebildet sind, dann werden die anderen Kulissen parallel zur y-Achse auf gleiche Weise abgebildet. Zum Schluß sehen wir auf dem Bildschirm die Landschaft als ein Netzwerk sich senkrecht durchschneidender Linien.

Landschaftskunst

In Bild 10.9 zeigen wir eine solche wellenförmige Landschaft, die durch eine Funktion des Typs $z = \sin(ax) \times \cos(by)$ erstellt wurde. Hierbei sind für a und b geeignete Werte gewählt.

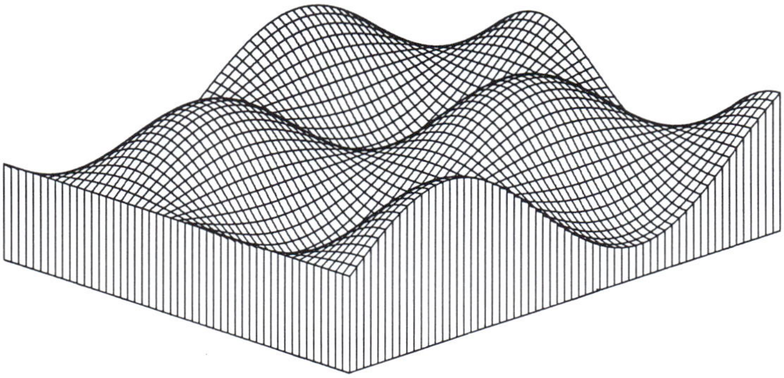

Bild 10.9 Eine wellenförmige Landschaft

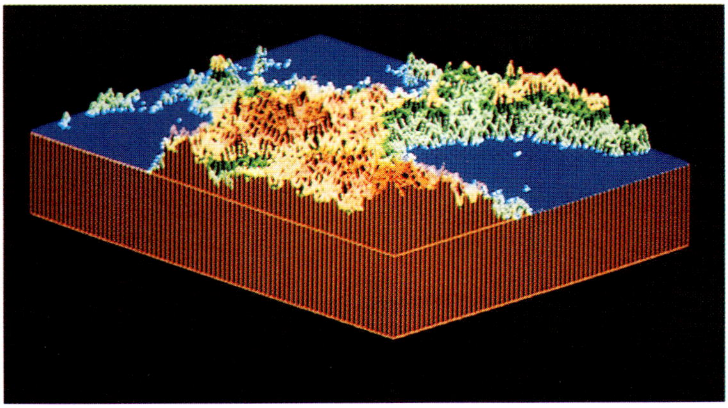

Bild 10.10 Eine fraktale Landschaft in Kulissenprojektion

Wenn wir die Konstruktion von Voss mit der beschriebenen Projektionsmethode kombinieren, dann erhalten wir eine fraktale Landschaft, wie sie in Bild 10.10 gezeigt ist.

In dieser Abbildung sehen wir eine Art Küstenlandschaft mit einem Meer, in dem sich Inseln befinden, Japan sehr ähnlich. Grob umrissen ist diese Landschaft auf folgende Weise entstanden: Erst wird gemäß der Methode von Voss ein Integer-Array Z(128,128) erstellt, in dem die Höhen eines Punktegitters von 129×129 Punkten als positive oder negative ganze Zahlen enthalten sind. Das Gitter denken wir uns in der Ausdehnung des Einheitsquadrates $0 < x < 1$, $0 < y < 1$, und die Höhen reduzieren wir auf das Intervall (-1,1). Hiernach interpretieren wir alle Werte unter einem bestimmten Niveau, zum Beispiel $z = 0$, als Wasser.

Bei der Projektion müssen wir über die reduzierte Höhe einer jeden beliebigen Position (x,y) verfügen. Im allgemeinen liegt die Position zwischen zwei oder vier Gitterpunkten, und dann leiten wir die notwendige Höhe einfach aus den umliegenden Gitterpunkten durch lineare Interpolation ab.

Die Kurve von van der Waerden

Den auf Zufall beruhenden fraktalen Landschaften stehen die deterministischen fraktalen Oberflächen gegenüber, denen manchmal eine sehr einfache mathematische Konstruktion zugrunde liegt. Als Starthilfe beginnen wir mit einer einfachen, fraktalen, zweidimensionalen Kurve, die 1930 von dem berühmten Mathematiker B. L. van der Waerden beschrieben wurde. Wie in Bild 10.11 skizziert, gehen wir von einer auf einem Einheitslinienstück (0,1) aufgebauten Dachkantfunktion oder Zeltfunktion aus:

Bild 10.11 Die Konstruktion der Kurve von van der Waerden

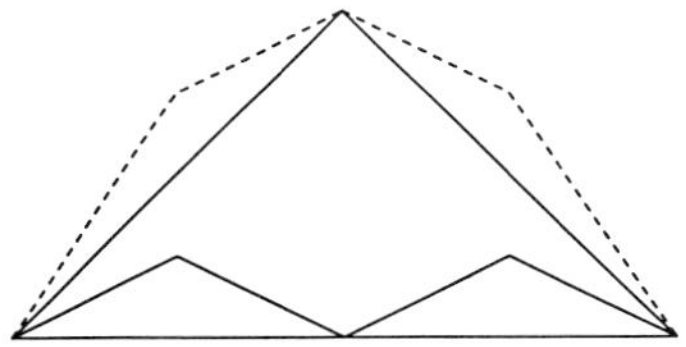

$$f(x) = x \quad \text{mit} \quad 0 < x \leq 1/2$$
$$f(x) = 1 - x \quad \text{mit} \quad 1/2 < x \leq 1$$

Die Funktion denken wir uns wiederholt mit der Periode 1, also

$$f(x) = f(x - \mathrm{int}(x))$$

für beliebige Werte von x.

Wir bilden nun Schritt für Schritt die beabsichtigte fraktale Kurve, indem wir zu dem, was bereits vorhanden ist, jeweils eine verkleinerte Kopie der Zeltfunktion hinzuzählen. Der Verkleinerungsfaktor ist 1/2 in x-Richtung und a, eine beliebige Zahl, in y-Richtung. Die ersten Schritte sind ebenfalls in Bild 10.11 dargestellt. Der Prozeß läßt sich auf einfache Weise in Gleichungsform bringen:

Bild 10.12 Das Fraktal von van der Waerden

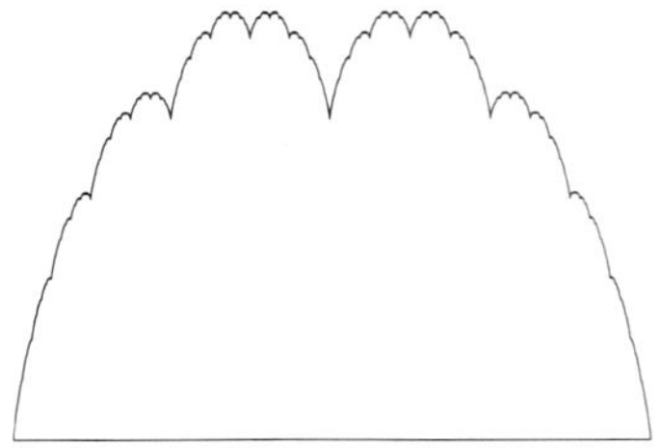

$$F(x) = f(x) + a\,f(2x) + a^2 f(4x)/4 + a^3 f(8x)/8 + \ldots$$

oder in rekursiver, noch einfacherer Form:

$$F(x) = a\,F(2x) + f(x)$$

Für van der Waerden war diese Kurve, wie sie mit Hilfe des Programmes WAERDEN in Bild 10.12 abgebildet ist, ein einfaches Beispiel einer Funktion, die zwar stetig, jedoch nicht differenzierbar war. Später zeigte sich, daß der Japaner Takagi bereits 1903 das gleiche entdeckt hatte. Ursprünglich war die vertikale Verkürzung gleich der horizontalen, aber mit einem Wert für a zwischen 1/2 und 1 erhalten wir ein Fraktal, dessen Dimension zwischen 1 und 2 liegt. Mathematisch formuliert: $1 + \log(2a) / \log(2)$. Bei der besonderen Wahl von $a = 1/2$, wie sie van der Waerden traf, ist die fraktale Dimension übrigens genau 1.

Die Konstruktion kann auf unterschiedlichste Weise variiert und generalisiert werden.

Anstelle der Zeltfunktion könnte man ebensogut eine andere periodische Funktion benutzen, wie zum Beispiel $f(x) = \mathrm{abs}(\sin \pi x)$. Aber ehe wir uns hierüber weiter auslassen, wollen wir doch lieber erst die dreidimensionale Variante betrachten.

Der Berg von Takagi

Bei der dreidimensionalen Version bauen wir einen Berg auf dem Einheitsquadrat $0<x<1$, $0<y<1$ auf, indem wir von einer einfachen periodischen Anfangsoberfläche $f(x,y)$ ausgehen. Einfaches Beispiel ist das Pyramidenzelt (siehe Bild 10.13):

$$f(x,y) = \min(1/2 - \mathrm{abs}(x - 1/2),\ 1/2 - \mathrm{abs}(y - 1/2))$$

sowie der Sinusberg

$$f(x,y) = \sin(\pi x) \sin(\pi y)$$

oder auch

$$f(x,y) = x\,y\,(1 - x)\,(1 - y)$$

Alle diese Funktionen gelten primär innerhalb des Einheitsquadrats. Außerhalb müssen x und y wegen der erforderlichen Periodizität ersetzt werden durch einen Bruchteil von x und y, oder durch $x - \mathrm{int}(x)$ und $y - \mathrm{int}(y)$. Die endgültige Höhe $F(x,y)$ des fraktalen Berges wird dann als die Reihe

$$F(x,y) = f(x,y) + a\,f(2x,2y) + a^2 f(4x,4y) + a^3 f(8x,8y) + \ldots$$

definiert, wobei der Faktor a gleich 1/2 sein kann. In Bild 10.14 zeigen wir einen mit dieser Methode mittels des Programmes TAKAGI konstruierten Berg.

Bild 10.13 Eine Pyramide als Anfang des Takagi-Berges

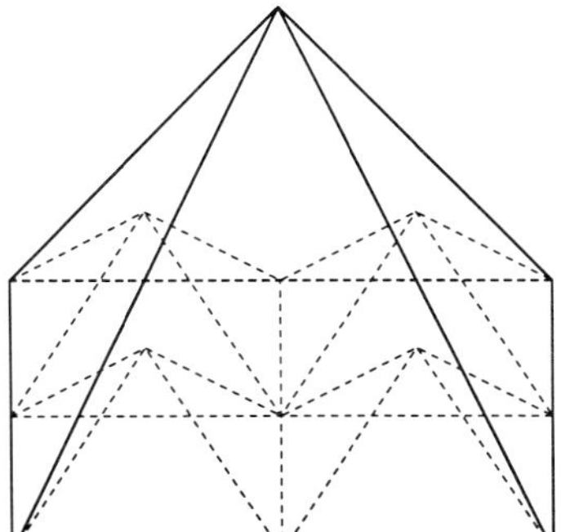

Eine Höhenkarte

Wenn wir uns auf einen Urlaub vorbereiten, eine Bergtour oder einen Segeltörn durch Kanäle, Seen und übers Meer beispielsweise, pflegen wir Karten zu Rate zu ziehen, die uns einen Eindruck dessen geben, was uns erwartet. Für eine Bergwanderung kann eine Relief- oder Panoramakarte sehr nützlich sein, bei einer Bootsfahrt sind wir eher an Tiefenunterschieden interessiert. Übrigens auch in einem gewöhnlichen Atlas finden wir viele Karten, die uns mit Farbunterschieden einen Eindruck von Höhen und Tiefen vermitteln. Es läuft darauf hinaus, daß wir von einer Landschaft eine vertikale Projektion, eine Draufsicht erstellen, und daß wir Höhen und Tiefen mit unterschiedlichen Farbschattierungen wiedergeben. Die Farbe ist mit anderen Worten ein Maß für die dritte Dimension. Für einen Computer mit den gebräuchlichen sechzehn EGA- oder VGA-Farben ist dies die ideale Methode. Zu Beginn kann man die Farben frei aus den 64 oder mehr zur Verfügung stehenden Farben wählen, und mit geeigneter Software können die Farben zum Beispiel als Verlaufsfarben von blauen Tönen für Wasser und braunen Farbtönen für Berge gewählt werden. Auch hier gibt es wieder viele Möglichkeiten für eigene Experimente. Diese Projektionsmethode ist sowohl einfach wie schnell und besonders für einen einfachen Mikrocomputer geeignet.

Mit dem Programm FRSURF zeigen wir diese Methode. Wir wählten darin den Takagiberg, zusammengestellt aus einer Reihe von Pyramiden. Auf dem Bildschirm wählen wir ein Rechteck mit $0 < i < n$, $0 < j < n$ Pixeln, außerdem bringen wir dieses Rechteck mit dem Einheitsquadrat $0 < x < 1$, $0 < y < 1$, für das die Bergfunktion $F(x,y)$ definiert ist, zur Deckung. Die Position (i,j) auf dem Bildschirm entspricht dann dem Niveau $z = F(i/n,j/n)$. Die Höhe können wir mit einem beliebig gewählten, geeigneten Maßstabsfaktor c in eine ganze Zahl col = int(cz) als Farbindex umwandeln. Halten wir zum Beispiel acht Farben für ausreichend, dann können wir die Farbanzahl modulo 8 reduzieren.

Da für die gegebene Situation das Bergfraktal hinsichtlich horizontaler, vertikaler und diagonaler Richtung symmetrisch ist, genügt es, den Wert von F lediglich in

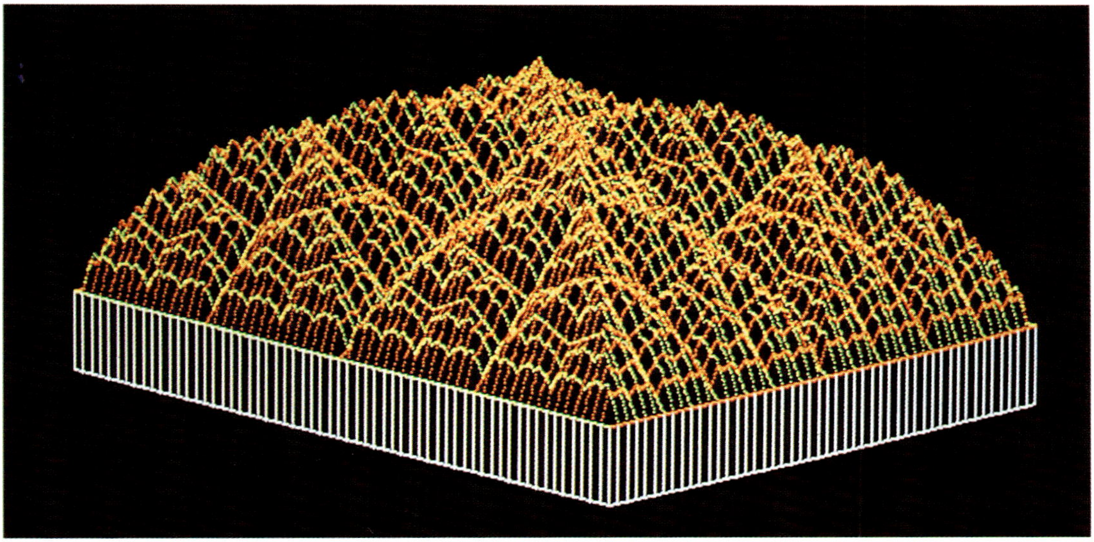

Bild 10.14 Der Takagi-Berg

Bild 10.15 Eine Höhenkarte des Takagi-Bergs

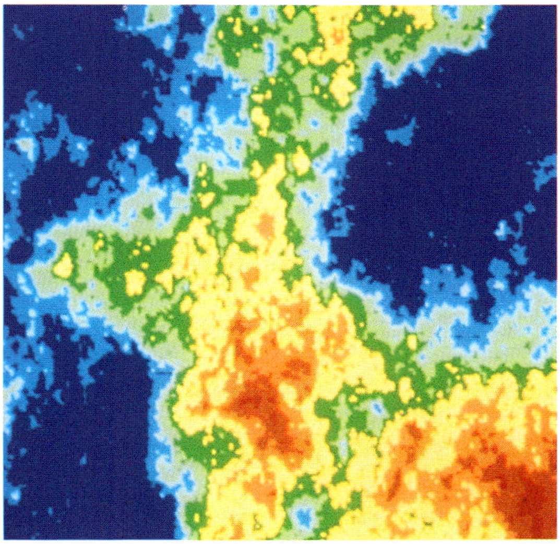

Bild 10.16 Ein topographisches Fraktal

einem Oktaeder des Einheitsquadrates zu berechnen. Auf diese Weise können wir im allgemeinen jedesmal acht Punkte zugleich auf dem Bildschirm abbilden. Das Resultat einer beliebigen Wahl sehen wir in Bild 10.15.

Das Programm FRSURF ist gleichermaßen einfach wie vielseitig. Da die Berechnung von F(x,y) in einer Subroutine geschieht, kann im Prinzip für jede andere Funktion leicht eine solche Höhenkarte erstellt werden.

Ein Atlas mit Fraktalen

Wir sind nun in der Lage, eine willkürliche Reihe fraktalähnlicher Landkarten mit geheimnisvollen Seen, unbekannten Inselreichen und phantasievollen Bergen zu entwerfen. Die wichtigen Elemente für die benötigte Software sind weiter oben bereits besprochen, obwohl bei der Ausführung der Programme noch ein wenig Detailarbeit notwendig ist. Für jede Random-Seed kann mit Hilfe der Methode von Voss von der zu erstellenden Landschaft eine Höhentabelle in einem Array von 128 x 128 Gitterpunkten erstellt werden. In Bild 10.10 haben wir eine solche, nach der Kulissenmethode berechnete Landschaft in schiefer Projektion abgebildet. Aber nun kann dieselbe Tabelle als Grundlage für eine topographische Karte dienen. Auf dem Bildschirm ist ein Quadrat mit 128 × 128 Pixel etwas mager, und deshalb haben wir das Quadrat auf 256 x 256 Pixel ausgedehnt. Die fehlenden Höhen sind durch Interpolation aus den sie umgebenden Punkten abgeleitet. Jedem Punkt, der niedriger als ein zuvor eingestelltes Seeniveau ist, geben wir die Farbe dunkelblau. Jeweils höhergehend vergeben wir, wie in einem echten Atlas, die Farben hellblau, hellgrün, dunkelgrün, gelb, und so weiter. Das Resultat zeigen wir in Bild 10.16.

Mit derselben Methode können auch synthetische Wolkenhimmel gezeichnet werden. Lediglich die Farben müssen angepaßt werden, von dunkelblau bis gelbweiß zum Beispiel.

11
Julia-Mengen I

Die Julia-Mengen bilden den Höhepunkt der mathematischen Fraktale. Ihre mathematische Definition beruht auf einem einfachen Prinzip, und es ist wirklich ein Wunder, welch ein Reichtum geometrischer Strukturen in einer Kombination von nur wenigen einfachen mathematischen Schritten verborgen ist. Dieses Wunder kann man einigermaßen begreifen und erklären, zumindest wenn man über die nötigen mathematischen Kenntnisse verfügt. Und doch stehen auch erfahrene Mathematiker immer noch häufig vor Rätseln, und so werden die Julia-Mengen noch immer lebhaft diskutiert. Wer als Nicht-Mathematiker lediglich mit allgemeinem Schulwissen gewappnet ist, dennoch etwas mehr möchte als nur schöne Bilder betrachten, der sollte auf jeden Fall mit den Rechenregeln der komplexen Zahlen einigermaßen vertraut sein. Zum Nutzen der Leser wurde dieses Gebiet im ersten Band behandelt bzw. in den Anhang des vorliegenden Buches aufgenommen. Außerdem ist eine gewisse Kenntnis des Sinus und Cosinus nötig, und man sollte von einigen einfachen Funktionen die Ableitung oder den Differentialquotienten bestimmen können.

Im Bereich der Geometrie haben wir es vor allem mit den in Kapitel 3 besprochenen Selbstähnlichkeitstransformationen zu tun. Die Verbindung zwischen "Rechnen" und "Messen" wird durch das x-y-Koordinatensystem hergestellt. Um eine gute Einsicht in die Eigenschaften von Julia-Mengen zu bekommen, sind einige mathematische Kenntnisse notwendig, mehr, als wir in der Schule zu erwerben pflegen. Und doch kann auch ohne höhere Mathematik so viel Interessantes darüber erzählt werden, daß das Thema über zwei Kapitel verteilt werden mußte. In diesem Kapitel werden vor allem die Julia-Mengen besprochen, die durch ein Polynom zweiten Grades bestimmt sind und zur sogenannten quadratischen Familie zählen.

Bei den Julia-Mengen kommen viele vorher besprochene Dinge zusammen. Eine Julia-Menge ist eng mit einem iterativen System verbunden, einem dynamischen System komplexer Zahlen oder Punkte der Form

(11.1) $z \to f(z)$

In gewissem Sinne sind die Julia-Mengen eine Sammlung aller sich nicht normal verhaltender Bahnen. Normalerweise führt eine Bahn irgendwohin, es gibt einen anziehenden Punkt, oder allgemeiner, eine anziehende Menge, zu der die Bahnen hinführen. Populär gesprochen sind dies besondere Bahnen, die nicht wissen, wohin sie führen sollen, Bahnen ewiger Zweifler, und genau solche gehören zu den Julia-Mengen.

Die Julia-Menge könnte man als eine Art Wasserscheide auffassen. Punkte, die ein klein wenig neben der Julia-Menge liegen, haben wohl eine normale Bahn. Die Bahnpunkte flüchten beinahe von der Julia-Menge weg, die damit den Charakter eines "seltsamen Abstoßers" erhält.

Die quadratische Familie

In diesem Kapitel beschränken wir uns hauptsächlich auf quadratische Systeme, für die f(z) ein Polynom zweiten Grades ist, das heißt, ein Polynom der Form $f(z) = az^2 + bz + c$. Bei diesem System gehört zu jedem Punkt ein Nachfolger, aber umgekehrt hat beinahe jeder Punkt zwei Vorgänger, da eine quadratische Gleichung im komplexen Zahlensystem immer zwei (eventuell zusammenfallende) Wurzeln hat. Es gibt dann auch einen besonderen Punkt, den sogenannten kritischen Punkt, der lediglich einen Vorgänger hat. Für eine willkürliche Abbildung $z \to f(z)$ ist jeder Punkt, für den die Ableitung verschwindet, also $f'(z) = 0$ ist, ein kritischer Punkt. Die Nachfolger eines bestimmten Anfangspunktes bilden eine einzelne Bahn, aber alle Vorgänger bilden miteinander die Struktur eines binären Baumes.

Das quadratische System (11.1) hat zwei Fixpunkte, die als die beiden Wurzeln der quadratischen Gleichung $f(z) = z$ berechnet werden können. Daneben müssen wir auch $z = \infty$ als Deckpunkt (Fixpunkt) mitzählen.

Die Funktion f(z) kann im allgemeinen noch etwas vereinfacht werden, indem das dynamische System einer Ähnlichkeitstransformation unterworfen wird. Geome-

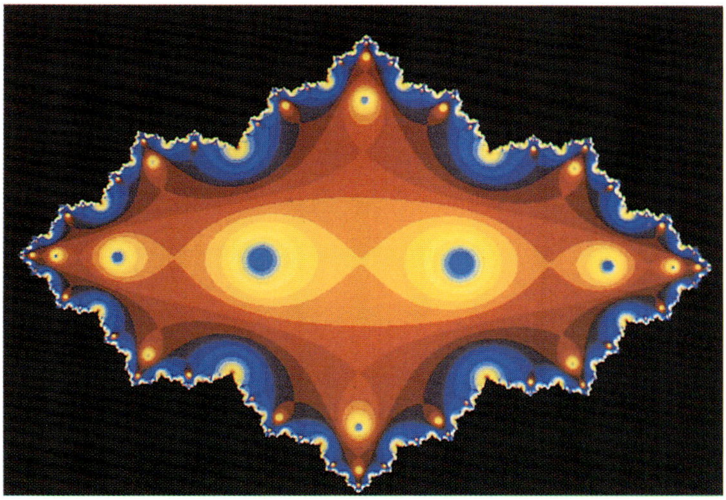

Bild 11.1 Die Julia-Menge mit $c = -0.55$

Bild 11.2 Eine Julia-Menge, bei der ein Fixpunkt einen Eigenwert mit $r = 1.02$ und $\mu = 8\pi/11$ hat.

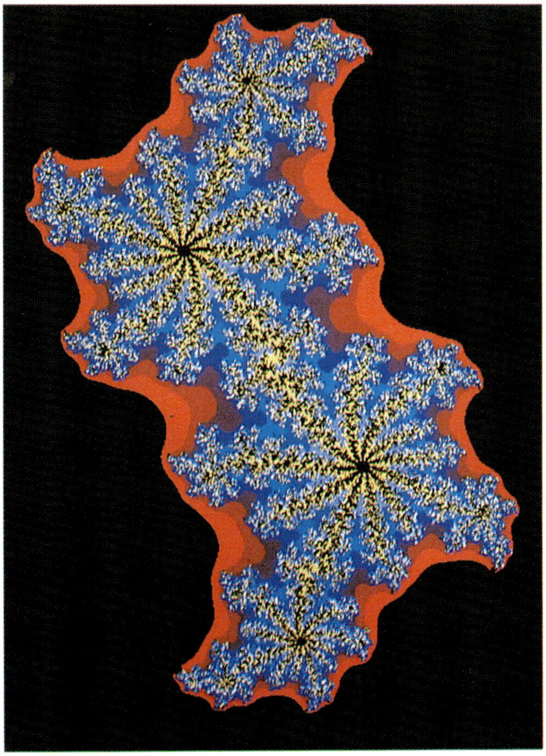

Eine Spirale aus Blättern

trisch betrachtet ist das eine Verschiebung, eine Drehung oder Maßstabsveränderung der Julia-Menge. Man kann so einem oder mehreren Punkten eine besondere Lage zuweisen. Im besonderen arbeiten wir beim quadratischen System meistens mit den folgenden beiden Standardformen: zum einen

(11.2) $z \to z^2 + c$

und zum anderen

(11.3) $z \to \mu z + (1 - \mu)z^2$

Bei (11.2) ist der kritische Punkt bei $z = 0$, und das kann in bestimmten Situationen von großem praktischen und theoretischen Wert sein. Die endlichen Deckpunkte $1/2 \pm \sqrt{(1/4 - c)}$ sind etwas komplizierter. Bei (11.3) haben die endlichen Deckpunkte eine spezielle Lage in $z = 0$ und $z = 1$ bekommen. In den noch zu besprechenden Programmen wird meist die erste Form (11.2) verwendet, insbesondere im farbigen Pixelprogramm JUL1A. Die zweite Form (11.3) wird im entsprechenden Programm JUL1B angewandt. In beiden Programmen wird die eigentliche Julia-Menge, eine Menge loser Punkte oder verbundener Linien, durch farbige Bänder umgeben.

Die in dieses Kapitel aufgenommenen farbigen Illustrationen sind mit diesen Programmen erstellt (Bild 11.1).

Fixpunkte

Die Eigenschaft einer Julia-Menge wird weitgehend von ihren anziehenden Fixpunkten bestimmt. Ist z_0 ein endlicher Fixpunkt, dann ist $f(z_0) = z_0$. Stark vergrößert gleicht $z' = f(z)$ in der Umgebung des Deckpunktes der Ähnlichkeitstransformation

$$z' - z_0 = \mu(z - z_0)$$

wobei

(11.4) $\mu = f'(z_0)$

der sogenannte Eigenwert des Deckpunktes ist.

Wir schreiben den absoluten Wert und das Argument von μ meist als r und φ. Das bedeutet, daß wir μ folgendermaßen in einen reellen und einen imaginären Teil trennen können:

$$\mu = r(\cos\varphi + i\sin\varphi)$$

Für (11.3) hat μ also bereits die Bedeutung eines Eigenwertes des Deckpunktes $z = 0$. Der Eigenwert des Deckpunktes $z = 1$ scheint $2 - \mu$ zu sein. In der Form (11.1) ist der Eigenwert $2z_0$, wenn der Deckpunkt z_0 ist.

Wenn $0 < r < 1$ ist, dann ist der Deckpunkt anziehend, und es werden auf jeden Fall die Bahnen der Punkte, die sich nicht zu weit von z_0 befinden, angezogen. Die Bahnen bewegen sich im allgemeinen spiralförmig zum Deckpunkt hin. Alle Punkte, die durch z_0 angezogen werden, bilden miteinander das anziehende Gebiet eines Deckpunktes. Dieses Gebiet kann aus einer einzelnen, zusammenhängenden Scheibe oder aus unendlich vielen Scheibchen bestehen (siehe Bild 11.2).

In dem besonderen Fall, daß $\mu = 0$ gilt, ist der Deckpunkt superanziehend. Bahnen, die bis z_0 konvergieren, tun dies so stark, daß es schwerfällt, sich davon eine Vorstellung zu machen. Vielleicht hilft die folgende Analogie der schrittweisen Näherung von π: Normale Anziehung bedeutet dann, daß bei jedem Schritt eine feste Anzahl Dezimalstellen von π dazugefunden wird. Ist diese Anzahl gleich zehn, dann sind dennoch hunderttausend Schritte nötig, um eine Million Dezimalstellen von π berechnen zu können. Superanziehung bedeutet, daß bei jedem Schritt genauso viele neue Dezimalen hinzukommen, wie bereits berechnet wurden. Fangen wir mit einer Genauigkeit von zehn Dezimalen an, dann ist nach zwanzig Schritten diese Anzahl leicht erreicht. Man kann dies selbst nachrechnen:

10, 20, 40, 80, 160, 320, 640, 1280, 2560, 5120, 10240, … .

Wenn $r > 1$ gilt, dann ist der Deckpunkt abstoßend und ist gemäß der Theorie von Julia Teil der Julia-Menge. Dies ist von Wichtigkeit für die Praxis (siehe Bild 11.3).

Wenn $r = 1$ gilt, dann ist der Deckpunkt "neutral" oder "indifferent". Es können dann zahllose besondere Erscheinungen auftreten.

Wer eine schöne oder interessante Julia-Menge auf dem Bildschirm haben möchte, sollte die Parameter entsprechend wählen. Ist μ eine sogenannte echte Einheitswurzel, wenn also das Verhältnis φ/π eine rationale Zahl ist, zum Beispiel 2/5, dann gehört der Deckpunkt zur Julia-Menge. Bei der Julia-Menge sehen wir dann eine blumenblattartige Struktur, wobei im Deckpunkt und all seinen Vorgängern jedesmal m Blätter zusammenkommen.

Ist $\arg(\mu)/\pi$ keine rationale Zahl, sondern unmeßbar, beispielsweise die Zahl des Goldenen Schnitts $(-1 + \sqrt{5})/2$, dann können noch sehr viel verrücktere Dinge auftreten, wie zum Beispiel die sogenannten Siegel-Scheiben. Der Mathematiker Siegel hat diese Erscheinung zuerst beschrieben und erklärt (siehe Bild 11.4). Kennzeichen einer Siegel-Scheibe ist ein System konzentrischer Bahnen. Im Zentrum befindet sich ein Deckpunkt oder ein Vorgänger eines Deckpunktes. In der Praxis können wir bei der Einfärbung auf den mittleren Abstand der Bahnpunkte zum Zentrum oder auf den Winkel oder die Phase der Bahnpunkte achten (siehe Bild 11.5). Die besprochene Klassifikation von Deckpunkten ist selbstverständlich auch für Julia-Mengen mit beliebiger Funktion f(z) gültig. Wohl können dann noch einige Besonderheiten auftreten. So ist es möglich, daß ein Deckpunkt superstabil mit einem höheren Exponenten ist, zum Beispiel $f(z) = 2z^3 - z^4$. Der Deckpunkt $z = 0$ ist dabei superstabil mit dem Exponenten 3. Daneben gibt es drei Deckpunkte 1, $(1 \pm \sqrt{5})/2$, die jeweils abstoßend sind.

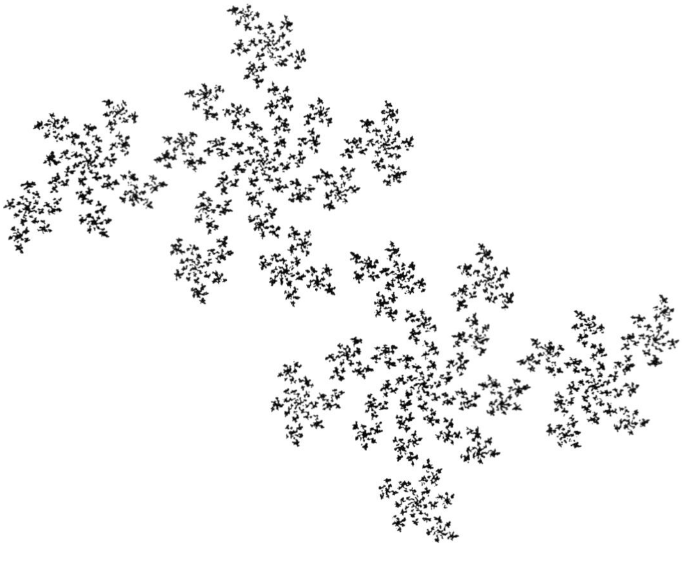

Bild 11.3 Eine nicht-zusammenhängende Julia-Menge mit a = 0.11 und b = 0.66

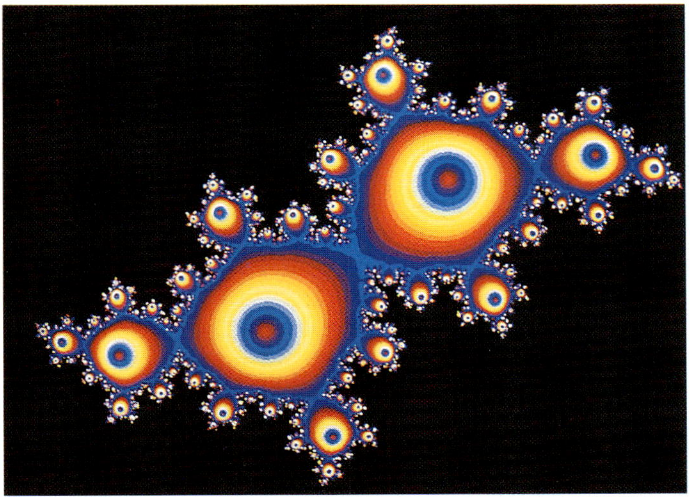

Bild 11.4 Eine Julia-Menge mit Siegel-Scheiben

Bild 11.5 Dieselbe Julia-Menge mit Phasenfärbung

Bild 11.6 Das Kaninchen von Douady

Periodische Zyklen

Zu jeder Abbildung $z \rightarrow f(z)$ gehört eine ganze Familie iterierter Abbildungen, die durch Wiederholung aus $f(z)$ entstehen. Wir können sie durch $z \rightarrow f(f(z))$ oder kürzer $z \rightarrow ff(z)$ beschreiben, und weiter mit $z \rightarrow fff(z)$ und so weiter. Ein Deckpunkt aus $z \rightarrow ff(z)$ ist nicht notwendigerweise ein Deckpunkt aus $z \rightarrow f(z)$, aber kann wohl zu einem periodischen Zyklus zweier Elemente führen. Wählen wir zum Beispiel $f = z^2 - 1$, dann stellen wir fest, daß es zwei Deckpunkte $(1 \pm \sqrt{5})/2$ gibt, und daß $(-1,0)$ ein Zweier-Zyklus ist. Die wiederholte Abbildung ist $ff = z^4 - 2z^2$, und hierfür sind sowohl $(1 \pm \sqrt{5})/2$ als auch -1 und 0 normale Deckpunkte.

Im allgemeinen ist jedes Element eines periodischen m-Zyklus von f ein normaler Deckpunkt der m-mal wiederholten Abbildung. Es ist also keine eigene Theorie für die periodischen Zyklen notwendig. Genau wie normale Deckpunkte können Zyklen anziehend, abstoßend oder neutral sein. Der Eigenwert eines Zyklus, die komplexe Zahl, welche die Art des Zyklus bestimmt, ist einfach der Eigenwert eines seiner Elemente hinsichtlich der wiederholten Abbildung. Für die Praxis genügt es meist, den Eigenwert eines 2er- oder 3er-Zyklus ausrechnen zu können. Ist für die Abbildung $f(z)$ das Paar (z_1,z_2) ein periodischer 2er-Zyklus, dann ist der Eigenwert μ gleich

$$\mu = f'(z_1)\, f'(z_2) \quad (11.7)$$

Für einen periodischen 3er-Zyklus z_1,z_2,z_3 gilt die entsprechende Gleichung

$$\mu = f'(z_1)\, f'(z_2)\, f'(z_3) \quad (11.8)$$

Für das genannte Beispiel $f = z^2 - 1$ stellen wir fest, daß der 2er-Zyklus -1,0 den Eigenwert 0 hat und demnach superstabil ist. Da ein Produkt gleich 0 ist, sobald wenigstens einer seiner Faktoren gleich 0 ist, kommen wir zu dem Schluß, daß ein periodischer Zyklus, der einen kritischen Punkt als Element enthält, superstabil ist. Für die Standardabbildung (11.2) ist $z = 0$ ein kritischer Punkt. Einen periodischen, superstabilen Zyklus mit dem Element $z = 0$ können wir dann einfach dadurch erstellen, daß wir von der Bahn $z = 0$ die nächstfolgenden Elemente aufschreiben:

$$0,\ c,\ c^2 + c,\ c^4 + 2c^3 + c^2 + c,\ \ldots$$

Die einfachste Möglichkeit ist $c^2 + c = 0$, woraus $c = -1$ folgt. Wir bekommen dann den soeben betrachteten superstabilen 2er-Zyklus. Die nächste Möglichkeit ist $c^4 + 2c^3 + c^2 + c = 0$. Abgesehen von $c = 0$ folgt hieraus $c = -1.754878$ und $c = -0.122561 \pm 0.744862\,i$. Für die speziellen Werte von c können wir bei den Julia-Mengen etwas Besonderes erwarten. Denselben Werten begegnen wir auch bei der Analyse der Mandelbrot-Menge. Der Wert $c = -0.122561 + 0.744862\,i$ ist von Douady, einem französischem Mathematiker, der sich viel mit den quadratischen Julia-Mengen beschäftigte, gewählt. Die Form erinnert manche an ein Kaninchen, und so ist diese Figur als "das Kaninchen von Douady" bekannt (Bild 11.6).

Die Theorie von Julia

Um 1919 legte der französische Mathematiker und Kriegsinvalide Gaston Julia die Grundlagen dessen, was wir nun Julia-Fraktale oder Julia-Mengen nennen.

Julias Theorie bezieht sich auf dynamische Systeme der Form (11.1), wobei f ein Quotient der beiden Polynome $P(z)$ und $Q(z)$ ist. Aber, wie gesagt, beschränken wir uns hier hauptsächlich auf den speziellen Fall (11.2) oder (11.3). Die durch eine Funktion f bestimmte Julia-Menge notieren wir als $J(f)$. Die wichtigsten Resultate können wir wie folgt zusammenfassen:

1. Die Julia-Menge kann als eine Grenzmenge definiert werden, bei der alle abstoßenden Deckpunkte und periodischen Zyklen teilhaben.
2. Gehört ein Punkt P zu $J(f)$, dann gehören auch alle Nachfolger und alle Vorgänger des Punktes P zu $J(f)$.
3. $J(f)$ ist ein Attraktor für das inverse dynamische System $f(z) \rightarrow z$.
4. Gehört ein Punkt P zu $J(f)$, dann wird $J(f)$ vollständig durch die Vorgänger von P überdeckt.
5. Gehört ein Punkt P zu $J(f)$ und ist P kein Element eines periodischen Zyklus, dann ist die Bahn von P chaotisch.
6. Ist $f(z)$ ein Polynom in z, dann ist $J(f)$ entweder gänzlich unzusammenhängend, ein Staubfraktal,

oder mit Bögen zusammenhängend, ein Linienfraktal. Ist f(z) ein Quotient zweier Polynome, dann kann J(f) ausnahmsweise aus der ganzen Fläche bestehen.

7. Ist f(z) ein Polynom, dann kann J(f) als der Rand des anziehenden Gebietes des unendlich fernen Deckpunktes aufgefaßt werden.

Diese Eigenschaften können uns bei der Konstruktion einer Julia-Menge von großem Dienste sein. Es genügt scheinbar bereits, einen einzigen Punkt der Julia-Menge zu kennen, um die ganze Julia-Menge bestimmen zu können. Meist kann man mit einigen einfachen Berechnungen wohl einen einzelnen Deckpunkt bestimmen, gelingt dies nicht, ist dies auch noch keine Katastrophe. Man nimmt einfach einen willkürlichen Punkt und bestimmt davon eine Reihe von Vorgängern, indem man jedesmal einen Schritt in dem dynamischen Prozeß $z \rightarrow f(z)$ zurückgeht. Nach, sagen wir, 20 Schritten hat man sich der Julia-Menge bereits soweit genähert, daß angesichts des Auflösungsvermögens des Computers oder Plotters der zuletzt erhaltene Punkt bereits zu J(f) gezählt werden darf. Verwenden wir im quadratischen Falle die Gleichung (11.3) so gibt es überhaupt kein Problem mehr. Es gibt dann zwei Deckpunkte 0 und 1. Eine einfache Überlegung zeigt, daß sie nicht beide zugleich anziehend sein können, so daß einer der beiden sicher abstoßend ist und damit zu J(f) gehört.

Das stabile Gebiet

Die Bahnen der Punkte auf der Julia-Menge J(f) können wir instabil nennen. Die Julia-Menge ist ein Abstoßer, und sobald in der Praxis ein berechneter Bahnpunkt ein wenig von seiner theoretischen Position auf der Julia-Menge abweicht, wird die Abweichung bei den folgenden Bahnpunkten stets größer. Die Bahnen konvergieren dann im allgemeinen zu einem einzigen anziehenden Punkt oder einem anziehenden Zyklus. Das theoretische chaotische Verhalten auf J(f) weicht dann einem stabilen Verhalten. Ein sehr einfaches Bespiel ist das System $z \rightarrow z^2$. Die Julia-Menge ist dann der Einheitskreis abs(z) = 1, einer der seltenen Fälle, für die J(f) kein echtes Fraktal ist. Eine Bahn, die auch nur ein wenig außerhalb der Kreisumgebung beginnt, zieht bereits nach wenigen Schritten zu einem Anzieher im Unendlichen hin. Eine Bahn, die nur ein wenig innerhalb der Kreisumgebung beginnt, zieht nach wenigen Schritten hin zum Ursprung $z = 0$. In diesem Beispiel unterscheiden wir ein instabiles Gebiet, wie die Julia-Menge und ein stabiles Gebiet, wie das Innengebiet und das Außengebiet des Kreises. Im allgemeinen ist das stabile Gebiet einfach das Komplement der Julia-Menge, also alles, das nicht zu J(f) gehört.

Erst seit den letzten Jahren herrscht völlige Klarheit über die Struktur des stabilen Gebietes. In erster Linie besteht das stabile Gebiet aus anziehenden Gebieten der anziehenden Deckpunkte und anziehenden periodischen Zyklen. Ein anziehendes Gebiet eines einzelnen Deckpunktes müssen wir uns im allgemeinen als ein einzelnes, scheibenförmiges Gebiet oder auch als eine unendliche Reihe von Scheibchen vorstellen, wovon eine, die Hauptscheibe, den Anzieher enthält. Die anderen Scheiben sind Vorgänger davon. Durch die Transformation f wird in einer solchen Reihe von Scheiben eine Position verschoben, aber die Hauptscheibe in sich selbst abgebildet.

Für das anziehende Gebiet eines periodischen m-Zyklus gilt ähnliches. Im Hauptgebiet werden die Scheiben, die mit den m Elementen des Zyklus verbunden sind, dann periodisch ausgetauscht. Daneben kann es Scheiben im stabilen Gebiet geben, deren Deckpunkte oder Zyklen neutral sind. In einem solchen Fall können zum Beispiel die bereits besprochenen Siegel-Scheiben auftreten. Zum Schluß kann es in Ausnahmefällen noch sogenannte Herman-Ringe geben. Aber in quadratischen Fällen treten diese nicht auf (Bild 11.7).

Die Praxis

Die beste Methode, die Julia-Fraktale kennenzulernen, ist die des Experimentierens mit den Standardprogrammen JULIAMC, JULIABT, JULFILL oder JULIA. Man hat dabei die Wahl aus einer Anzahl Möglichkeiten. Man kann eine Abbildung von J(f) als Staubwolke oder als

Bild 11.7 Die Julia-Menge für a = -0.7543 und b = 0.1130

Spiel mit Linien machen. Das geht auch gut in Schwarzweißdarstellung. Wenn gewünscht, kann eine zusammenhängende Julia-Menge auch durch Markieren des Innengebietes gefüllt werden (mit JULFILL).

Schöner jedoch ist es, J(f) von außen und/oder von innen mit farbigen Bändern einzufärben (mit JULIA und so weiter). Die Außenseite ist am einfachsten, und es gibt ein gutes Rezept hierfür. Wir wissen, daß die Bahn eines Punktes z, der sich im Außengebiet befindet, durch den unendlich weit entfernten Deckpunkt angezogen wird. Das Maß, mit dem dies geschieht, können wir quantifizieren, indem wir die Anzahl der Iterationsschritte zählen, nach denen die Bahn ausreichend weit weg ist. Was ausreichend weit weg ist, oder anders gesagt, ausreichend dicht bei unendlich, können wir selbst vereinbaren, beispielsweise weiter weg als ein Kreis mit dem Radius 100 oder dergleichen. Zu jedem Punkt z im Außengebiet gehört also eine Art Fluchtzahl m(z), die uns sagt, daß beim m-ten Iterationsschritt der Bahnpunkt sich zum ersten Male weiter von z = 0 entfernt hat als ein bestimmter zuvor eingestellter Abstand, zum Beispiel 100. Diese "Fluchtzahl" können wir im Computerprogramm in einen Farbwert umsetzen.

Um auf Wunsch auch das Innengebiet färben zu können, kann man entsprechend eine "Anziehungszahl" wählen, zum Beispiel bei Anwesenheit eines anziehenden Deckpunktes. Man vereinbart eine kleine Zahl, zum Beispiel 0.01, als Radius einer kreisförmigen Umgebung dieses Deckpunktes. Sobald ein Punkt einer durch diesen Deckpunkt angezogenen Bahn zum ersten Male in diese Umgebung gelangt, wird die betreffende Rangnummer in einen entsprechenden Farbcode umgesetzt.

Die Pixelmethode

Dumme müssen härter arbeiten, und das kostet Zeit. Diese Regel hat auch in der Computerwelt ihre Gültigkeit. Wer eine Julia-Menge auf dem Bildschirm betrachten will, ist gezwungen, sich hierfür ein Programm zu schreiben. Und das kann ganz gut in der folgenden bequemen Weise geschehen: Wir denken uns die Julia-Menge von einem Rechteck umgeben, das sich auf dem Bildschirm zum Beispiel als Rechteck mit 400 × 300 Pixeln darstellt. Für jeden der 120000 Punkte bestimmen wir eine Fluchtzahl. Nehmen wir vorläufig die Abbildung $z \rightarrow z^2 + c$ als Standardwahl, dann müssen wir für jeden Anfangspunkt x,y eine Menge Bahnpunkte berechnen gemäß $z_1 = f(z)$ oder, aufgeteilt in einen Real- und einen Imaginärteil:

$$
\begin{aligned}
(11.9) \qquad x_1 &= x^2 - y^2 + a \\
y_1 &= 2xy + b
\end{aligned}
$$

Möchten wir das Außengebiet der Julia-Menge einfärben, dann müssen wir prüfen, für welche Rangnummer der Bahnpunkt ausreichend weit vom Ursprung entfernt ist. Also jedesmal, wenn wir einen neuen Bahnpunkt berechnet haben, müssen wir auch den Quadratabstand $x^2 + y^2$ berechnen und sehen, ob dieser größer ist als zum Beispiel 10 000. Um einigermaßen genau arbeiten zu können, müssen wir, wenn nötig, viele Bahnpunkte von ein und derselben Bahn untersuchen können, sagen wir einige hundert. Das bedeutet, daß wir viele Millionen Male dieselbe Berechnung ausführen müssen. Eine stupide Arbeit, die dem Computer nichts ausmacht, aber wohl viel Zeit kostet. Diese Methode ist in dem Programm JUL1A verwendet worden, ein Programm, das eigentlich nur auf einem modernen Computer mit mindestens sechzehn EGA-Farben gut ausführbar ist. Mit geschickt eingebauten Verbesserungen kann das Programm wohl etwas beschleunigt werden. Da eine Julia-Menge in ihrer Gesamtheit immer symmetrisch hinsichtlich ihres Ursprungs ist, brauchen wir in dem Pixelrechteck lediglich die Hälfte zu untersuchen. Ist außerdem c reell, das heißt, wenn $b = 0$, dann ist die Julia-Menge sowohl horizontal als auch vertikal symmetrisch, und wir können uns mit der Berechnung eines Viertels des Rechtecks begnügen.

Natürlich könnten wir ganz bescheiden mit einem Pixelrechteck von, sagen wir, 80×60 Pixeln anfangen. Der Gewinn an Zeit im Vergleich zum großen Rechteck hat dann bereits den Faktor 25. Wollen wir aber doch eine große Abbildung, am liebsten noch den ganzen Bildschirm füllend, dann können wir immer noch den Computer arbeiten lassen, währenddessen wir etwas anderes tun. Mit Hilfe des Programmes JULFILL kann das Innengebiet einer Julia-Menge, sofern anwesend, markiert werden. Farben sind dann nicht notwendig. Für eine staubartige Julia-Menge ist das unsinnig, da alle Bahnen entweder ins Unendliche gehen oder aber zur Julia-Menge selbst gehören. Die Werte von c, für die J linienzusammenhängend ist und für die es ein Inneres gibt, stimmen mit dem Innengebiet der in Kapitel 13 zu besprechenden Mandelbrot-Menge überein.

Wollen wir auch das Innengebiet der Julia-Menge einfärben, dann müssen wir die Bahnen auf Konvergenz mit einem anziehenden Deckpunkt oder mit einem anziehenden periodischen Zyklus prüfen. Ist ein anziehender Deckpunkt x_0,y_0 bekannt, dann können wir natürlich prüfen, ob der Quadratabstand $(x - x_0)^2 + (y - y_0)^2$ ausreichend klein ist. Gibt es einen anziehenden Deckpunkt, dessen Koordinaten wir aber nicht kennen, dann können wir auf die Nähe zweier nachfolgender Bahnpunkte überprüfen. Ist x_1,y_1 der Nachfolger von x,y, dann können wir prüfen, ob der Quadratabstand $(x_1 - x)^2 + (y_1 - y)^2$ ausreichend klein ist.

Im Programm JUL1A, das eine Farbvariante zu JULFILL ist, wurde dies realisiert. Für die Situation mit einem anziehenden 2er-Zyklus muß natürlich die Prüfung zum Beispiel durch Vergleich von x,y mit den Nachfolgern von x_1,y_1 angepaßt werden. Wir überspringen hierbei also jedesmal einen Bahnpunkt.

Es gibt noch mehr Möglichkeiten, schöne Bilder zu erhalten. Wir beachten wohl die Methode, die Anziehung eines anziehenden Deckpunkts zu prüfen, aber wir geben ihm eine andere Drehung. Im Prinzip definieren wir

Bild 11.8 Die Julia-Menge für c = -0.8 mit binärer Codierung

eine kreisförmige Umgebung des Deckpunktes, einen kleinen Kreis für einen endlichen Deckpunkt und das Außengebiet mit einem sehr großen Kreis für unendlich. Wir können gleichwohl auch eine andere Umgebung wählen, eine quadratische oder sternförmige, und so weiter. Auch können wir eine Kreisumgebung in eine obere oder untere Hälfte aufteilen. Einen Punkt, dessen Bahn sich zuerst in der oberen Hälfte befindet, färben wir rot, im anderen Falle färben wir ihn gelb. So entsteht auf ganz einfach Weise ein schönes blockartiges Muster als Umgebung oder Füllung eines Fraktals. Diese Methode wurde im Programm JUL1C, einer kleinen Variante von JUL1A, angewandt.

Eine weitere Variante des Programmes JUL1A ist das Programm JUL1B, basierend auf der Standardform (11.3). Diese Version ist insbesondere für Situationen geeignet, für die die Art der Deckpunkte beinahe neutral ist. Sehr schöne Bilder kann man erwarten, wenn abs(μ) ungefähr gleich 1 ist und wenn die Phase von μ in einem einfachen, rationalen Verhältnis zu π steht (Bild 11.8).

Spiel mit Punkten und Linien

Um eine Julia-Menge J(f) Punkt für Punkt konstruieren zu können ohne darauf zu achten, was anderswo passiert, können wir die von Julia gefundene Tatsache nutzen, daß die Vorgänger eines einzelnen Punktes, der auf der Julia-Menge liegt, die Julia-Menge gänzlich füllen. Dazu muß wohl die Abbildung z' = f(z) umgekehrt werden. Hierfür ist z, eine möglichst einfache Gleichung, als z' auszudrücken. Wenn die Berechnung auf die Lösung einer quadratischen Gleichung hinausläuft, ist das noch relativ einfach. Wir wollen von (11.2) oder lieber noch von (11.9) ausgehen. Es ist nicht schwierig, daraus folgendes abzuleiten:

$$x^2 - y^2 = x_1 - a$$
$$x^2 + y^2 = \sqrt{(x_1 - a)^2 + (y_1 - b)^2}$$

Durch Addition und Subtraktion, gefolgt von einer Wurzelziehung, sind wir in der Lage, die gewünschten Gleichungen zu erhalten, die die Basis für ein Computerprogramm bilden.

Selbstverständlich erhalten wir im allgemeinen immer zwei Lösungen, die sich lediglich im Vorzeichen unterscheiden. Was wir eben getan haben, kann in der komplexen Schreibweise viel kompakter geschrieben werden:

$$z \rightarrow \pm\sqrt{z - c}$$

Aber solange wir Computer in der üblichen Weise in BASIC oder Pascal ohne Subroutinen oder Prozeduren für komplexe Rechenoperationen programmieren, solange ist diese schöne komplexe Notation nur für theoretische Zwecke nützlich.

Wie bereits gesagt, führt die Umkehrung der Abbildung $z \rightarrow f(z)$ zu einer Baumstruktur. Wie wir bei der Besprechung dieser Struktur bemerkten, können wir mehrere Wege wählen. Wir können zufällig jedesmal entweder die positive Wurzel oder die negative Wurzel nehmen und entsprechend eine große Anzahl von Vorgängern bestimmen. Mit dem Programm JULIAMC kann man schnell für einen beliebigen Wert von c (die beiden Werte a und b) eine gute Näherung der Julia-Menge bekommen. Nach der Monte-Carlo-Methode wird für einen willkürlichen Punkt eine Reihe von Vorgängern berechnet. Nachdem 32 Punkte überschlagen sind, können die anderen als auf J liegend betrachtet werden.

Diese Methode hat allerdings den schwerwiegenden Nachteil, daß die chaotische Weise, in der sich die berechneten Punkte auf J verteilen, von gleichmäßig weit entfernt ist. Einige Teile von J scheinen fast nie an die Reihe zu kommen, wohingegen andere ein übertriebenes Interesse erfahren. Das alles ist theoretisch wohl erklärbar, aber in der Praxis haben wir davon nicht viel. Gerade die schönsten Julia-Fraktale liefern uns hier die größten Probleme. In solchen Fällen machen wir dann doch lieber Gebrauch von der systematischen Methode des Backtracking, wenn auch in angepaßter Form, wobei wir die Berechnungen in Gebieten, in denen bereits genügend Punkte existieren, beenden. Im Programm JULIABT führen wir dazu eine Statistik über zum Beispiel 160 × 120 kleine Rechtecke, in die wir den Bildschirm gedanklich aufteilten. Diese Werte machen wir zu den Elementen eines Integer-Arrays. Bei einem modernen Computer ist hierfür ausreichend Arbeitsspeicher vorhanden. Mit diesem Programm können wir leicht 64 oder 128 Schritte in dem Baum zurücklegen, und das kann in manchen Situationen, bei denen die Anziehung eines Deckpunkts oder Zyklus sehr schwach ist, auch dringend notwendig sein.

Beispiele

Wir stellen hier zum Nutzen des Lesers einige interessante Fälle zusammen. Zu jedem Beispiel führen wir die Werte von a,b ($c = a + bi$) an. Außerdem geben wir die Abmessungen für ein geeignetes Fenster als halbe Breite und halbe Höhe an. Der Ursprung ist dabei jedesmal der Mittelpunkt. Ein Fenster wie (2,1) bedeutet, daß die Julia-Menge im Rechteck $-2 < x < 2$ und $-1 < y < 1$ liegt.

1.	a = -1.754878 b = 0 window(2,1)	Es liegt ein superstabiler 3er-Zyklus vor.
2.	a = -1.543689 b = 0 window(2,1)	Die Bahn von z = 0 enthält einen Deckpunkt. J ist ein Dendrit.
3.	a = -5/4 b = 0 window(1.9,1.1)	Es liegt ein neutraler 2er-Zyklus $(-1 \pm \sqrt{2})/2$ mit $\mu = 1$ vor.
4.	a = -1 b = 0 window(1.8,1.2)	Es liegt ein superstabiler 2er-Zyklus 0,-1 vor.
5.	a = -3/4 b = 0 window(1.7,1.2)	Der Deckpunkt z = -1/2 ist neutral mit $\mu = -1$.
6.	a = 1/4 b = 0 window(1.2,1.4)	Ein zweifach neutraler Deckpunkt z = 1/2 mit $\mu = 1$.
7.	a = 0.3 b = 0 window(1.2,1.4)	Für a > 1/4, b = 0 ist J stets eine Punktwolke.
8.	a = -0.122561 b = 0.744862 window(1.5,1.4)	Es liegt ein superstabiler 3er-Zyklus vor. J ist unter dem Namen "Kaninchen von Douady" bekannt.
9.	a = -0.101096 b = 0.956287 window(1.6,1.5)	J ist ein Dendrit
10.	a = 0.11 b = 0.67 window(1.5,1.5)	
11.	a = 0.25 b = 0.25 window(1.6,1.5)	Es liegt ein anziehender Deckpunkt vor.
12.	a = -0.318472 b = 0.041257 window(1.2,1.4)	Es liegt ein superstabiler 11er-Zyklus vor.

12 Julia-Mengen II

Die Theorie der Julia-Mengen beruht auf den Eigenschaften der konformen Abbildung, einer Abbildung, bei der Punkte der x,y-Ebene gemäß einer komplexen Funktion $w = f(z)$ in Punkte einer u,v-Ebene transformiert werden, wobei $z = x + yi$ und $w = u + vi$. Das wichtigste Kennzeichen einer konformen Abbildung ist, daß die Größe der Winkel im allgemeinen unangetastet bleibt. Im besonderen wird ein sehr kleines Rechteck in ein anderes kleines Rechteck transformiert, nur etwas größer oder kleiner, und vielleicht auch gedreht. Eine konforme Abbildung können wir als eine Transformation auffassen, wobei Figuren der einen Fläche, der z-Fläche, Figuren in einer anderen Fläche, der w-Fläche, entsprechen. Aber manchmal ist es auch sinnvoll, die w-Fläche mit der z-Fläche zu identifizieren, so daß die konforme Abbildung dann zu einer Verformung von Figuren in derselben Fläche wird. Studiert man die Julia-Mengen, so findet man die letzte Aussage auch bestätigt. Jedesmal wird auf einen Punkt, einer Linie oder allgemein auf einer Figur dieselbe konforme Abbildung angewandt. Ein Punkt führt also zu einer Bahn von Punkten, eine Figur verformt sich mit jeder Wiederholung, schrumpft oder wird zum Beispiel stets verschlungener und länger.

In der komplexen Notation wird eine konforme Abbildung sehr kurz geschrieben als

(12.1) $w = f(z)$

wobei $f(z)$ eine differenzierbare Funktion ist. Für diejenigen, die sich nur mit Fraktalen beschäftigen: $f(z)$ ist meist ein Polynom in z oder ein Quotient aus Polynomen. Selten nur kommt eine Exponentialfunktion, ein Sinus oder ein Cosinus in Betracht. Meistens ist es notwendig, (12.1) in einen Real- und einen Imaginär-Teil zu trennen:

(12.2) $u = u(x,y)$
$v = v(x,y)$

Zur Illustration wählen wir

(12.3) $f(z) = 1/z$

Die Trennung in den reellen und den imaginären Teil ergibt hier:

$u(x,y) = x/(x^2 + y^2)$
$v(x,y) = -y/(x^2 + y^2)$

In diesem Fall ist es günstig, in der x,y-Fläche die Polarkoordinaten r,φ einzuführen. Verwenden wir die bekannten Gleichungen

$x = r\cos(\varphi)$
$y = r\sin(\varphi)$
$x^2 + y^2 = r^2$

dann folgt hieraus

$u = \cos(\varphi)/r$
$v = -\sin(\varphi)/r$

Wer dieses Resultat mit der in Kapitel 3 besprochenen geometrischen Inversion vergleicht, wird eine große Übereinstimmung finden. Der einzige Unterschied ist eigentlich das Minuszeichen in der zweiten Zeile.

Die Transformation (12.3) ist als "komplexe Inversion" bekannt, und diese ist identisch mit der obengenannten geometrischen Inversion, sofern daran noch eine extra Spiegelung angefügt wird. Denn der Übergang $v \rightarrow -v$ ist nichts anderes als eine Spiegelung an der reellen Achse. Interpretieren wir (12.3) als eine Transformation in derselben Fläche, also $z \rightarrow 1/z$, dann läuft die komplexe Inversion auch wieder auf ein Austauschen von Innen- und Außengebiet des Einheitskreises hinaus. Kleine Kreise werden große Kreise und umgekehrt. Mittellinien werden gespiegelte Mittellinien. Anders als bei der geometrischen Inversion bleiben nur die Punkte 1 und -1 an ihrer Stelle.

In Bild 12.1 illustrieren wir das Prinzip der konformen Abbildung und zugleich die komplexe Inversion. Wir beginnen mit einem horizontalen Streifen karierten Papiers mit $0 < x < \infty$, $0 < y < 2\pi$ (Bild 12.1a). Dieser wird zum Innengebiet des Einheitskreises transformiert. Die Transformationsfunktion ist nicht so wichtig, aber Kenner sehen wohl, daß es sich um eine exponentielle Funktion handelt. Die horizontalen Linien werden Radien des Kreises, und die vertikalen Linien werden Kreise. Die komplexe Inversion, auf das Innengebiet des Einheitskreises angewandt, macht aus diesem das Außengebiet.

Potential und Strömungslinie

Der Begriff "Potential" wird in den Naturwissenschaften häufig benutzt, vor allem in Verbindung mit der Strömung von Flüssigkeiten oder elektrischen Ladungen. Bei einem sogenannten Potentialfeld in zwei Dimensionen können wir uns am besten die Strömung einer Flüssigkeit in Grund- oder Oberflächenwasser vorstellen. Das Flüssigkeitsgebiet ist sozusagen in ein Netzwerk sich senkrecht schneidender Potentiallinien und Strömungslinien eingeteilt. Flüssigkeitsteilchen strömen entlang dieser Strömungslinien von Punkten mit hohem Potential nach Punkten mit niedrigem Potential.

Ein erstes Beispiel werden wir auf kariertem Papier durchführen. Wir sehen dann (wie in Bild 12.1) in unserer Vorstellung eine Flüssigkeit von links nach rechts entlang der horizontalen Linien y = konstant strömen. Die rechten Linien mit x = konstant sind die Potentiallinien mit dem höchsten Potential bei x = 0. Strömungslinien sind die horizontalen Linien. Im zweiten Teilbild sehen wir dieses Strömungsmuster in ein Muster innerhalb des Innengebietes eines Kreises umgesetzt (Bild 12.1b).

Mit ein wenig Phantasie können wir uns vorstellen, daß auf dem Rand des Einheitskreises auf geheimnisvolle Weise Flüssigkeit, Elektrizität oder ähnliches erzeugt wird und dies dann im Mittelpunkt des Kreises verschwindet.

Im dritten Teilbild sehen wir ein entsprechendes Strömungsmuster des Außengebietes des Kreises. Auf dem Kreisumfang entsteht Flüssigkeit, die dann entlang gera-

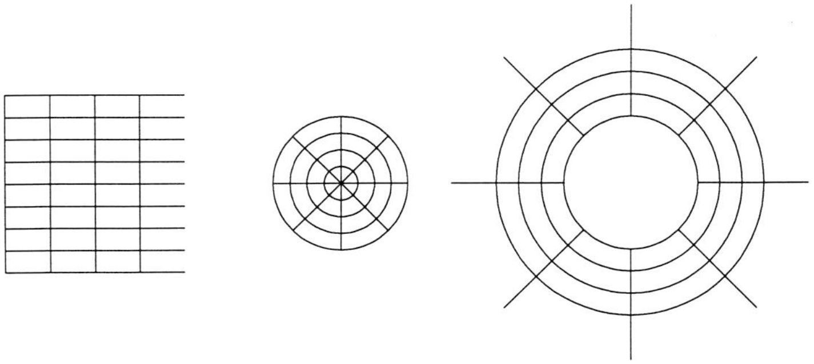

a b c

Bild 12.1 Eine konforme Abbildung von Kreisen und Geraden

der Linien, den Speichen eines Rades ähnlich, ins Unendliche wegströmt. Im Sprachgebrauch der Elektriker kann der Kreis als Blitzableiter betrachtet werden, als Leiter mit elektrischer Ladung. Die Potentiallinien sind die Kreise, und die sich zum Unendlichen hin erstrekkenden Linien durch den Mittelpunkt sind die Strömungslinien.

Vielleicht fragt sich der Leser schon, inwieweit diese in unserer räumlichen Welt angewendet werden können. Wir scheinen nichts anderes zu tun, als geometrische Muster in einer zweidimensionalen Welt zu analysieren. Die Antwort ist eigentlich sehr einfach: Haben wir eine dreidimensionale Situation vor uns, für die in einer Längsrichtung alles gleich ist, dann können wir alle räumlichen Betrachtungen aus einer Studie in der Ebene herleiten. Dies ist zum Beispiel der Fall, wenn wir etwa elektrische Leiter oder Kondensatoren mit zylindrischer Form berechnen wollen. Wir können uns dann auf eine senkrecht zur Längsachse eines Zylinders stehende kreisförmige Figur in der Ebene beschränken.

Zum Schluß möchten wir kurz noch einen etwas komplizierteren Fall besprechen, der gerade für das von uns betrachtete Julia-Fraktal von besonderer Bedeutung ist. Es geht um das elektrische Feld eines Leiters, der, in dreidimensionalen Begriffen, die Form eines langen, rechteckigen Streifens hat. Selbstverständlich läuft es hier auf einen ebenen Schnitt hinaus, in dem sich der linienförmige Leiter befindet. Die mathematische Formulierung ist äußerst einfach:

$$f(z) = z + 1/z$$

Ausgangspunkt ist das Außengebiet des Einheitskreises, also Figur 12.1c. In der w-Ebene wird dieses Gebiet in das Außengebiet eines Linienstückes mit den Enden bei (-2,0) und (2,0) transformiert. Kreise in der z-Ebene mit einem Radius größer 1 werden offenbar in Ellipsen transformiert, deren Punkte (±2,0) die Brennpunkte sind. Die Strahlen, die in der z-Ebene vom Kreis ins Unendliche laufen, gehen in hyperbolische Äste mit gleichem Brennpunkt über. Interessant ist, daß der Einheitskreis selbst bei dieser konformen Abbildung zu einem doppelt zählenden Linienstück "plattgeschlagen" wird. Durch Berechnung kann dies alles auf ziemlich einfache Weise bewiesen werden, aber dies zu tun überlassen wir den Liebhabern der Mathematik.

Eine Julia-Menge als Blitzableiter

Ein Blitz gleicht einem Fraktal, und umgekehrt gibt es Fraktale, die uns an elektrische Entladungen erinnern. Im besonderen trifft dies für die Julia-Menge der quadratischen Familie mit $c = i$ zu. Aber der Zusammenhang zwischen Julia-Menge und elektrischen Feldern reicht viel weiter. Im gewissen Sinne können wir jede Julia-Menge als Blitzableiter, als Träger elektrischer Ladungen oder als Quelle eines Potentialfeldes auffassen.

Hierzu sahen wir bereits zwei besondere Beispiele. Für die quadratische Abbildung $z \rightarrow z^2$ ist die Julia-Menge der Einheitskreis abs(z)=1, für $z \rightarrow z^2 - 2$ ist die Julia-Menge das Linienstück $-2 < x < 2$, $y = 0$. Von letzterem ist das Potentialfeld in Bild 12.2 dargestellt. Dies waren die beiden einzigen Fälle, für die J kein echtes Fraktal ist, aber betrachten wir nun eine zusammenhängende quadratische Julia-Menge.

Bild 12.2 Das Feld eines linienförmigen Leiters

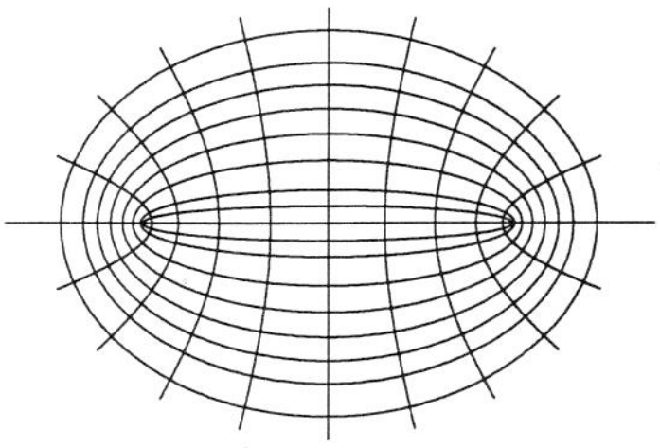

Wir wissen, daß $z = \infty$ ein superanziehender Deckpunkt ist, und daß J exakt der Rand des anziehenden Gebietes ist. Wir sahen im vorigen Kapitel, wie schön wir dieses Randgebiet einfärben konnten, indem wir auf die Fluchtzahlen der ins Unendliche flüchtenden Bahnen achteten. Wiederholen wir noch einmal das Prinzip: Erst definieren wir eine sogenannte Umgebung des unendlich fernen Punktes, sagen wir z. B. alles, das weiter vom Ursprung entfernt ist als die Grenze 1000. Als Startpunkt im anziehenden Gebiet von unendlich bestimmen wir die Rangnummer des Bahnpunktes, der sich als erstes im anziehenden Gebiet von unendlich befindet, und diese ist dann die Fluchtzahl. Entfernte Punkte haben eine niedrige Fluchtzahl, Punkte dicht bei der Julia-Menge haben eine große Fluchtzahl. Das Schöne ist, daß die Fluchtzahl als Potential der elektrisch geladenen Julia-Menge aufgefaßt werden kann. Die Ränder des farbigen Musters rund um die Julia-Menge können also als Potentiallinien angesehen werden.

Es ist relativ wenig Mathematik erforderlich, diese Behauptungen zu bestätigen. Selbstverständlich kann hier nur ein kleiner Teil der zugrundeliegenden Mathematik wiedergegeben werden, und man wird dies so glauben müssen. Der Kern ist der, daß eine Abbildung konstruiert werden kann, die das Außengebiet einer Julia-Menge in das Außengebiet oder Innengebiet eines Kreises transformiert.

Mathematischer Hintergrund

In diesem Teil richten wir uns eher an diejenigen, die über die nötigen mathematischen Kenntnisse verfügen. Wer lediglich farbige Bilder machen möchte, kann diesen Absatz ohne weiteres übergehen. Im großen und ganzen läuft es darauf hinaus, daß das Außengebiet einer Julia-Menge (die Punkte z) in das Außengebiet oder Innengebiet eines Kreises (Punkte w oder 1/w) umgerechnet wird. Diese Umrechnung erfolgt mit der leicht berechenbaren Funktion H. Kreise mit abs(w) = konstant werden dann in Potentiallinien zurückgerechnet. Potentiallinien sind die Ränder der Farbstreifen, die in manchen Bildern die Julia-Menge umgeben. Die Julia-Menge selbst wird also in den Einheitskreis abs(w) = 1 umgerechnet.

Es kann bewiesen werden, daß die Abbildungsfunktion z = H(w) durch die Beziehung

(12.4) $H(w^2) = H^2(w) + c$

bestimmt wird. Eine Tatsache, die schon zu Julias Zeiten gut bekannt war und mit welcher der Name Boettcher verbunden ist. H(w) kann auch als Reihe der Form

(12.5) $H(w) = 1/w + h_1 w + h_2 w^2 + \dots$

geschrieben werden, die für abs(w) < 1 konvergiert. Wenn sich w innerhalb des Einheitskreises abs(w) < 1 befindet, liegt z = H(w) im Außengebiet der Julia-Menge. Der Grenzwert w = 0, das Zentrum des Kreises, entspricht mit $z = \infty$ dem unendlich fernen anziehenden Deckpunkt. Der Kreisumfang abs(w) = 1 wird durch H in die Julia-Menge selbst verwandelt. Die Koeffizienten h_1, h_2, ... können einfach berechnet werden, aber wir benötigen sie nicht.

Es gibt jedoch zwei besondere Situationen, und zwar c = 0 und c = -2. Für c = 0 ist die Boettcher-Funktion H(w) gleich 1/w. Dies ergibt also die Abbildung z = 1/w. Alles scheint zu stimmen. Das Innengebiet des w-Kreises wird in das Außengebiet umgewandelt, das zugleich das Außengebiet der Julia-Menge ist, der Einheitskreis in der z-Ebene. Wenn c = -2 ist, dann ist H(w) = 1/w + w, wovon man sich mit elementaren Rechnungen überzeugen kann. Die Abbildung z = w + 1/w stimmt mit der bereits besprochenen von (12.3) überein, wenngleich auch die Rollen von z und w vertauscht sind. Auch jetzt ist alles in Ordnung. Im besonderen gehen die Kreise innerhalb des w-Kreises abs(w) = konstant in Ellipsen um ein Linienstück auf der x-Achse über, ähnlich der in Abbildung 12.2 gezeigten Julia-Menge.

Die Kreise abs(w) = konstant innerhalb der w-Kreise sind die Prototypen von Linien eines Potentialfeldes; die Strömungslinien sind die halben Mittellinien.

Die Abbildungsfunktion H(w) setzt dieses Standardmuster in ein Potentialfeld außerhalb der Julia-Menge um. Wir stellen es uns zur Aufgabe, das Potential eines Punktes z auszurechnen, der sich vielleicht in der Nähe der Julia-Menge befindet. Dazu müssen wir aus der Gleichung z = H(w) den Wert von abs(w) ableiten.

Das Problem kann unerwartet leicht gelöst werden, indem wir die Bahn des Punktes z verwenden. Die Boettcher-Funktion kann nämlich dazu verwendet werden, die Bahnpunkte z_n explizit als

(12.6) z_n = H(W^2^n)

zu beschreiben, wobei $z_0 = z$ der Anfangspunkt ist. Das Symbol ^ bedeutet hierbei Potenzierung. Ist also z = H(w), dann ist zum Beispiel $z_3 = H(w^8)$. Wir wissen, daß z_n, angezogen durch den superanziehenden Deckpunkt $z = \infty$, auf die Dauer schnell größer und dementsprechend w sehr klein wird. Wenn w so klein ist, können wir in (12.5) die Beiträge der Terme mit den Koeffizienten vernachlässigen. In diesem Fall ist ganz einfach H(w) = 1/w bereits ausreichend genau. Die Beziehung zwischen z_n und w ist also

(12.7) w = z_n^($1/2^n$)

In der Praxis können wir also für jeden Punkt außerhalb der Julia-Menge schnell einen Potentialwert und zugleich auch einen für die Phase finden. Wir gehen auf einer Bahn gerade so weit, daß zum ersten Mal zum Beispiel $abs(z_n) > 1000$ ist, und dann berechnen wir unter Verwendung des letzten Bahnpunktes sowie der Fluchtzahl n den komplexen Wert von w. Der Wert von abs(w) gibt das Potential, arg(w) gibt die Phase an. Eine Potentiallinie abs(w) = konstant entspricht außerhalb der Julia-Menge Punkten auf einer Potentiallinie mit derselben Fluchtzahl.

Wer den Begriff Potential aus der Naturwissenschaft kennt, weiß, daß wir eigentlich nicht von dem Potential sprechen dürfen, sondern nur von Potentialdifferenzen. Einer willkürlichen Potentiallinie dürfen wir als Vereinbarung einen gegebenen Wert zuweisen, zum Beispiel 0, und alle anderen Potentialwerte dann darauf beziehen. Dieselbe Willkür finden wir bei der Julia-Menge wieder. Wir begannen hier ja mit der Feststellung einer willkürlichen Umgebung von unendlich. Im obenstehenden war es das Außengebiet eines Kreises mit dem Radius 1000. Natürlich wäre jeder andere Kreis, sofern groß genug gewählt, gleich brauchbar. Es ergibt sich dann nur eine Verschiebung um einen festen Betrag bei den Fluchtzahlen sowie um denselben Betrag bei allen Potentialwerten.

Bisher wurde das Potential eines Punktes z stets durch den entsprechenden Wert von w gemessen. Dies ist jedoch ein wenig ungünstig. Liegt nämlich z relativ nahe bei J, dann ist abs(w) fast 1, und wir würden viele Dezimalstellen für ein brauchbares Ergebnis berechnen müssen. Es ist darum besser, statt mit abs(w) das Potential mit

$$\log_2(1/\log_2(abs(w)))$$

zu messen. Dies ist ein - mit dem Computer - leicht zu berechnender Wert, der so konstruiert ist, daß sich, abgesehen von der festen Verschiebung, exakt die Fluchtzahlen ergeben.

Diese Möglichkeit, relativ einfach das Potential für willkürliche Punkte außerhalb der Julia-Menge berechnen zu können, kann dazu genutzt werden, mit der Pixelmethode noch schönere, farbigere Bilder von Julia-Mengen zu gestalten. Wir sind dann nicht länger an durch

Fluchtzahlen bestimmte Farbbänder gebunden, sondern wir können, sofern es uns die Technik erlaubt, zum Beispiel allmählich verlaufende Farben verwenden.

Die Julia-Menge auf Distanz gehalten

Mit nur einer kleinen Ausweitung der mathematischen Technik kann man noch mehr erreichen. Im besonderen sind wir in der Lage, für den Abstand eines Punktes z zur Julia-Menge, geschrieben als d(z,J), eine praktische und gut brauchbare Näherung abzuleiten. Eine solche Gleichung ist in der Praxis sehr wertvoll, besonders in Situationen, wo die Julia-Menge sehr verästelt und "drahtig" ist und wir diese als einzelne Kurve, ohne umgebende Farben auf den Bildschirm bekommen wollen. In manchen Fällen, und gerade dann, wenn die Julia-Menge besonders schön ist, scheinen uns gebräuchliche Methoden wie die des Backtracking im Stich zu lassen. Es scheint dann, als ob manche Teile von J sehr instabil sind oder selten besucht werden. Die gesuchte Abstandsformel beruht auf einer einfachen Überlegung, nämlich daß in der w-Ebene der Abstand von w zum Kreisrand gleich 1-abs(w) ist. Ein infinitesimaler Abstand in der w-Ebene wird in den entsprechenden Abstand in der v-Ebene gemäß der Gleichung dz = H'(w)dw umgerechnet. Mittels Schätzung wenden wir diese Gleichung in unserer Situation an, wobei die Abstände zwar klein, jedoch nicht infinitesimal sind. Also

$$d(z,J) = abs(H'(w))\,(1 - abs(w))$$

Die Ableitung von H(w) auf der rechten Seite können wir mittels der Gleichungen (12.6) oder (12.7) berechnen. Im Prinzip ist das alles, und es verbleibt lediglich noch etwas mathematische Technik. Das Ergebnis ist schließlich eine sehr handliche Näherungsgleichung:

$$(12.8) \qquad d(z,J) = Z/N$$

wobei der Zähler und der Nenner durch

$$Z = abs(z_n)\,\log(abs(z_n))$$

und

$$N = abs(w)\,abs(dz_n/dz)$$

gegeben sind. Das Standardprogramm zur Berechnung

der Julia-Menge nach der Pixelmethode muß lediglich ein klein wenig erweitert werden. Die einzige wesentliche Anpassung ist die, daß mit der Bahn z_1, z_2, ... eines willkürlichen Punktes z zugleich auch die Ableitungen dz_1/dz, dz_2/dz, ... berechnet werden. Die Bahn endet, sobald abs(z_n) groß genug ist, und danach kann die Abstandsformel leicht angewandt werden. In dem Computerprogramm JULDIST ist das eine oder andere realisiert. Mit dessen Hilfe können wir dann schöne Illustrationen, wie etwa Abbildung 12.3, erstellen.

Seesterne und Rosettenfenster

Einige Julia-Mengen fesseln uns wegen ihres überraschenden, unregelmäßigen Aussehens, andere verführen gerade wegen ihrer geometrischen Symmetrie. In diesem Teil setzen wir uns das Ziel, schöne Fraktale mit Drehsymmetrie zu entwerfen, ähnlich Seesternen oder gotischen Fenstern in einer mittelalterlichen Kathedrale. Ein Mathematiker denkt hier an ein komplexes Polynom wie $z^m - 1$ ($m > 2$), welches die Eigenschaft besitzt, daß seine Nullpunkte auf den Eckpunkten eines regelmäßigen m-Ecks liegen. Wir zeigen dies hier für den Fall $m = 4$.

Die vier Eckpunkte sind dann 1, i, -1, -i, und diese bilden miteinander ein Quadrat. Andererseits zeigt eine simple Berechnung, daß jede der vier Zahlen, mit 4 potenziert, 1 ergibt. Gewappnet mit diesem Wissen wird es nicht verwundern, daß eine Julia-Menge, die durch

$$z \rightarrow zP(z)/Q(z)$$

bestimmt ist, wobei P und Q Polynome von z^m sind, die gewünschte Symmetrie besitzt. Eine Welt symmetrischer Fraktale öffnet sich uns. Die einfachste Wahl ist

$$(12.9) \qquad z \rightarrow z(c + (1 - c)z^m)$$

wobei c eine willkürliche, komplexe Konstante ist. Wir haben hierbei bereits eine Maßstabsveränderung durchgeführt, wodurch ein Kranz von m Deckpunkten auf dem Einheitskreis entsteht: $z = 1$ und noch $m - 1$ weitere. Daneben ist auch $z = 0$ ein Deckpunkt, und der superanziehende, unendlich ferne Punkt ist ebenfalls beteiligt. Der Ursprung hat den Eigenwert c und ist also an-

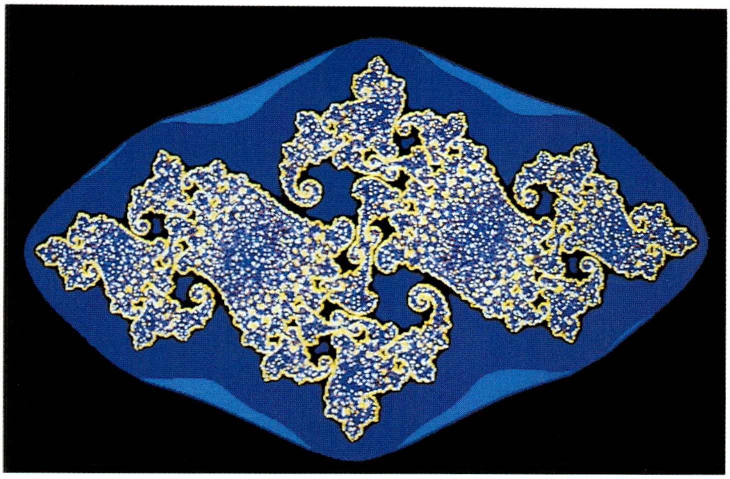

Bild 12.3 Eine mit der Abstandsgleichung erzeugte Julia-Menge

Bild 12.4 Eine Julia-Menge mit Rotationssymmetrie

ziehend für abs(c) < 1 und abstoßend für abs(c) > 1. Im letzten Fall reicht die Julia-Menge bis zum Ursprung, mittels m Strahlen. Der Eigenwert in z = 1 und zugleich der der entsprechenden übrigen Deckpunkte auf dem Kreis ist gleich 1 + m(1 - c). Dies wiederum sagt uns etwas über das zu erwartende Verhalten der Julia-Menge. In dem Programm JULROT1 ist der besondere Fall mit m = 4 näher ausgearbeitet.

Der folgende Fall ist

(12.10) $z \rightarrow z(c + (1 - c)/z^m)$

Es scheint nur eine kleine Veränderung zu sein, aber die Julia-Menge ist nun völlig anders. Der Ursprung ist nun kein Deckpunkt mehr, und ∞ ist nun ein gewöhnlicher Deckpunkt, der anziehend oder abstoßend sein kann in dem Maße, wie abs(c) größer oder kleiner 1 ist. Im letzten Fall dehnt sich die Julia-Menge unendlich weit aus. Wohl gibt es eine symmetrische Reihe von Deckpunkten auf dem Einheitskreis, angefangen bei 1. Deren Eigenwerte sind hier gleich 1 - m(1 - c). Programmtechnisch gibt es hier ein kleines Problem, da der rechte Teil der Gleichung für z = 0 unendlich groß werden kann. Dies kann aber auf verschiedene Weisen aufgefangen werden. Das Programm JULROT2 zeigt die eine oder andere Arbeitsmethode (Bild 12.4).

Wer noch mehr möchte, kann sich mit

(12.11) $z \rightarrow z(c_1 + c_2 z^m)/(1 + z^m)$

"austoben", wobei es zwei willkürliche Parameter c_1 und c_2 gibt. Insgesamt also eine Wahl aus vier (!) reellen Zahlen. In diesem Fall sind im allgemeinen sowohl z = 0 als auch z = ∞ Deckpunkte, und es gibt noch die bekannte Reihe von m Deckpunkten auf einem Kreis. Der Deckpunkt z = 0 hat den Eigenwert c_1, dagegen wird die Art von z = ∞ durch c_2 bestimmt.

Die kubische Familie

Es liegt auf der Hand, nach den intensiv besprochenen quadratischen Julia-Mengen nun mit einer Abbildung fortzufahren, die durch ein Polynom dritten Grades

$z \rightarrow az^3 + bz^2 + cz + d$

beschrieben ist. Durch Maßstabsveränderungen kann man dieses System zu einer Art Standardform reduzieren, wobei die Anzahl der freien Parameter so klein wie möglich ist. Vor wenigen Jahren haben sich Mathematiker wie Branner und Blanchard viel damit beschäftigt, und dabei gingen sie von der folgenden, einfachen Gleichung aus:

(12.12) $z \rightarrow z^3 - 3a^2 z + b$

Daß hierbei sowohl a als auch b als komplexe Größen betrachtet werden müssen, bedeutet, daß es vier Freiheitsgrade gibt, und das ergibt eine große Anzahl von Möglichkeiten. Die Wahl von (12.12) ist bestimmt durch eine einfache Lage der kritischen Punkte. Mit Ausnahme von $z = \infty$ sind diese $z = a$ und $z = -a$. Nach Julia hängt die Art der durch (12.12) bestimmten Julia-Menge von den Bahnen dieser beiden Punkte ab. Es gibt offensichtlich drei Möglichkeiten: Führen beide Bahnen ins Unendliche, dann ist J staubartig wie eine Cantor-Menge. Sind beide Bahnen begrenzt, dann ist J zusammenhängend. In den übrigen Fällen ist J zwar nicht zusammenhängend, aber sie scheint aus einer Ansammlung von mehr oder weniger einander ähnlichen "gewöhnlichen" Julia-Mengen zu bestehen. Das Programm JULCUB ermöglicht es uns, mit dem System (12.12) wirklich endlos zu experimentieren. In Bild 12.5 zeigen wir ein schönes Exemplar der kubischen Familie.

Biomorphie

Einige gefüllte oder gefärbte Fraktale erinnern uns an biologische Objekte, so wie wir sie durch ein Mikroskop sehen könnten. Pickover, ein Amerikaner, der sich viel mit Computergraphiken und mit Fraktalen beschäftigt hat, spricht von "biomorphs". In seinen Publikationen zeigt er uns davon einige suggestive Beispiele, und zu jedem führt er begleitend einige Gleichungen an. Im allgemeinen geht es um Julia-Mengen, die durch ein Polynom mit zwei Potenzen bestimmt sind:

(12.13) $z \rightarrow c_1 + c_2 z^m + z^n$

wobei $m < n$ und c_1, c_2 beliebige komplexe Zahlen sind.

Bild 12.5 Eine kubische Julia-Menge

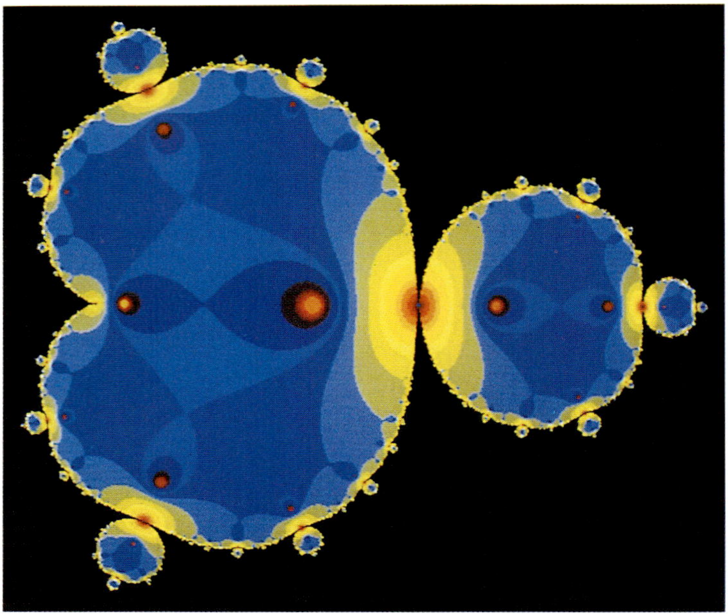

Bild 12.6 Eine Julia-Zelle

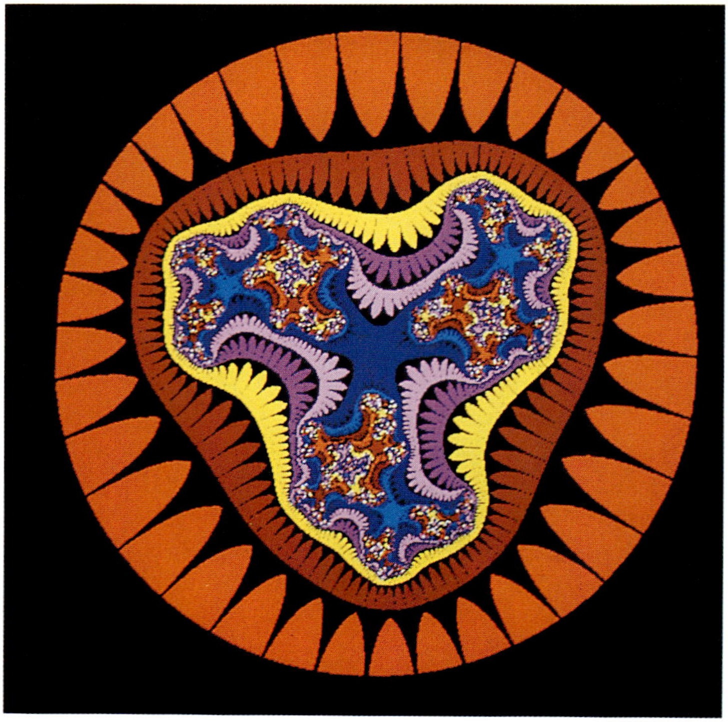

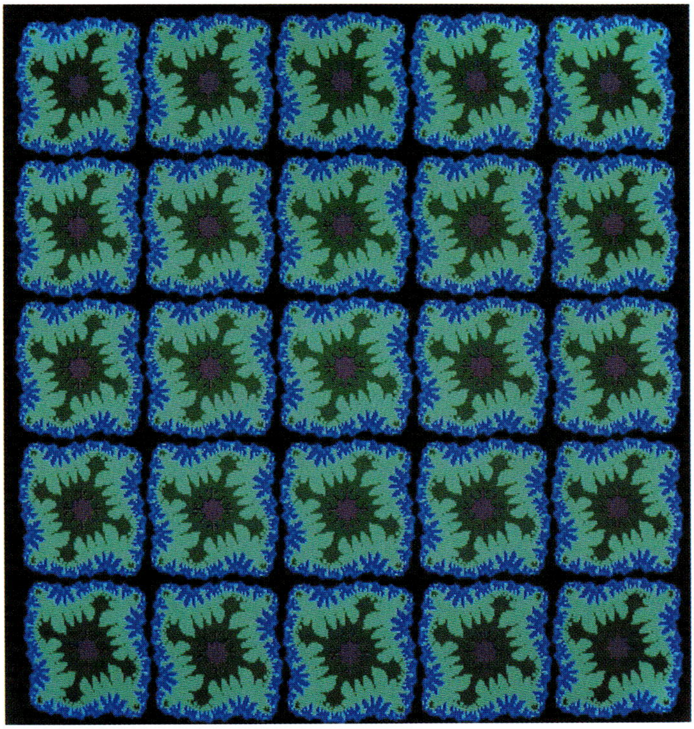

Bild 12.7 Julia-Fliesen

Detail einer Mandelbrot-Menge
(Vergrößerung 20×10^9)

Da $z = \infty$ immer superanziehend ist, ist die Julia-Menge stets begrenzt. Meist ist n ziemlich groß, so daß der Term z^n bereits vorherrscht, sobald abs(z) etwas größer als 1 wird. Das bedeutet, daß J sich nicht viel weiter als der Einheitskreis ausdehnen kann. Des weiteren ist J staubartig oder zusammenhängend, genau wie bei der quadratischen Familie. Auch ist $z = 0$ ein kritischer Punkt, und das bedeutet, daß dessen Bahn im allgemeinen zum Anzieher hinführt, der sein kann $z = \infty$, ein Deckpunkt oder ein Zyklus. Für die Einfärbung der Julia-Menge können wir erst einmal die Anziehung des unendlich fernen Deckpunktes verwenden.

Bisher hatte die Einfärbung auf einer kreisförmigen Umgebung von unendlich basiert, also das Außengebiet eines großen Kreises. Sobald ein Bahnpunkt in dieses Gebiet kommt, wenn zum Beispiel $abs(z_n) > 100$ ist, interpretieren wir die Rangnummer n als Fluchtzahl des Startpunktes der Bahn, und daraus wiederum leiten wir eine Farbschattierung ab. Aus mathematischer Sicht ist es gleichgültig, ob wir eine kreisförmige oder eine quadratische Umgebung wählen, aber aus künstlerischer Sicht können die Konsequenzen sehr vorteilhaft sein. Die Ränder der eingefärbten Bänder um die Julia-Menge sind in gewissem Sinne wiederholte Kopien des Randes, der als Umgebung definiert wurde. Ist der Rand ein eindeutiger Kreis, dann sehen wir, von außen nach innen gerechnet, anfänglich noch schöne runde, beinahe kreisförmige Bänder. Je näher wir der Julia-Menge kommen, desto welliger und bizarrer werden diese Bänder. Gehen wir dagegen von einer quadratischen Umgebung aus, zum Beispiel $abs(x) > 100$ und $abs(y) > 100$, dann zeigen sich bereits bei den äußersten Farbbahnen Zickzack-Formen und Haifischzähne. Der folgende kurze Test liefert uns gleich eine ganze Serie quadratischer oder sternförmiger Umgebungen:

$$abs(x) + d\,abs(y) > g$$

kombiniert mit

$$abs(y) + d\,abs(x) > g$$

wo d eine Zahl zwischen 0 und 1 und g eine große Zahl wie 10 oder 100 ist. Für $d = 0$ ergibt dies eine quadratische Umgebung, für $d = 1/10$ eine sternförmige Umgebung. Dabei müssen wir wohl darauf achten, ob wir die-

Bild 12.8 Eine exponentielle Julia-Menge

Bild 12.9 Eine Julia-Menge der goniometrischen Familie

se beiden Möglichkeiten in der "und"- oder in der "oder"-Kombination anwenden. Einen ähnlichen Test können wir auch bei einem endlichen Deckpunkt anwenden, sofern dieser bekannt ist. Ist der Ursprung $x = 0$, $y = 0$ ein anziehender Deckpunkt, dann können wir dieselbe Gleichung verwenden. Es muß dann jedoch das andere Ungleichzeichen verwendet und die Zahl g sehr klein gewählt werden.

Das Programm JULCELL zeigt uns, wie dieser Test verwendet werden kann. Dabei ist die Julia-Menge durch den speziellen Fall

$$z \rightarrow c + z^3$$

bestimmt. Diese Potenzierung auf der rechten Seite der Gleichung impliziert wieder die Rotationssymmetrie von J, wie in Figur 12.6 dargestellt.

Die Anzahl interessanter Spezialfälle von (12.13) ist praktisch unbegrenzt. Wir beschränken uns hier auf ein einzelnes Beispiel:

$$z \rightarrow c + z^4 + z^8$$

Der rechte Teil der Gleichung deutet eine vierfache Rotationssymmetrie bereits an, und tatsächlich hat die Julia-Menge die Form eines Quadrates mit leicht gebogenen Seiten. Diese Beziehung ist damit sehr geeignet, ein Fliesenmuster wie in Figur 12.7 zu gestalten.

Sinus-, Cosinus- und e-Funktion

Es ist gut möglich, auch mit den genannten Funktionen schöne Julia-Mengen zu entwerfen, aber es gibt hier mathematisch doch einiges zu beachten. Im Anhang 1 über die komplexen Zahlen findet man eine Anzahl Gleichungen, die zeigen, wie exp(z), sin(z) und cos(z) in einen reellen und imaginären Teil aufgeteilt werden können. Wir besprechen hier zwei Beispiele. Als erstes

$$z \rightarrow \exp(z) - z - 1$$

mit der im Programm zu verwendenden Teilung

$$x \rightarrow e^x \cos(y) - x - 1$$
$$y \rightarrow e^x \sin(y) - y$$

Kenner sehen sofort, daß $z = 0$ ein Deckpunkt ist, der

sogar superanziehend ist. Weiter ist die Julia-Menge periodisch in der y-Richtung mit der Periode 2π. Bei der Abbildung reicht es demnach aus, wenn wir uns mit einem horizontalen Streifen der Breite 2π begnügen. Die durch diesen Gleichungstyp bestimmte Julia-Mengen sind in den letzten Jahren unter anderem von Devaney studiert worden. Er zeigt uns, daß unter bestimmten Bedingungen der gesamte Komplex als Julia-Menge betrachtet werden kann. Dies ist jedoch für jemanden, der schöne Bilder mag, weniger interessant. Ähnlich wie bei den durch Polynomen bestimmten Julia-Mengen, muß wieder auf Unendlichkeit geprüft werden. Nun aber müssen wir nur auf x in der positiven Richtung achten, also IF X > XT THEN ..., wobei XT ein Grenzwert ist, zum Beispiel 10. In Bild 12.8 zeigen wir die Julia-Menge für eben diese Werte, die man mit dem Programm JULEXP erhält.

Wer selbst mit verwandten Funktionen, zum Beispiel c + exp(z) experimentieren möchte, muß Programmierprobleme mit Meldungen wie "underflow" oder "overflow" erwarten. Es ist daher ratsam, mit doppelter Genauigkeit zu arbeiten.

Für die goniometrische Familie führen wir stellvertretend die Julia-Menge der Abbildung

$$z \to c\sin(z)$$

auf, wobei die Teilung in einen reellen und imaginären Teil auf

$$\sin(z) = \sin(x)\cosh(y) + i\cos(x)\sinh(y)$$

beruht.

Auch jetzt ist $z = 0$ ein Deckpunkt, aber es ist ein gewöhnlicher Deckpunkt mit dem Eigenwert c. Wieder ist die Julia-Menge periodisch, nun aber in vertikalen Abschnitten mit der Breite 2π. In Bild 12.9 zeigen wir eine Illustration einer der auf dem Programm JULSIN basierenden Möglichkeiten. Mutige Leser können sich an Experimente mit Gleichungen wie $z \to c + \sin(z)$ heranwagen. Im ganzen ist dies ein sehr interessantes, noch wenig erkundetes Gebiet, das aber nicht ganz frei von technischen Problemen ist.

13 Mandelbrot-Mengen

Mandelbrot beschrieb auf die ihm eigene Weise, wie er die heute nach ihm benannten Mengen entdeckt hat. Heute aber zweifelt man ein wenig an der Ursprünglichkeit seiner Entdeckung. Es steht inzwischen fest, daß das mit den Mandelbrot-Mengen graphisch dargestellte Problem bereits viel früher schon formuliert war. 1952 hatte der ungarische Mathematiker F. Riesz eben jenes Problem in einer lokalen ungarischen Zeitschrift zur Lösung vorgetragen. 1956 erschien hiervon sowohl eine französische als auch russische Übersetzung mit der Anmerkung, daß Riesz dieses Problem gestellt hatte, ohne die Lösung zu kennen. 1978 zeigten die amerikanischen Mathematiker Brooks und Matelski die wahrscheinlich erste Computergraphik einer Mandelbrot-Menge, wenn auch noch in einer etwas groben Form.

Durch Mandelbrot wurde diese Figur 1979/80 (wieder)-entdeckt und auf experimentelle Weise beschrieben (siehe Bild 13.1). Mandelbrot unternahm viel, um diesem Problem einen größeren Bekanntheitsgrad zu geben, und er inspirierte Wissenschaftler wie Adrien Douady und John Hubbard zu mathematischen Untersuchungen. Sie waren es, die den Term "Mandelbrot-Menge" einführten, vielleicht eher, um der untersuchten Figur eine Art "Etikett" zu geben, als um den Entdecker zu ehren.

In den Naturwissenschaften werden wichtige Resultate in der Regel einer bestimmten Person zuerkannt, aber meistens ist das nicht derjenige, der mit einer solchen guten Idee zum ersten Mal an die Öffentlichkeit getreten war. Wissenschaftliche Forschung ist ein komplizierter Vorgang, bei dem neue Ergebnisse nur dann zustandekommen, wenn Erkenntnisse von Vordenkern mitverwendet werden. Im allgemeinen belasten sich die Wissenschaftler nicht allzusehr mit Fragen der Priorität, aber wenn ein Mitglied der wissenschaftlichen Gemeinschaft sich etwas zuviel anmaßt, dann kann ein entsprechendes Durcheinander entstehen, das durch eine Zeitschrift wie des *Scientific American* der Allgemeinheit bekannt wird.

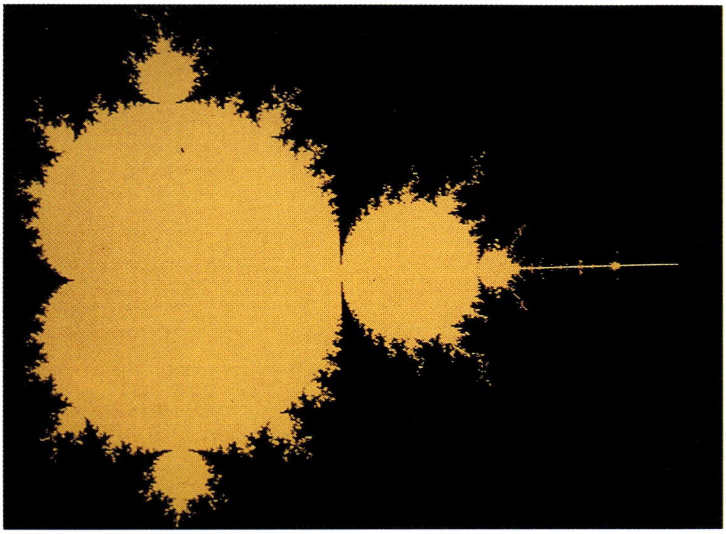

Bild 13.1 Die Mandelbrot-Menge von $z \to z^2 + c$

Wir sprechen also weiterhin unbekümmert von einer Mandelbrot-Menge, übrigens wohl mit der Betonung auf dem unbestimmten Artikel "einer". Was wir gewöhnlich unter "der" Mandelbrot-Menge verstehen, ist lediglich ein einzelnes, obgleich sehr wichtiges Exemplar der weiten Familie artgleicher Mengen.

Ausgangspunkt ist ein iteratives dynamisches System der Form

$$P \to f(P,a,b,c,\ldots)$$

wobei P ein Punkt auf einer Linie, in einer Ebene oder im Raum ist. a, b, c ... sind dabei reelle Parameter. Wichtig ist die Art der Grenzmenge des dynamischen Systems und insbesondere die Frage, für welche Kombinationen von Parameterwerten sich die Struktur verändert.

Das Bifurkations-Diagramm von Verhulst

Wir erstellen für die iterative Abbildung $P \rightarrow f(P,...)$ ein sogenanntes Bifurkations-Diagramm, indem wir die Parameter als kartesische Koordinaten eines Raumes auffassen und darin all das abbilden, was Beziehungen zu der Art der Grenzstrukturen hat. Das Bifurkations-Diagramm deuten wir als "eine" Mandelbrot-Menge, auch wenn Mandelbrot selbst hierüber vielleicht nicht sehr tief nachdachte. Das klingt gerade durch die Allgemeingültigkeit etwas vage, aber wir werden später in diesem Kapitel einige interessante Beispiele betrachten. Das erste Beispiel ist übrigens das bekannte Bifurkations-Diagramm des Verhulst-Modells:

(13.1) $\quad x \rightarrow ax(1 - x)$

das in Kapitel 4 kurz besprochen wurde.

Hierfür ist x eine reelle Zahl, geometrisch ein Punkt auf einer Linie, und a ein reeller Parameter. Die Art der Grenzmenge hängt vom Wert von a ab, und auch diese Zahl können wir als Punkt auf einer Linie auffassen. Die Bifurkations-Punkte bilden miteinander ein bestimmtes Muster auf der x-Achse, das wir auch ein Bifurkations-Diagramm oder eine Bifurkations-Menge nennen können. Von links nach rechts gehend fangen wir mit dem Wert $a = 0$ als erstem Bifurkations-Punkt an. Bis $a = 1$ bleibt der Ursprung $x = 0$ anziehend, darüber wird er abstoßend. Der Punkt $a = 1$ gehört also gleichfalls zur Bifurkations-Menge. Danach kommt $a = 3$, die Grenze, bei der ein anziehender Deckpunkt in einen 2er-Zyklus übergeht. Anschließend geht der 2er-Zyklus bei $a = 3.4495$, oder exakt $1 + \sqrt{6}$, in einen 4er-Zyklus über. Dies ist auch der Anfang der bekannten Feigenbaum-Reihe, wo die Bifurkations-Punkte jedesmal Periodenverdoppelungen markieren. Nennen wir eben noch das auffallende Fenster, das mit einem anziehenden 3er-Zyklus übereinstimmt. Dieses erscheint zum ersten Mal für $a = 1 + 2\sqrt{2} = 3.8284$ und endet durch Bifurkation in einem anziehenden 6er-Zyklus für $a = 3.8415$.

Anstelle des obenstehenden Verhulst-Modells betrachten wir lieber die Variante

(13.2) $\quad z \rightarrow z^2 + c$

die ihm völlig äquivalent ist. Die Beziehung zwischen a und c ist

$$c = a/2 - a^2/4$$

Die interessanten Werte von a liegen zwischen 0 und 4, so daß dann c zwischen -2 und 1/4 liegt. Die hiervor genannte Reihe von Bifurkations-Punkten, bei denen Periodenverdoppelung auftritt, ist geordnet nach abnehmender Größe für c:

1/4 -3/4 -5/4 -1.3681 -1.3940 -1.3996 ...

Vorgreifend auf die kommenden Dinge können wir feststellen, daß diese Punkte "einfach" den Durchschnitt der Mandelbrot-Menge mit ihrer Symmetrieachse bilden.

Die Mandelbrot-Menge ist faktisch nichts anderes als ein Bifurkations-Diagramm des veränderten Verhulst-Modells (13.2) für komplexe Werte von c. Eben diese Erweiterung von nur reellen Werten von z und c auf komplexe Werte führt in eine Welt von Julia-Mengen und zu einem Atlas von Mandelbrot. So wie das reelle Bifurkations-Diagramm uns alles über die Art der Bahnen im Verhulst-Modell zeigt, so gibt uns die Mandelbrot-Menge alle Informationen über die Bahnen im komplexen Teil. Die Struktur der Bahnen im komplexen Teil spiegelt sich an der Art der zugehörigen Julia-Menge von (13.2) wider.

Ein Bifurkations-Diagramm bestimmt die Einteilung einer Familie dynamischer Systeme in Klassen, hier also die durch (13.2) bestimmte quadratische Familie. Gehen wir noch einmal zu dem ursprünglichen Modell (13.1) zurück, für das der reelle Parameter a zwischen 1 und 4 liegt, dann markiert die Bifurkations-Menge eine Anzahl Intervalle, wobei jedes Intervall dem dynamischen System eine bestimmte Charakteristik gibt. So gibt das Intervall $3 < a < 1 + \sqrt{6}$ an, daß das dynamische System einen anziehenden 2er-Zyklus besitzt. Des weiteren entspricht das Intervall $-1.7685 < a < -7/4$ einem anziehenden 3er-Zyklus. Wir nennen solch ein Intervall auch Fenster (window). Es gibt unendlich viele solcher Fenster, für die das System jedesmal einen anziehenden Zyklus hat. Und doch sind diese Fenster nicht in der Lage, das Intervall (1,4) gut zu überdecken. Es bleiben noch (unzählbar) unendlich viele a-Werte übrig, für die das System sich chaotisch verhält.

Das Bifurkations-Diagramm von Mandelbrot

Wir wir eben feststellten, ist die Mandelbrot-Menge eine Ausweitung des Bifurkations-Diagramms von Verhulst mit komplexen Werten des Parameters c. Traditionell schreiben wir c als a + bi, wobei wir, wie in einem x-y-Diagramm, a horizontal und b vertikal aufzeichnen. Das Bifurkations-Diagramm hat jetzt eine zweidimensionale Ausdehnung, im Gegensatz zum Verhulst-Modell, das sich nur auf eine einzige Dimension bezog. Man achte darauf, daß wir in beiden Fällen mit derselben quadratischen Form (13.2) arbeiten. In diesem Fall ist der Durchschnitt des Mandelbrot-Diagramms mit der a-Achse, der Linie, für die b = 0 ist, identisch mit dem Verhulst-Diagramm. Die ersten Bifurkations-Punkte auf der a-Achse sind c = 1/4 und c = -3/4. Im Verhulst-Modell markieren sie die Grenzen, innerhalb derer das dynamische System einen einzelnen (endlichen) anziehenden Punkt besitzt.

Im Komplexen ist das etwas schwieriger. Im allgemeinen besitzt (13.2) zwei Deckpunkte als Wurzeln der quadratischen Gleichung $z^2 - z = c$. Ist z ein Deckpunkt, dann ist dessen Eigenwert 2z. Die Bedingung für Anziehung ist abs(2z) < 1. Diese Kenntnisse sind ausreichend, um die Grenze des Gebietes zu bestimmen, bei der das dynamische System einen einzelnen anziehenden Deckpunkt besitzt. Wir nennen dieses Gebiet eine 1er-Zelle. Die Grenze der 1er-Zelle können wir in Parameterform durch

$$a = \cos(2\varphi)/4 - \cos(\varphi)/2$$
$$b = \sin(2\varphi)/4 - \sin(\varphi)/2$$

charakterisieren.

Hierdurch wird eine herzförmige oder nierenförmige Kurve bestimmt, eine sogenannte Kardioide oder Herzkurve. Die durch diese Kardioide begrenzte 1er-Zelle bildet das Hauptgebiet des Inneren der Mandelbrot-Menge. Julia-Mengen, bei denen c-Werte innerhalb der 1er-Zelle gewählt wurden, sehen also alle ähnlich aus, aber es liegt auf der Hand, daß hübsche Ergebnisse zu erwarten sind, wenn c auf oder nahe bei dem Rand einer 1er-Zelle liegt. Zu jedem c-Wert innerhalb der 1er-Zelle gehört ein anziehender Deckpunkt mit einem Eigenwert μ, wobei gilt: abs(μ) < 1. Der besondere Wert μ = 0, für den die Julia-Menge den superanziehenden Deckpunkt z = 0 hat, stimmt mit c = 0 überein. Diesen Punkt nennen wir das "Zentrum" der 1er-Zelle. Der besondere Wert μ = 1 gibt den Randpunkt c = 1/4 der 1er-Zelle an, die sogenannte "Wurzel" der 1er-Zelle. Der Punkt c = -3/4, für den μ = -1 ist, heißt die "Spitze" der 1er-Zelle.

Das Intervall (-5/4,-3/4) des Verhulst-Modells, für das also ein anziehender 2er-Zyklus existiert, entspricht im komplexen Teil einem Gebiet, einer 2er-Zelle, einer Kreisscheibe, die bestimmt wird durch

abs(z+1) < 1/4

Ist μ der Eigenwert des 2er-Zyklus, dann entspricht dies dem Kreisumfang mit abs(μ)=1. Die 2er-Zelle hat als Zentrum c=-1, den Wert, für den die Julia-Menge einen superstabilen 2er-Zyklus hat. Der Wert μ = 1 kennzeichnet die Wurzel c = 3/4, wogegen c = -5/4 mit dem Eigenwert μ = -1 die Spitze angibt. Es ist wichtig anzumerken, daß die Spitze der 1er-Zelle zugleich die Wurzel der 2er-Zelle ist. Der Eigenwert springt damit von -1 nach +1.

Mandelbrot-Miniaturen

Das bekannte Feigenbaumszenario der wiederholten Periodenverdoppelung, das ursprünglich beim Verhulst-Modell (13.1) oder (13.2) für reelle c-Werte entdeckt wurde, tritt bei der Mandelbrot-Menge als eine Anzahl von aneinandergereihten kreisförmigen Scheiben auf, deren Durchmesser mit dem Feigenbaum-Faktor von 4.669 abnimmt. Die oben beschriebene 2er-Zelle geht dann nach links über in eine 4er-Zelle, die ihrerseits wieder zu einer 8er-Zelle führt, und so weiter. Übrigens ist lediglich die 2er-Zelle wirklich kreisförmig, die anderen sind dies nur näherungsweise. Jedesmal ist die Spitze der einen Zelle wieder die Wurzel einer höheren Zelle, und jedesmal springt der Eigenwert von -1 nach +1. Zuletzt erreichen wir einen merkwürdigen, nach Feigenbaum oder Myrberg benannten Punkt, nämlich c = –1.4011553.

Der Antennenteil zwischen diesem Punkt und der Spitze c = -2 ist äußerst seltsam, und erst in der heuten Zeit sind wir in der Lage, zu Hause mit einem einigermaßen modernen Computer diese Merkwürdigkeiten zu studieren. Übrigens ist es dazu wohl notwendig, Vergrößerungen in der Größenordnung von einer Million oder einer Milliarde zu verwenden. Diese Antenne enthält erst einmal eine Anzahl Miniaturen des Ganzen, populär bezeichnet als sogenannte Mandelbrötchen oder Mandelbrotbabies. Es gilt zwar keine echte Selbstähnlichkeit, aber viel scheint dazu auch nicht zu fehlen. Erst einmal achten wir auf das bekannte 3er-Fenster des Verhulst-Modells. In Figur 4.4, in dem das Bifurkations-Muster des Verhulst-Modells auf andere Art abgebildet ist, ist dieses Fenster deutlich sichtbar. Jedenfalls sehen wir, daß sich auch dort eine Wiederholung des Feigenbaumszenarios zeigt. Der anziehende 3er-Zyklus geht durch Bifurkation über in einen anziehenden 6er-Zyklus, der sich wieder teilt in einen 12er-Zyklus, und so weiter. Im Mandelbrot-Diagramm spiegelt sich dies in der Wiederholung der Sequenz 1er-Zelle, 2er-Zelle, 4er-Zelle wider. Am Anfang steht eine 3er-Zelle, die "aus dem Chaos geboren" ist. Rechts der Wurzel ist ein Stückchen Antenne, aber nach links gehend gibt es erst ein kleines herzförmiges Gebiet, eine 3er-Zelle, die in eine kreisförmige 6er-Zelle übergeht, und so weiter, sich stets verdoppelnd. Jede Zelle ist wieder markiert durch Zentren, für die der periodische Zyklus superanziehend ist, und bei jedem Übergang gibt es wieder Grenzpunkte, die zugleich Wurzel des einen und Spitze des anderen Gebietes sind.

Die Antenne auf der a-Achse ab -2 nach rechts ist voll von derartigen Miniaturen. Beinahe alle entgehen unserer Wahrnehmung, aber bei jeder weiteren Vergrößerung treten stets neue zutage. Wenn wir die Umgebung der Mandelbrot-Menge einfärben, sehen wir, daß die Miniaturen getreue Kopien des Ganzen sind, aber daß die Umgebung stets reicher, haariger und interessanter wird (Bild 13.2).

Komplexe Bifurkationen

Bisher taten wir nicht viel mehr als das, was wir über die Verhulst-Bifurkationen wußten, in entsprechende Eigenschaften der Mandelbrot-Menge umzusetzen. Es ist aber noch viel mehr möglich. Kehren wir erst noch einmal zurück zum Hauptgebiet, der herzförmigen 1er-Zelle. Passiert der Einheitswert von μ des Deckpunktes den Einheitskreis mit der Phase α, von $-\pi$ bis π gerechnet, dann tritt im allgemeinen wieder eine Bifurkation auf. Hat α zu π ein rationales Verhältnis, dann bedeutet dies, daß nach der Passage ein anziehender Zyklus entsteht, wobei die Periode durch das Verhältnis von α/π bestimmt wird. Wenn μ sich auf dem Einheitskreis befindet, liegt c auf dem Umfang der 1er-Zelle, der bekannten Kardioide. Das bedeutet also, daß an bestimmten Punkten der Herzlinie die 1er-Zelle in eine Zelle mit höherer Periodizität übergeht. Wir arbeiten dies für den einfachsten Fall näher aus: die Bifurkation zu einem 3er-Zyklus. Die entsprechenden Phasen von μ sind $\pm 2\pi/3$.

Eine einfache Berechnung liefert uns die Punkte $c = (-1 \pm i3\sqrt{3})/8$. Dies sind die Wurzeln zweier 3er-Zellen, der auffälligsten Scheiben ober- und unterhalb der Mandelbrot-Menge. Insgesamt gibt es also drei 3er-Zellen, und es ist leicht nachprüfbar, daß da auch nicht mehr sind. Analog befinden sich überall entlang des Randes der 1er-Zelle kleine Scheiben, deren Verhältnis α/π rational ist. Die Wurzeln der beiden 4er-Zellen sind $(1 \pm 2i)/4$ und die der 6er-Zellen $(3 \pm i\sqrt{3})/8$. Die letzten beiden Punkte sind übrigens die am weitesten links gelegenen Punkte dieser Herzkurve (siehe Bild 13.3).

Die Anzahl der Mehrzellen nimmt schnell zu in dem Maße, wie die Rangnummer höher wird. Jede Zelle kann sich nach der einen oder anderen Bifurkation zwischen zwei anderen Zellen befinden oder aber die Form eines Mandelbrotbabies haben und damit der Ausgangspunkt für ein neues, selbständiges Leben sein.

Die untenstehende Reihe verschafft einen Eindruck über die große Anzahl der Möglichkeiten:

1 1 3 6 15 27 63 120 252 495 1023

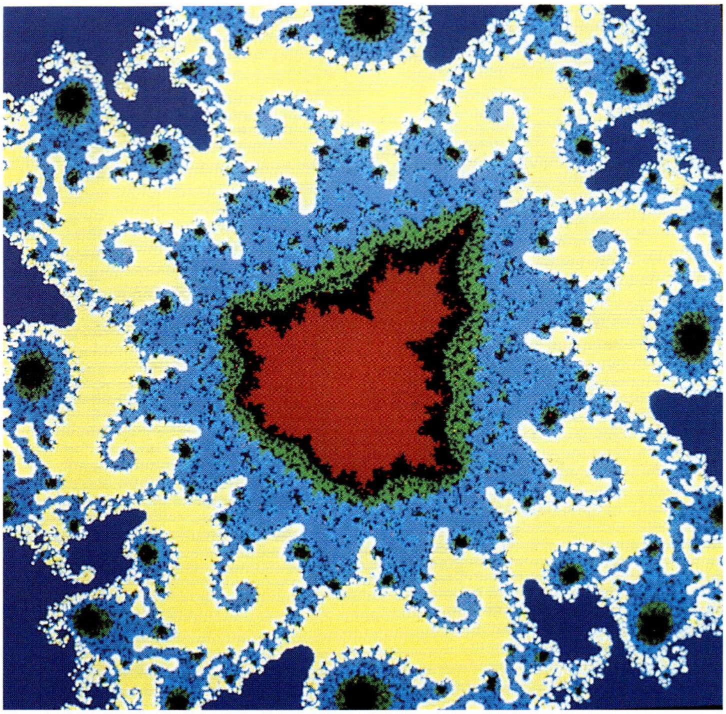

Bild 13.2 Vergrößerung einer Miniatur

Hier sind nur die sogenannten "primitiven" Zellen gezählt. Eine 3er-Zelle kann natürlich zum Beispiel auch als 6er- oder 9er-Zelle aufgefaßt werden, aber in dieser Reihe wird jede Zelle nur einmal gezählt. Es gibt also 1023 primitive 11er-Zellen.

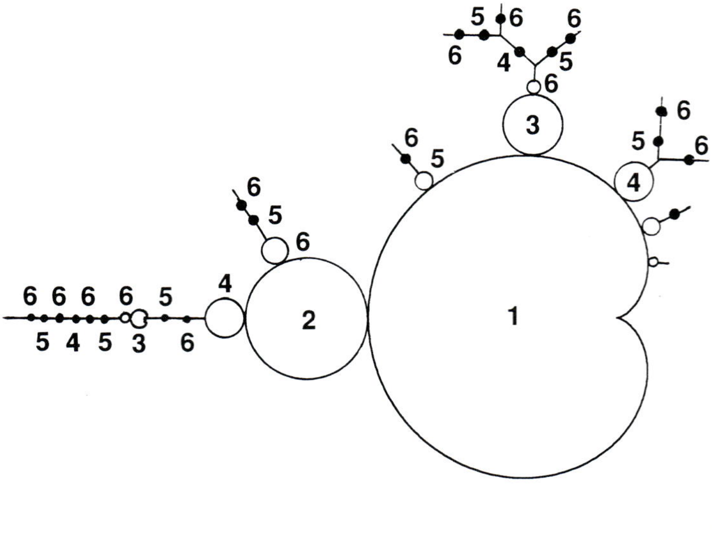

Bild 13.3 Skizze der wichtigsten Bifurkationen

Bild 13.4 Detail am Rand der Mandelbrot-Menge

Theorie

Die Mandelbrot-Menge von $z \to z^2 + c$, kurz M, wird gewöhnlich als die Menge der c-Werte definiert, für die die Bahn von $z = 0$, der kritische Punkt der Abbildung, begrenzt ist. In diesem speziellen Fall ergibt sich die Bahn von c selbst, da c nach 0 der zweite Punkt auf dieser Bahn ist. Für Punkte außerhalb von M, dem Komplement von M, führt die Bahn ins Unendliche, dem unendlich fernen Superanzieher des Systems. Julia bewies, daß für c-Werte von M die dazugehörende Julia-Menge zusammenhängend ist, wogegen sie für Punkte außerhalb von M staubartig ist. M gibt uns also eine globale Einteilung der Julia-Menge in zwei Haupttypen. Wir hatten bereits gesehen, daß M in Wirklichkeit aus Scheiben und Zwischenpunkten aufgebaut ist und daß jedes Teil davon für die Julia-Menge eine besondere Bedeutung hat. M ist im wesentlichen ein Bifurkations-Diagramm, dessen Grenze durch Bifurkations-Punkte gebildet wird, an denen die Art der Julia-Menge sich verändert. Wir können M mit einem Atlas vergleichen und die Zellen mit Ländern.

Die Grenzlinie hat eine kaum vorstellbar komplizierte Struktur und ist ein beliebtes Objekt für Computerexperimente. Mit Bild 13.4 zeigen wir hierzu ein repräsentatives Beispiel. In dem Maße, wie wir weiter vergrößern, scheint der Rand noch komplizierter zu werden, und was wir anfangs als Haare oder Antennen zu erkennen glaubten, löst sich auf in Perlenschnüre aus kleinen Mandelbrotbabies mit noch mehr Haaren. Der Rand hat daher auch keine selbstähnliche Struktur wie ein gewöhnliches Fraktal. Offensichtlich zeigt er bei jeder folgenden Vergrößerung wieder etwas Neues. Es wird vermutet, daß die Fraktaldimension sogar 2 ist, eine Behauptung, die noch nicht bewiesen wurde. Es gibt übrigens noch weitere ungelöste Probleme und für Mathematiker viele harte Nüsse, die es zu knacken gilt.

Mathematischer Hintergrund

Um die entsprechenden Programme zusammenstellen zu können, muß man wissen, daß die Basis der mathematischen Technik durch die Bahn des kritischen Punktes $c = 0$ gebildet wird.

$$
\begin{aligned}
(13.3) \qquad & p_0 = 0 \\
& p_1 = c \\
& p_2 = c^2 + c \\
& p_3 = c^4 + 2c^3 + c^2 + c \\
& \ldots
\end{aligned}
$$

Jedes Element ist ein Polynom in c, ein Polynom, dessen Grad mit der Potenz 2 schnell zunimmt. Beispielsweise für den Index 11 ist der Grad bereits 1024. Ein Polynom hat in der komplexen Fläche ebensoviele Nullpunkte wie seinem Grad entspricht. Das Polynom mit dem Index 11 hat also 1024 solcher Nullpunkte. Dazu gehört auf jeden Fall der Punkt $c = 0$, aber für alle anderen muß der Computer schwere Rechenarbeit leisten. Ist c eine solche Zahl, dann ergibt die Reihe $0, p_1, p_2, \ldots, p_{10}$ einen superstabilen 11er-Zyklus, und c ist das Zentrum einer 11er-Zelle, für die die Julia-Menge einen anziehenden 11er-Zyklus besitzt. Insgesamt gibt es, wie bereits gesagt, 1024 solcher Zellen, die überall auf M verteilt sind.

Wir betrachten eben noch das Polynom p_6. Hier gibt es 32 Nullpunkte, aber es gibt nicht ebensoviele 6er-Zyklen. Der 0-Zyklus für $c = 0$ fällt sofort weg. Aber auch den 2er-Zyklus, der zu $c = -1$ gehört, dürfen wir nicht mitzählen, und ebensowenig die drei 3er-Zyklen, die

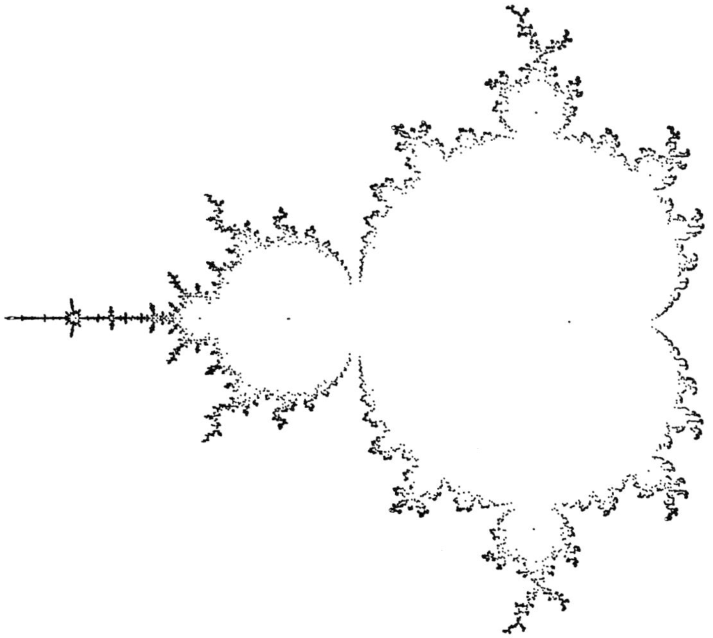

Bild 13.5 Das Mandelbrot-Muster, wie es durch Zentren gebildet wird.

aus $p_3 = 0$ folgen. Aber dennoch bleiben 27 echte 6er-Zyklen übrig. Es gibt also 27 6er-Zellen, oder Scheiben, die durch Bifurkation aus größeren Scheiben, der 1er-Zelle, 2er-Zelle und der 3er-Zelle, entstanden oder die Anfangszellen von Mandelbrotbabies sind. In Bild 13.5 ist eine große Anzahl Nullpunkte der p-Polynome abgebildet. Miteinander bilden sie das bekannte Mandelbrot-Muster.

Neben dem Zentrum, den Wurzeln und den Spitzen können wir bei der Mandelbrot-Menge noch die sogenannten Misiurewicz-Punkte unterscheiden, die Bildpunkte für c-Werte, für die die Julia-Menge ein Dendrit ist. Zugleich sind dies die Werte, für die die Bahn des kritischen Punktes $z = 0$ einen periodischen Zyklus enthält, ohne daß $z = 0$ dazugehört. Tritt dieser Zyklus bei der Rangnummer k zum ersten Mal auf, dann ist m die Periode, und dann gilt Selbstähnlichkeit.

(13.4) $p_k = p_{k+m}$

Selbstverständlich wird in der p-Reihe der Zyklus anschließend jedesmal wiederholt. Der einfachste Fall, für den die Periode 1 ist, ist $p_2 = p_3$, und daraus folgt $c = -2$. Tatsächlich ist die Julia-Menge in diesem Fall ein Linienstück, aber das war ja bereits bekannt. Der einfachste

Fall für einen 2er-Zyklus ist $p_2 = p_4$, und daraus folgt $c = i$ oder $c = -i$. Die Bahn von $z = 0$ wird dann 0, i, -1 + i, -i, -1 + i, -i, ... Bewiesen ist, daß der zu einem Misiurewicz-Punkt gehörende Zyklus immer instabil ist, so daß die Bahn von $z = 0$ als Ganzes ein Teil ist der Julia-Menge ist. Der Rand der Mandelbrot-Menge ist dicht belegt mit solchen besonderen Punkten. Eine interessante Tatsache, denn die Misiurewicz-Punkte sind durch ihre ganz besondere Lage gekennzeichnet. Es sind entweder Anknüpfungspunkte der Haare oder Ausläufer davon. Die soeben genannten Punkte $c = -2$ und $c = \pm i$ sind die Enden der wichtigsten Antennen von M. In Bild 13.6 ist ein Detail von M in der Umgebung des Misiurewicz-Punktes $c = -0.1011 + 0.9563\,i$ abgebildet, wobei mit einer speziellen Technik die Haare besonders akzentuiert wurden.

Die Julia-Menge eines Misiurewicz-Punktes ist ein Dendrit, und es wird dem Experimentator auffallen, daß die Julia-Menge sehr der haarigen Umgebung dieses Misiurewicz-Punktes auf dem Rand von M ähnelt, zumindest, wenn man ihn ausreichend vergrößert. Das Phänomen kann mathematisch behandelt werden, und man kann den Rand von M auf diese Weise auffassen als eine Musterkarte einer Julia-Menge, oder besser, als ein Atlas der Julia-Karten.

Mandelbrot, elektrisch geladen

Wie bei der quadratischen Julia-Menge kann M als ein elektrisch geladener Leiter aufgefaßt werden, der ein sich bis ins Unendliche ausdehnendes Feld von Potentiallinien und Kurven gleicher Phase erzeugt. Der mathematische Hintergrund beruht auf der bereits im vorigen Kapitel besprochenen Funktion H(w,c) (siehe Gleichung 12.4). In der Notation haben wir jetzt den Parameter c auch aufgeführt, um deutlich zu machen, daß sowohl w als auch c variabel sind. w durchläuft die durch den Einheitskreis begrenzte Scheibe, c befindet sich im Außengebiet von M. Durch die Beziehung

$$(13.5) \qquad H(w,c) = 0$$

wird eine Verbindung zwischen den beiden Variablen

Bild 13.6 Die Umgebung eines Misiurewicz-Punktes

hergestellt, und das bedeutet, daß das Gebiet abs(w) < 1 auf dem Außengebiet von M abgebildet wird. Die Kreise abs(w) = konstant werden also zu Potentiallinien um die Mandelbrot-Menge. Es ist möglich, für c eine Reihenentwicklung mit Potenzen von w durchzuführen:

$$c = 1/w - 1/2 + w^2/8 - w^3/4 + \ldots$$

aber leider konvergiert die Reihe immer langsamer in dem Maße, wie abs(w) sich der 1 nähert. Es ist nicht einmal so schwierig, die Reihe noch mit einigen zig Termen fortzuführen, aber viel nützt es nicht. Es gibt allerdings eine bessere Möglichkeit. Um die Abbildung für die Computerberechnung geeignet zu machen, ersetzen wir die obenstehende Beziehung durch die äquivalente Form

$$H(w\hat{}2\hat{}m) = p_m(c)$$

wobei die Rangnummer so groß ist, daß wir für den linken Teil der Gleichung eine einfache Näherung finden können. Dies liefert uns das gut brauchbare Ergebnis

$$\log(1/w) = 2^{-m} \log(p_m(c)) \qquad (13.6)$$

In der Praxis ist es ausreichend, wenn wir die Bahn von 0 gerade solange weiterführen, bis zum Beispiel abs(p_m) > 1000 wird. Die soeben gezeigte Gleichung liefert uns dann das komplexe Potential w für den für c eingesetzten Wert. Sind wir nur an den Potentiallinien interessiert, dann brauchen wir in (13.6) nur den reellen Teil zu benutzen, so daß in Übereinstimmung mit der entsprechenden Gleichung für die Julia-Menge (12.7) gilt:

(13.7) $abs(w) = abs(p_m(c))$ ^ $(1/2^m)$

Genau wie bei den Julia-Mengen können wir den damit berechneten Wert mit der Fluchtzahl in Verbindung bringen. Die schönste Anwendung der Potentialtheorie ist aber die Ableitung einer Abstandsgleichung d(c,M), die uns auf eine einfach zu berechnende Weise sagt, wie weit ein Punkt außerhalb von M ungefähr vom Rand entfernt ist. Diese Gleichung ist

d(c,M) = abs(dc/dw) (1-abs(w))

wobei dc/dw die Ableitung der Abbildungsfunktion c(w) ist. Diese Ableitung können wir mit derselben Methode wie bei den Julia-Mengen berechnen, nämlich indem wir bei der Bestimmung der kritischen Bahn $p_m(c)$ auch die Ableitungen nach c mitberechnen. Zum Schluß ergibt sich wieder in Übereinstimmung mit der Gleichung (12.8) der Julia-Mengen

(13.8) d(c,M) = Z/N

wobei der Zähler und der Nenner durch

$Z = abs(p_m) \log(abs(p_m))$

und

$N = abs(w)\, abs(dp_m/dc)$

gegeben sind.

Computergraphiken

Mit den heutigen Computern ist es relativ einfach, auch zu Hause recht schnell eine schöne Abbildung auf den Bildschirm zu zaubern. Im Prinzip verwenden wir die Pixelmethode, wie zum Beispiel für die Julia-Menge im Programm JUL1A. Erst selektieren wir ein Rechteck des abzubildenden Teiles von M und setzen dieses Rechteck mit dem Bildschirm gleich, oder notfalls einem Teil davon. Jedes Pixel des gewählten Rechtecks entspricht dann einem Wert von c, für den die Bahn p_1, p_2, p_3, ...

überprüft werden muß. Der Index n, für den der Bahnpunkt p_n weiter entfernt liegt als eine zuvor vereinbarte Grenze, die sogenannte Fluchtzahl, bestimmt den Farbindex. Obwohl wir manchmal sechzehn Farben zur Verfügung haben, ist es aus künstlerischen Überlegungen im allgemeinen ratsam, sich hinsichtlich der Anzahl und der Art der Farben stark zu beschränken. Wollen wir beispielsweise acht Farben verwenden, dann können wir den Index n modulo 8 reduzieren, so daß die Farbbänder sich nach 8 Schritten wiederholen.

Wollen wir stark vergrößerte Details auf oder in der Nähe des Randes von M abbilden, dann sollten für die Fluchtzahl hohe Werte gewählt werden. Diese können in der Größenordnung von 1000 oder höher liegen. Es ist dann notwendig, die Berechnungen mit doppelter Genauigkeit auszuführen - dies ist aber nur dann in akzeptabler Zeit durchführbar, wenn der Computer über einen mathematischen Coprozessor verfügt. Aber auch dann muß man auf Rechenzeiten gefaßt sein, die viele Stunden, Nächte oder Tage dauern.

Das einfachste Programm, MANTOT, liefert relativ schnell ein Gesamtbild der Mandelbrot-Menge. Die Variante MANDET liefert uns relativ gut eine Illustration eines beliebig selbst zu wählenden Details.

Bei der soeben besprochenen Methode scheinen uns jedoch manchmal die schönsten Details der Mandelbrot-Menge der Betrachtung zu entgehen. Die meist hauchdünnen Härchen verlaufen durchgehend zwischen den Pixeln hindurch. Deren Punkte kommen deshalb kaum an die Reihe. Aber wenn wir die Abstandsgleichung benutzen, können wirklich spektakuläre Ergebnisse erzielt werden. In dem Programm MANDIST ist diese Methode näher ausgearbeitet. Man sieht damit besser als mit Gleichungen, daß die Berechnung des Abstandes gemäß Gleichung (13.8) nur wenig mehr Mühe und Zeit kostet. Im Prinzip muß für jeden Punkt des Fensters, innerhalb dessen wir ein Detail des Randes von M näher untersuchen wollen, dieser Abstand berechnet werden. Wir können dann zwei Wege einschlagen: Wir können die Größe des geschätzten Abstandes umsetzen in einen Farbwert und so ein Detail des Randes mit farbigen Bändern umgeben. Wir können aber auch nur den Rand sichtbar machen, indem wir nur die c-Punkte ausgeben, für die die Abstandsgleichung einen ausreichend kleinen Wert liefert, zum Beispiel einen halben Pixelabstand. In der Praxis arbeiten wir meist mit einer flexibleren Schwelle, so daß wir die äußerst dünnen, haarigen Tentakel noch einigermaßen verdicken können. In Bild 13.7 zeigen wir ein mit dem bewußten Programm erhaltenes Resultat, ein Mandelbrot-Baby mit vielen Haaren.

Andere Mandelbrot-Mengen

Es gibt viele Möglichkeiten, sich Varianten der traditionellen Mandelbrot-Menge auszudenken. Im allgemeinen sieht das Gesamtbild dessen, was wir die M-Menge nennen, manchmal völlig anders aus, aber die Struktur der das Bild aufbauenden Zellen paßt in das vertraute Bild. Zur Überraschung vieler sind häufig Miniaturen zu sehen, die bei Vergrößerung doch wieder stark der uns vertrauten Mandelbrot-Menge der quadratischen Abbildung ähneln. Es gibt hierfür gute mathematische Gründe, und in gewissem Sinne ist die Standard-M-Menge wirklich ein mathematischer Standard. Und doch gibt es für den Experimentierfreudigen viel zu tun, besonders, wenn die Abstandsfunktion f(z,c) symmetrisch ist. Man denke stets daran, daß die Art der Mandelbrot-Menge durch die Bahnen aller kritischen Punkte bestimmt ist.

Es ist sehr sinnvoll, für Mandelbrot-Mengen, die zu Polynomen von z gehören, zu verlangen, daß alle kritischen Bahnen ins Unendliche führen.

Von den zahllosen Möglichkeiten lassen wir wieder ein paar Revue passieren. Wir beginnen mit der M-Menge von

$$z \rightarrow c - z^3$$

die sowohl horizontal als auch vertikal symmetrisch ist. Die Symmetrie hängt mit der Tatsache zusammen, daß z lediglich mit ungeraden Potenzen auftritt. In der Computerpraxis hat dies die angenehme Folge, daß nur ein Viertel des Ganzen berechnet zu werden braucht. Die Abbildung hat z = 0 als kritischen Punkt, so daß wir bei der quadratischen M-Menge die Bahn z = 0 überprüfen müssen. Die Eigenschaften der kubischen M-Menge sind gleich denen der bekannten Mandelbrot-Figur. An Stelle

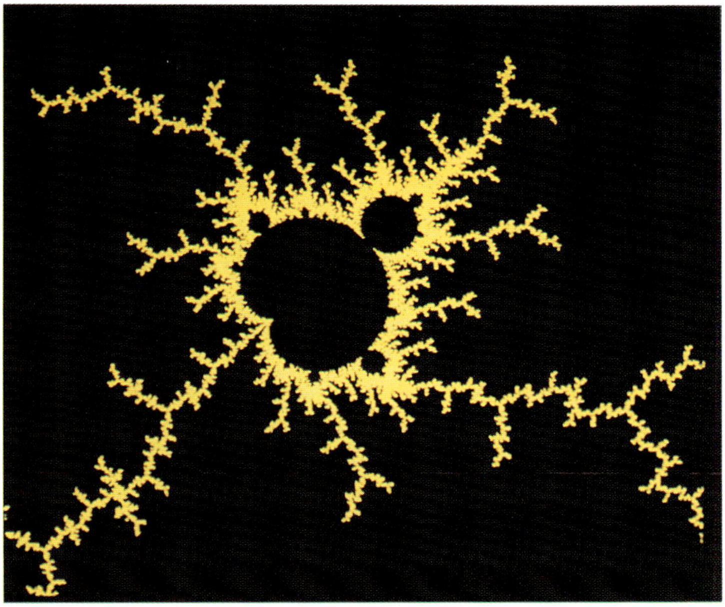

Bild 13.7 Ein "haariges" Detail der Mandelbrot-Menge

Bild 13.8 Ein Detail der kubischen Mandelbrot-Menge

des Apfelmännchens sehen wir jetzt ein zweifach symmetrisches, kissenartiges Muster mit Erhebungen, Einschnürungen und Ausstülpungen. Auch jetzt treten zahllose haarige Perlenschnüre kleiner Miniaturen auf. In Bild 13.8 zeigen wir eine solche Miniatur mit ihren Tentakeln.

Allgemein gibt es bei der Abbildung

$$z \rightarrow z^3 - 3a^2 z + b$$

zwei komplexe Parameter a und b, mit denen man arbeiten kann. Die Mandelbrot-Menge ist in diesem Fall ein vierdimensionales Objekt, das von Mathematikern bereits recht gründlich untersucht wurde. Wenn wir hierbei entweder a oder b als Konstante annehmen, erhalten wir davon zweidimensionale Durchschnitte, die deutlich verwandt mit der klassischen Mandelbrot-Menge sind. Ein Problem bei dieser Abbildung ist, daß es zwei kritische Punkte $\pm a$ gibt, und daß wir im Prinzip sowohl die Bahn von $z = a$ als auch die von $z = -a$ überprüfen müssen. Experimente überlassen wir dem Leser.

Wer noch etwas anderes ausprobieren möchte, kann am besten eine Abbildung vom Typ

$$z \rightarrow c + z^2 P(z)$$

wählen, wofür P(z) ein einfaches Polynom mit Zahlenkoeffizienten ist. In diesem Fall ist $z = 0$ immer ein kritischer Punkt, und wir können damit anfangen, nur die dadurch bestimmte Bahn zu überprüfen. Die anderen kritischen Punkte ergeben sich aus $P'(z) = 0$. Möchte man auch deren Bahnen in die Betrachtung mit einbeziehen, dann muß man bei der Wahl für P dafür sorgen, daß die Punkte bekannte einfache Zahlen sind. In Bild 13.9 zeigen wir zum Schluß dieser Serie ein schönes Detail der M-Menge mit $c + z^{16}$, in der sich eine Miniatur der Basisfigur befindet.

Exponentielle und goniometrische Mandelbrot-Mengen

Sehr schön sind die Mandelbrot-Mengen von Funktionen, in denen Teile der Familie exp, sin und cos vorkommen. Um damit gut arbeiten zu können, ist aller-

Bild 13.9 Detail einer Mandelbrot-Menge mit höherer Potenz

Bild 13.10 Eine exponentielle Mandelbrot-Menge

dings etwas mehr Mathematik notwendig, und dennoch können auch Experten dann noch Überraschungen erleben. Überraschungen, die mal theoretischer Art, mal technischer Art sind. Im allgemeinen sollten die Berechnungen mit doppelter Genauigkeit ausgeführt werden, aber dennoch können Meldungen wie "Overflow" und "Underflow" auftreten. Auch können Probleme dadurch entstehen, daß Funktionen wie $\sin x$ nicht gut definiert sind, wenn x sehr groß ist. Wie bei den entsprechenden Julia-Mengen geben wir hier einige Beispiele. In Bild 13.10 zeigen wir Mandelbrot-Menge von

$$z \rightarrow c + z - \exp(z)$$

die im Programm MANEXP wiederzufinden ist.

Der rechte Teil der Gleichung ist so gewählt, daß $z = 0$ ein kritischer Punkt ist und wir so die Bahn dieses Punktes überprüfen können. Die Deckpunkte ergeben sich aus $\exp(z) = c$. Sie sind anziehend für $\text{abs}(c - 1) < 1$, so daß wir den dadurch bestimmten Kreis bereits von vornherein ausschließen können. Die exponentielle Funktion ist periodisch in vertikaler Richtung, und dasselbe gilt hier für die M-Menge. Es ist ausreichend, wenn wir uns bei der Abbildung auf einen horizontalen Streifen mit der Breite 2π beschränken.

Ganz analog können wir eine Mandelbrot-Menge mit der Abbildung

$$z \rightarrow c + z - \sin z$$

erzeugen. Wenn z sehr klein ist, ist der rechte Teil der Gleichung gleich $c + z^3/6$. Auch hier genügt es, die Bahn des kritischen Punktes $z = 0$ zu überprüfen. Die Periodizität des Sinus und die Form der gewählten Abbildung bewirken, daß diese M-Menge aus sich periodisch wiederholenden, vertikalen Streifen mit einer jeweiligen Breite von 2π aufgebaut ist. In Bild 13.11 zeigen wir eine mit dem Programm MANSIN1 erstellte, repräsentative Illustration.

Es können auch mit Funktionen wie $c_1 + c_2 \sin(z)$ schöne Mandelbrot-Mengen erstellt werden, wobei zwei willkürliche Konstanten verwendet werden. Wer damit arbeiten möchte, sollte im Prinzip alle Bahnen der kritischen Punkte daraufhin überprüfen, ob sie in y-Richtung nach unendlich führen. In der Regel sind hier, abgese-

Bild 13.11 Eine Mandelbrot-Menge mit einer Sinusfunktion

Bild 13.12 Eine andere goniometrische Mandelbrot-Menge

hen von der stets vorliegenden Periodizität, nur zwei kritische Punkte $\pm\pi/2$ von Bedeutung. In Bild 13.12 zeigen wir noch einen schönen, speziellen symmetrischen Fall, bei dem die beiden kritischen Bahnen äquivalent sind. Es ist dies eine mit dem Programm MANSIN2 dargestellte Mandelbrot-Menge für $c+\pi \sin(z)$.

Eine Pseudo-Mandelbrot-Menge

Zum Mandelbrot-Thema sind endlos viele Variationen möglich, aber auch hier müssen wir uns auf ein einzelnes Beispiel beschränken. Es liegt fast auf der Hand, die klassische Mandelbrot-Menge als Ausgangspunkt zu nehmen und hieran eine kleine Veränderung anzubringen. Eine der Möglichkeiten ist die, nicht die kritische Bahn zu überprüfen, sondern die Bahn eines beliebigen Punktes Q. Ist P der Bildpunkt der komplexen Zahl c in der quadratischen Abbildung $z \rightarrow z^2 + c$, dann können wir, allgemein gesagt, sowohl P als auch Q variieren. Bei der klassischen Mandelbrot-Menge war Q, der Ursprung, ein kritischer Punkt, und die Farbschattierung wurde abhängig von der Fluchtzahl der Bahn dieses Punktes nach unendlich ausgeführt. Aber eigentlich spricht nichts dagegen, an Stelle des Ursprungs einen willkürlichen Punkt Q zu wählen. In dem Computerprogramm MANVAR ist dies lediglich eine sehr kleine Veränderung. Insgesamt stehen P und Q für vier Freiheitsgrade, so daß wir es tatsächlich mit einer vierdimensionalen Ausdehnung zu tun haben. Die traditionelle Mandelbrot-Menge ist hiervon ein ebener Durchschnitt. In Bild 13.13 zeigen wir, was passiert, wenn statt des Ursprungs ein Punkt auf der y-Achse genommen wird. Wie wir sehen, hat das bekannte Apfelmännchen fremdartige Ausläufer bekommen. Übrigens liegt hier wieder ein weites Feld brach für viele erfreuliche Stunden am Computer.

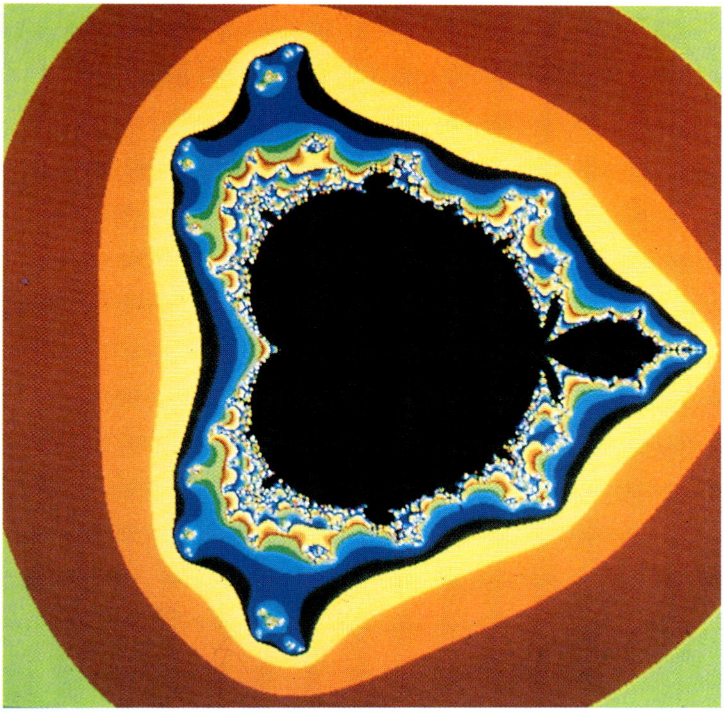

Bild 13.13 Eine Variante der bekannten Mandelbrot-Menge

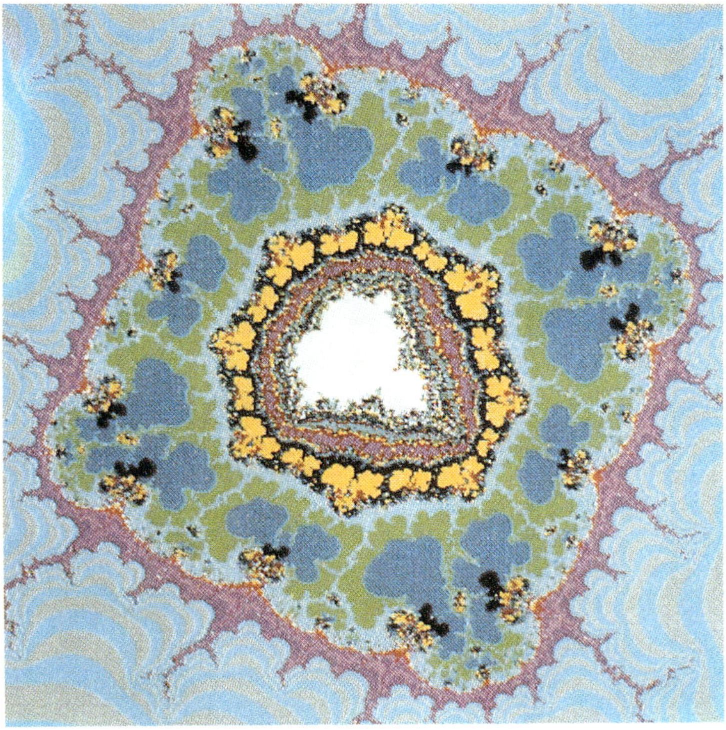

Eine Keimzelle von Mandelbrot (Vergrößerung 3×10^9)

Anhang 1

Die komplexe Zahlenebene

Hier ist nicht der Platz für ausführliche Betrachtungen über komplexe Zahlen oder komplexe analytische Funktionen. Wohl aber werden wir versuchen, wichtige Punkte kurz zusammenzufassen, in der Hoffnung, daß dann auch der nicht-fachmännische Leser sich eine etwas bessere Vorstellung des theoretischen Hintergrundes der schönen Bilder machen kann, die er als Computerkunst vielleicht schon einmal gesehen hat. Im besonderen dient dieser Anhang der Unterstützung der mehr mathematisch orientierten Kapitel über die Julia- und Mandelbrot-Mengen.

Es fällt vielleicht auf, daß geometrische und mathematische Begriffe häufig durcheinandergeworfen werden, als ob Punkt und Zahl identisch seien. Gleiches kommt auch bei der Theorie des Lichtes in der Naturwissenschaft vor. Einmal sprechen wir von Wellen und Wellenpaketen, dann wieder von Photonen, als ob wir mit kleinen Kügelchen bombardiert würden. In der Mathematik haben wir es primär mit einem x,y-Koordinatensystem zu tun. Man kann dabei an Zahlenpaare (a,b) denken, und diese (Zahlen-)Vektoren nennen, aber man kann dabei auch an ein Netzwerk sich senkrecht schneidender Linien denken, und (a,b) als die Koordinaten eines Schnittpunktes auffassen. Den Zahlenvektoren gegenüber stehen dann die geometrischen Vektoren als Pfeile. In der Mathematik, insbesondere bei Betrachtungen im Bereich der komplexen Zahlen, sind beide Sichtweisen untrennbar miteinander verbunden.

Bei einem geometrischen Punkt mit den Koordinaten (a,b) denken wir zugleich an eine sogenannte komplexe Zahl, die wir symbolisch als a + bi oder als a + ib schreiben, wobei das Symbol i "imaginäre Einheit" genannt wird. Die Position von i spielt keine Rolle, das ist eher eine Frage des Geschmacks oder der Deutlichkeit in der Notation. Die gewöhnlichen Zahlen a können wir so als komplexe Zahlen auffassen, für die b = 0 ist. Als Punkte betrachtet liegen sie auf der x-Achse, der vertrauten Zahlengeraden.

Komplexe Zahlen c sind also geometrisch definiert als Punkte in der flachen Ebene oder mathematisch als zweizahlige normale Zahlen. Schreiben wir $c = a + bi$, so nennen wir a den reellen Teil und b den imaginären Teil. Wir verwenden dabei häufig die Notation (siehe Bild 1)

$$a = Re(c)$$
$$b = Im(c)$$

Bild 1 Komplexe Zahl und Bildpunkt

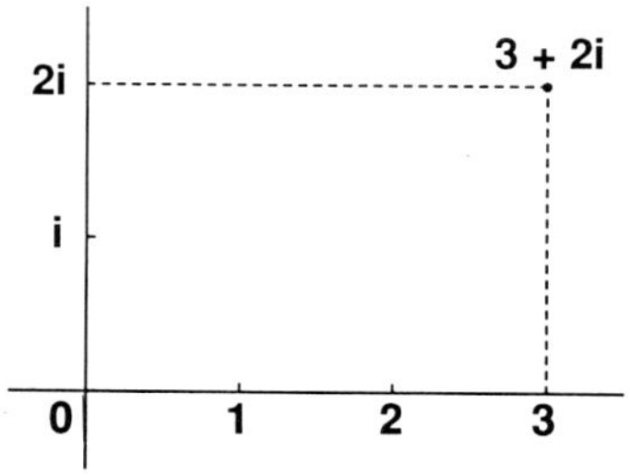

Die komplexe Zahl a - bi heißt die Konjungierte von a + bi. Geometrisch entsprechen zwei konjungierte Zahlen Punkten, die hinsichtlich der x-Achse spiegelbildliche Positionen einnehmen.

Eigentlich beruht die gesamte komplexe Mathematik auf der Vereinbarung

$$i^2 = -1$$

Des weiteren rechnen wir in der gewohnten Weise so, wie wir es in der Schule gelernt haben. Wir zeigen hier einige nützliche Beispiele, die man selbst leicht nachrechnen kann: Aus $c = a + bi$ und $z = x + yi$ folgt

$$cz = (ax - by) + (ay + bx)i$$

und weiter

$$z^2 = (x^2 - y^2) + 2xyi$$

sowie

$$z^3 = x(x^2 - 3y^2) + y(3x^2 - y^2)i$$

Bei den quadratischen Julia-Mengen hatten wir es mit der quadratischen Abbildung

$$z' = z^2 + c$$

zu tun. Diese Gleichung können wir als eine kompakte Schreibweise ansehen, in der zwei Beziehungen zusammengefaßt sind. Nehmen wir von der linken und rechten Seite erst die reellen Teile und anschließend die komplexen Teile, so erhalten wir

$$x' = x^2 - y^2 + a$$
$$y' = 2xy + b$$

Das sieht etwas komplizierter aus, aber es ist die Schreibweise, die wir bei den Programmen verwenden müssen. Für theoretische Betrachtungen ist die komplexe Formulierung geeigneter.

Absolutwert und Argument (Phase)

Bei komplexen Zahlen z arbeiten wir viel mit den Begriffen Absolutwert abs(z) und Argument arg(z) (oder Phase). In Gleichungsform:

$$\text{abs}(z) = \sqrt{(x^2 + y^2)}$$

und

$$\arg(z) = \arctan(y/x)$$

Beim Argument ergibt sich eine Komplikation, die bei Computerprogrammen Schwierigkeiten verursachen kann. Das Argument wird nämlich von $-\pi$ bis π gerechnet, mit einem Sprung bei der negativen reellen Achse ($y = 0$, $x < 0$), während der Arcustangens nur von $-\pi/2$ bis $\pi/2$ und dann periodisch gezählt wird. Im geometrischen Sinne bedeutet der absolute Wert von z den Abstand eines Punktes P(z) vom Ursprung O(0), also abs(z) = OP. Das Argument entspricht dann dem Winkel des Vektors OP mit der positiven x-Achse.

Sind z_1 und z_2 komplexe Zahlen, die den Punkten P_1 und P_2 entsprechen, dann kann die Länge P_1P_2 als $\text{abs}(z_1 - z_2)$ berechnet werden. Manchmal ist es ganz nützlich, bei einer komplexen Zahl sowohl mit einem reellen und einem imaginären Teil als auch mit einem absoluten Wert und dem Argument zu rechnen. Dies entspricht eigentlich dem gleichzeitigen Gebrauch von kartesischen Koordinaten und Polarkoordinaten.

Bild 2 Absolutwert und Argument

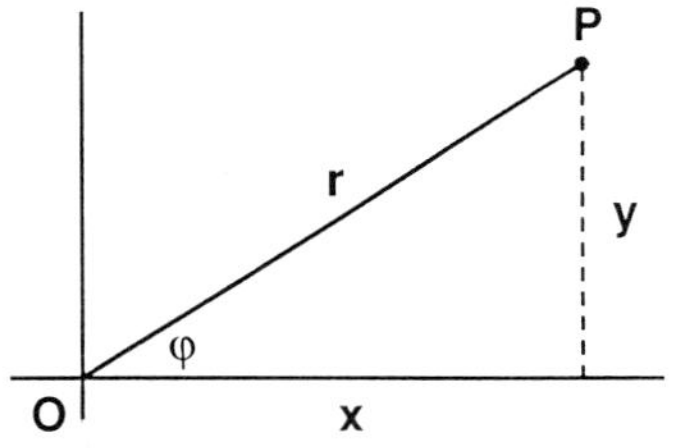

Ist r der Absolutwert der komplexen Zahl $z = x + yi$ und φ das Argument, dann gilt die bekannte Beziehung zwischen kartesischen Koordinaten und Polarkoordinaten:

$$x = r \cos \varphi$$
$$y = r \sin \varphi$$

so daß z geschrieben werden kann als (siehe Bild 2):

$$z = r(\cos \varphi + i \sin \varphi)$$

Bild 3 Multiplikation komplexer Zahlen

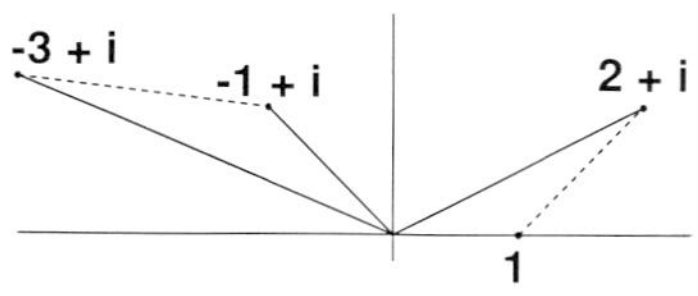

Absolutwert und Argument können vor allem bei Multiplikationen, Potenzierungen und beim Wurzelziehen nützlich sein. Die Multiplikation zweier komplexer Zahlen ist nämlich nichts anderes als das Multiplizieren der Absolutwerte und Addieren der Argumente (siehe Bild 3).

Für das Potenzieren gilt entsprechend die Regel

$$z^m = r^m (\cos(m\varphi) + i \sin(m\varphi))$$

Komplexe Zahlen, deren Absolutwert 1 ist, entsprechen Punkten auf dem Einheitskreis mit dem Radius r = 1. Bei Julia-Mengen haben sie häufig die Bedeutung von Bifurkations-Punkten, wo Anziehung in Abstoßung übergeht. Für Julia-Fraktale mit Rotationssymmetrie zum Beispiel ist das Wissen wichtig, daß Punkte durch

$$z = \cos(k\varphi) + i \sin(k\varphi)$$

bestimmt werden, wobei gilt $\varphi = 2\pi/m$, k durchläuft die Reihe 0, 1, 2, ..., m - 1, und φ auf den Eckpunkten eines regelmäßigen m-Ecks liegt. Eine einfache Rechnung zeigt, daß die Beziehung $z^m = 1$ immer erfüllt ist. Wir stellen fest, daß diese Gleichung von m verschiedenen Lösungen erfüllt wird. Dies ist ein Sonderfall des sogenannten Hauptsatzes der Algebra, der besagt, daß eine algebraische Gleichung mit dem Grad m im allgemeinen m Lösungen hat. Gerade aus der Gültigkeit dieser Eigenschaft für komplexe Zahlen ergibt sich, daß die klassische Mandelbrot-Menge so reich an Details ist (siehe Bild 4).

Bild 4 Komplexe Zahlen als Eckpunkte eines regelmäßigen Sechsecks

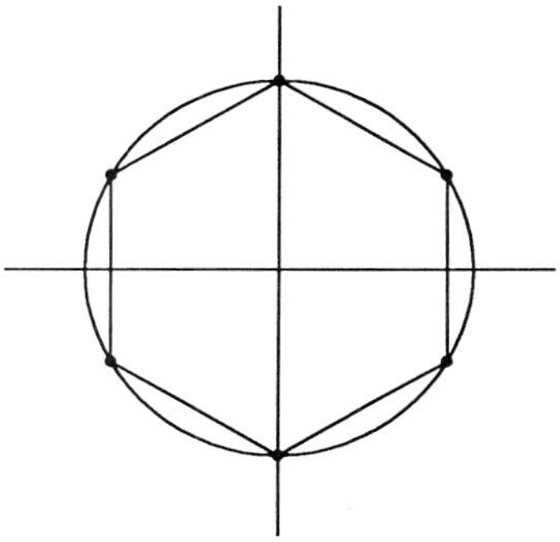

Die Riemannsche Kugel

In der Welt der komplexen Zahlen gibt es eine einzige unendlich große Zahl ∞, geometrisch der unendlich ferne Punkt in der Ebene. Eigentlich stimmt das nicht ganz, da wir in einer Ebene das Unendliche aus verschiedenen Richtungen her betrachten können. Man könnte aus geometrischen Gründen eher eine unendlich ferne Linie erwarten. Es ist darum besser, das geometrische Bild einer flachen Ebene mit komplexen Zahlen ein wenig anzupassen, und eher an eine sehr große Kugel zu denken, die im Ursprung die komplexe Ebene berührt. Der Südpol der Kugel entspricht im Bild der Zahl 0 und der Nordpol der Zahl ∞. Dieser einfache Gedanke hat viele Vorteile. Wir können uns damit zum Beispiel eine bessere visuelle Vorstellung davon machen, wie eine Julia-Menge sich zum Unendlichen hin ausdehnt. Die Kugel als alternative Welt der komplexen Zahlen wird ge-

Bild 5 Die Riemannsche Kugel

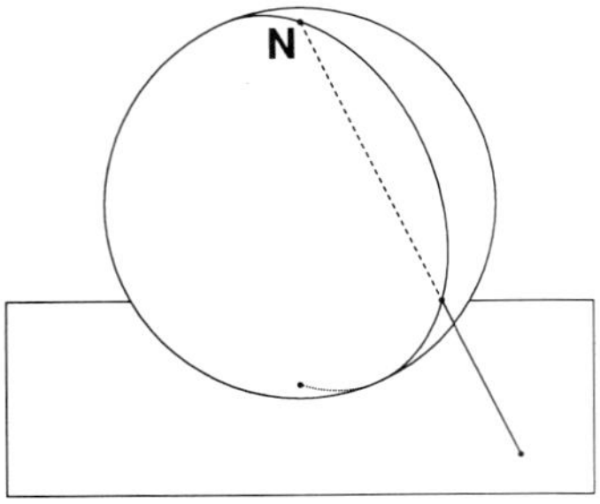

wöhnlich Riemannsche Kugel (Bild 5) genannt, nach Bernhard Riemann (1826-1866), der die Grundlagen der Theorie der komplexen Funktionen gelegt hat.

Bei Julia- und Mandelbrot-Mengen begegnen wir jedesmal dem Begriff Umgebung eines Punktes oder einer komplexen Zahl. Anfangs ist dies ein kleiner Kreis oder ein kleines Quadrat um den bewußten Punkt. Entspricht dies der komplexen Zahl $c = a + bi$, dann kann eine kreisförmige Umgebung einfach als $abs(z - c) < \delta$, wobei δ eine kleine positive Zahl ist, beschrieben werden. Für Computerprogramme müssen wir dieses umsetzen zu

$$(x - a) \times (x - a) + (y - b) \times (y - b) < \varepsilon$$

wobei ε die häufig verwendete Bezeichnung für eine kleine Zahl ist. Für eine quadratische Umgebung gilt analog

$$abs(x - a) < \varepsilon$$
$$abs(y - b) < \varepsilon$$

Der Begriff Umgebung kann auch für den unendlich fernen Punkt verwendet werden. Eine Kreisumgebung ist nichts anderes als das Außengebiet eines großen Kreises, also $abs(z) > R$, wobei R eine große Zahl ist. Für Computerprogramme schreiben wir dann

$$x \times x + y \times y > R \times R$$

Dividieren und Wurzelziehen

Division durch eine Zahl entspricht der Multiplikation mit ihrem Kehrwert. Den Kehrwert von zum Beispiel z können wir wieder in die Standardform einer komplexen Zahl bringen, indem wir die einfach zu verifizierende Gleichung

$$(x + yi)(x - yi) = x^2 + y^2$$

verwenden. Aus dieser folgt also

$$1/z = x/(x^2 + y^2) - iy/(x^2 + y^2)$$

Um aus einer komplexen Zahl c die Quadratwurzel ziehen zu können, ist allerdings mehr nötig. Zunächst einmal gibt es zwei Quadratwurzeln, die sich nur durch ihre Vorzeichen voneinander unterscheiden. Wurzelziehen ist nichts anderes als das Lösen der Gleichung $z^2 =$

c. Wenn wir sowohl für z als auch für c Polarkoordinaten verwenden, geht das noch recht einfach:

$$\pm\sqrt{c} = \pm\sqrt{r}\,(\cos(\varphi/2) + i\sin(\varphi/2))$$

wobei r und φ der Absolutwert und das Argument von c sind.

Um von einer als $c = a + bi$ definierten komplexen Zahl die Quadratwurzel ziehen zu können, müssen wir auf diese Weise erst den Absolutwert und das Argument bestimmen, und das ist nicht immer eben angenehm. Mit der folgenden, in Programmen wie zum Beispiel JULIABT häufig angewandten Technik klappt das aber ganz gut: Wir setzen $w = u + vi$ und $z = x + yi$, wobei $w^2 = z$ ist, so daß $w = \pm\sqrt{z}$. Ausgeschrieben bedeutet dies:

$$u^2 - v^2 = x \quad \text{und} \quad 2uv = y$$

Mit ein wenig Schulmathematik läßt sich hieraus folgendes ableiten:

$$u^2 + v^2 = \sqrt{(x^2 + y^2)}$$

Zum Schluß ist

$$u = \pm\sqrt{(x + \sqrt{(x^2 + y^2)})/2}$$

und

$$v = \pm\sqrt{(-x + \sqrt{(x^2 + y^2)})/2}$$

Nun muß man nur noch darauf achten, keine Programmierfehler zu machen. Die Vorzeichen der rechten Seiten der Gleichungen müssen auf eine solche Weise kombiniert werden, daß $2uv = y$ erfüllt wird. Ist beispielsweise y positiv, dann müssen in beiden Zeilen dieselben Vorzeichen gewählt werden. Im Programm bedeutet dies eine zusätzliche Zeile.

Transformationen im Komplexen

Manche geometrische Transformationen können in der komplexen Schreibweise viel einfacher formuliert werden. Wir belassen es im übrigen hier bei einem einzigen repräsentativen Beispiel.

Die komplexe Multiplikation

$$z' = \mu z$$

zum Beispiel beschreibt eine Selbstähnlichkeitstransformation, wobei der Ursprung das Zentrum ist. Der lineare Vergrößerungsmaßstab ist abs(μ), und der Rotationswinkel beträgt arg(z) (siehe Bild 3). Wenn abs(μ) < 1 ist, ist die Transformation eine Kontraktion, eine Schrumpfdrehung. Alle Punkte, die bei einer Transformation auf ihrem Platz verbleiben, heißen Deckpunkte (fixed points). Hier ist der Ursprung $z = 0$ ein Deckpunkt, aber in der komplexen Ebene ist auch $z = \infty$ ein weiterer Deckpunkt.

Fassen wir $z \rightarrow \mu z$ als ein dynamisches System auf, dann wird die Transformation endlos wiederholt. Ist abs(μ) < 1, dann führen alle Bahnen nach $z = 0$, so daß der Deckpunkt anziehend ist. Mit der Riemannschen Kugel vor Augen werfen wir nun einen Blick auf $z = \infty$. Unter dem Startpunkt in einer Umgebung von ∞ verstehen wir nun einen Punkt, der sich innerhalb eines Kreises rund um den Nordpol befindet. Dessen Bahn entfernt sich vom Nordpol und verläuft in Spiralen nach unten in Richtung des anziehenden Südpols. Der Nordpol ist ein abstoßender Deckpunkt, der Südpol ein anziehender Deckpunkt. Ist abs(μ) > 1, dann haben wir eine Situation, in der die Rolle der beiden Pole vertauscht ist. Der Südpol, der Deckpunkt $z = 0$, stößt ab, und der Nordpol, als Deckpunkt mit $z = \infty$, zieht an. Ist abs(μ) = 1, dann beschreibt $z' = \mu z$ eine reine Drehung um den Winkel arg(μ). Die Riemannsche Kugel rotiert dann um die Polachse.

Die Transformation

$$z' = 1/z$$

ist identisch mit der in Kapitel 3 beschriebenen Kreis-Inversion, außer daß hier noch eine Spiegelung an der x-Achse hinzugefügt wird. Ist P der Bildpunkt von z und P' der von z', dann ist also OP' = 1/OP.

Dies allein bedeutet, daß Punkte innerhalb des Einheitskreises mit Punkten außerhalb des Einheitskreises vertauscht werden. Die Punkte 1 und -1 bleiben bei der Transformation an ihrer Stelle und sind damit Deckpunkte. Weiter kann festgestellt werden, daß das Argument von z' das "Gegenteil" des Argumentes von z ist. Für die Riemannsche Kugel bedeutet Bild 4, daß die Kugel als Ganzes um eine horizontale Achse, die durch die

Punkte 1 und -1 des Äquators geht, rotiert. Bei einer halben Drehung werden die Positionen von Nord- und Südpol vertauscht. Wird die Transformation z' = 1/z zweimal hintereinander ausgeführt, ist alles wieder an seinem Platz, genau wie bei einer Spiegelung. Ein dynamisches System kann daraus also nicht entstehen.

Differenzieren

Hin und wieder ist es notwendig, die komplexe Funktion zu differenzieren. Zum Beispiel dann, wenn wir den Eigenwert eines Deckpunktes oder eines periodischen Zyklus eines dynamischen Systems, wie zum Beispiel einer Julia-Menge, berechnen wollen. Es gelten die gleichen Regeln wie für normale Funktionen. Übrigens beschränken wir uns hauptsächlich auf Polynome. Aus der Definition des Differentialquotienten, der sogenannten Ableitung, folgt

$$f(z) - f(z_0) \cong f'(z_0)\,(z - z_0)$$

wenn z nahe bei z_0 liegt. Dies kann man folgendermaßen interpretieren: Die Transformation z' = f(z) ist im Kleinen gleichwertig einer Selbstähnlichkeitstransformation, deren komplexer Maßstabsfaktor gleich der örtlichen Ableitung ist. Wenn übrigens $f'(z_0) = 0$ ist, dann gilt dies nicht mehr. Wir haben es dann mit einem sogenannten kritischen Punkt zu tun. Ein gutes Beispiel ist die Funktion z^2 in der Umgebung von z = 0.

Wir beschließen diesen Teil mit dem Beispiel

$$f(z) = cz - (1 - c)\,z^2$$

für das die Julia-Menge mit dem Programm JUL1B berechnet wird. Es gibt zwei Deckpunkte, nämlich 0 und 1. Berechnungen ergeben:

$$f'(z) = c - 2(1 - c)z$$

so daß f'(0) = c und f'(1) =2 - c. Die Transformation z' = f(z) ist in der Umgebung des Deckpunktes gleichwertig mit der Selbstähnlichkeitstransformation z' = cz, einer Schrumpfdrehung für abs(c) < 1. Im Kapitel über die Julia-Mengen hatten wir gesagt, daß c der Eigenwert des Deckpunktes 0 ist, und daß dieser Deckpunkt anziehend ist für abs(c) < 1. Analog liefert uns der Deckpunkt 1 den

Eigenwert 2 - c, und dieser ist für abs(2 - c) < 1 anziehend. Genau gesagt, ergibt sich dies aus der Näherung $z' - 1 \cong (2 - c)(z - 1)$.

Die Exponentialfunktion

Wir betreten nun ein Gebiet, auf dem sich nur noch Mathematiker wohlfühlen werden, andere aber "abdanken" müssen. Wir wollen uns darum hier ganz kurzfassen und nennen lediglich einzelne Gleichungen als Zaubermittel für atemberaubende Julia- und Mandelbrot-Mengen. Die Exponential-Funktion exp(z) wird für z = x + yi definiert als

$$\exp(z) = \exp(x)(\cos(y) + i\sin(y))$$

In jeder Hinsicht verhält sich die komplexe Exponential-Funktion wie ihre bekannte reelle Version exp(x). Alle normalen Rechenregeln gelten unverändert auch hier, auch das Differenzieren. Weiter ist die Funktion periodisch in der imaginären Richtung, also

$$\exp(z + 2\pi i) = \exp(z)$$

In der x-Richtung gibt es einen sehr steilen Verlauf von sehr klein nach sehr groß. Für $x \to \infty$ schießt abs(exp(z)) kometenartig ins Unendliche, und für $x \to -\infty$ taucht abs(exp(z)) nach null ab. Wer mit der Exponential-Funktion auf dem Computer arbeitet, muß auf Fehlermeldungen wie "Overflow" oder "Underflow" gefaßt sein. Die Periodizität der Exponential-Funktion wird wieder bei den entsprechenden Julia- oder Mandelbrot-Mengen sichtbar, die auch einen periodischen, streifenartigen Aufbau zeigen.

Aus der obenstehenden Definition folgt, daß die goniometrischen Funktionen eng mit der Exponential-Funktion verwoben sind. Der Vollständigkeit halber nennen wir die sogenannten Gleichungen von de Moivre:

$$\cos(z) = (\exp(zi) + \exp(-zi))/2$$
$$i\sin(z) = (\exp(zi) - \exp(-zi))/2$$

Für die Praxis wichtiger ist die Trennung des komplexen Cosinus und Sinus in einen reellen und imaginären Teil:

$$\cos(x + yi) = \cos(x)\cosh(y) - i\sin(x)\sinh(y)$$
$$\sin(x + yi) = \sin(x)\cosh(y) + i\cos(x)\sinh(y)$$

wobei der sogenannte hyperbolische Cosinus cosh und der hyperbolische Sinus sinh definiert sind als

$$\cosh(y) = (e^{y} + e^{-y})/2$$
$$\sinh(y) = (e^{y} - e^{-y})/2$$

Anhang 2

Computertips

Zuerst ein paar Anmerkungen zur verwendeten Notation. In den Programmen verwenden wir stets Großbuchstaben. Im Text passen wir uns weitgehend den Gepflogenheiten der mathematischen Notation an. Aus typographischen Gründen arbeiten wir hin und wieder mit dem in BASIC gebräuchlichen Symbol ^ zur Darstellung von Potenzen. So ist 2^3 gleich 8 und 2^2^3 gleich 2^8 oder 256. Das log-Symbol wird nur als natürlicher Logarithmus mit der Basis e = 2.71828... verwendet.

Die Programme sind alle in BASIC geschrieben, wobei nur die Befehle verwendet wurden, die praktisch in allen Versionen vorkommen. Sie können also unverändert als Quellcode für compilierende Versionen, zum Beispiel Turbo-BASIC, Power-BASIC oder Quick-BASIC eingesetzt werden. Beschränkt man sich auf den Einsatz einer solchen Version, dann könnte die Struktur einiger Programme wohl verbessert werden, zum Beispiel bei Schleifen, in denen mehrere Parameter überprüft werden.

Einige Programme können auch als Beispiel dienen, wenn man für ähnliche Probleme selbst Programme schreiben möchte.

Während des Editierens sind eingebaute Stopps oder Pausen sehr nützlich. Für eine Pause ist der Befehl

```
A$ = INPUT$(1)
```

sehr geeignet. Der Computer wartet dann, bis eine beliebige Taste gedrückt wird. Eine andere Möglichkeit ist zum Beispiel

```
IF INKEY$ <> "" THEN END
```

Sobald eine beliebige Taste gedrückt wird, stoppt der Computer automatisch. Eine solche Einrichtung ist sehr angenehm, wenn man zum Beispiel in Turbo-BASIC mit zeitraubenden Programmen experimentiert.

Große Sorge bereitet häufig der kleine Arbeitsspeicher. Manchmal ist es sinnvoll, mit großen Arrays zu arbeiten, beispielsweise mit den Daten aller Pixel in einem rechteckigen Ausschnitt des Bildschirms. Ein voller Bildschirm mit 640 × 400 Pixeln ist nur selten verwendbar, ein Viertel geht schon häufiger, doch meist muß man noch bescheidener sein. Um das Maximum auszuschöpfen, kann man versuchen, die Array-Typen so einfach wie möglich zu halten. Integer-Arrays beanspruchen weniger Arbeitsspeicher, und manchmal kann man auch spezielle Typen, wie short integers, verwenden. Auch kann man jedesmal die Informationen zwischen Arbeitsspeicher und Festplatte hin und her schieben, wobei dies häufig recht kompliziert werden kann.

Wenn man ein Bild mit horizontaler oder vertikaler Symmetrie erzeugen will, braucht man eigentlich nur die Hälfte oder ein Viertel des ganzen Bildes zu berechnen. Für jeden berechneten Punkt können dann auf dem Bildschirm zwei oder vier farbige Pixel gesetzt werden.

Das nächste Problem ist der hohe Zeitbedarf der interessantesten Pixelprogramme. Die Berechnung eines Details der Mandelbrot-Menge kann gut einige Tage in Anspruch nehmen, zumindest wenn wir eine bildschirmfüllende Illustration wünschen. Anfangs sollte man darum besser mit einem Bild in einem Teil des Bildschirms, etwa in der Größe einer großen Briefmarke, experimentieren. Auch kann man anfangs mit einer weniger hohen Genauigkeit arbeiten.

Es ist im allgemeinen sinnvoll, die Programme so zu gestalten, daß in regelmäßigen Abständen die Informationen gespeichert werden, so daß eine Berechnung zu beliebigen Zeitpunkten unterbrochen werden kann, um dann später, in stillen Stunden, fortgesetzt zu werden.

Farben

Farben kann man sehr effektiv einsetzen. Wenn wir dabei ästhetische Argumente gelten lassen, ist es ratsam, mit Farben sparsam umzugehen. Im Prinzip stehen sechzehn Standardfarben zur Verfügung, und diese sechzehn sind auch noch aus 64 Farben insgesamt wählbar. Bei Quick-BASIC zum Beispiel kann man die Farben aus einer roten, grünen und blauen Komponente mit verschiedenen Intensitäten bilden. Dabei kann man eine aus sechzehn beliebigen Farben bestehende Palette aufbauen. Beispielsweise eine Palette mit fließenden Übergängen von gelb nach blau.

Bei den Programmen in diesem Buch wurde die PALETTE-Möglichkeit nicht verwendet. Im allgemeinen beschränken wir uns auf die sechzehn Standardfarben, so daß zum Beispiel mit PSET(a,b),1 ein blauer Punkt gesetzt wird. Um im selben Programm doch die Möglichkeit einer anderen Farbwahl zu haben, sind die sechzehn Standardfarben über einen Array als COL(.) mittels einer DATA-Anweisung definiert. Ein Befehl wie PSET(a,b),COL(1) setzt dann einen Punkt in der durch COL(1) bestimmten Farbe.

Wenn der PALETTE-Befehl verwendet werden kann, sollte man einen Unterschied zwischen den Begriffen Farbattribut und Farbe machen. PSET(a,b),1 bedeutet faktisch, daß dem Pixel an der Position (a,b) das Farbattribut 1 zugerechnet wird. Wird nun eine andere Farbpalette gewählt, dann bedeutet das Attribut 1 einfach die erste Farbe der gewählten Palette. Wenn man den PALETTE-Befehl sinnvoll einsetzt, dann können Farbbilder sehr schnell völlig anders gefärbt werden. Vor allem bei Julia- und Mandelbrot-Details wird diese Methode besonders empfohlen.

In der Regel wird bei der Pixelmethode für jedes in Frage kommende Pixel eine natürliche Zahl k, die Fluchtzahl bei quadratischen Julia-Mengen, bestimmt. Ist k nicht zu groß und wollen wir eine Palette von zum Beispiel acht Farben verwenden, dann können wir k mittels 1 + k mod 8 zu einem Farbattribut machen. Das Attribut 0 kommt dabei nicht vor, aber meistens reservieren wir dieses für Schwarz. Kann k groß werden, in der Größenordnung von 1000, dann können wir auf allerlei Arten Gruppen von k-Werten zu einer einzigen Farbe zusammenfassen, beispielsweise mit 1 + int(k/10) mod 8.

Wer nach vielen Stunden der Computerarbeit ein schönes Bild auf der Diskette speichern möchte, dem nützen vielleicht folgende, weniger bekannte Programmzeilen. Dabei werden ein paar sehr spezielle Input-/Output-Adressen eines 80x86 Prozessors angesprochen:

```
DEF SEG = &HA000 : OUT &H3CE,4
OUT &H3CF,0 : BSAVE M$ + ".BLU",0,38400
```

```
OUT &H3CF,1 : BSAVE M$ + ".GRN",0,38400
OUT &H3CF,2 : BSAVE M$ + ".RED",0,38400
OUT &H3CF,3 : BSAVE M$ + ".INT",0,38400
OUT &H3CF,0
```

Mit diesen Zeilen wird ein Bild, das sich nach Ablauf eines Programmes auf dem Bildschirm befindet, in einer Gruppe aus vier Dateien auf der gewünschten Diskette gespeichert. Haben wir zum Beispiel ein Mandelbrot-Detail erstellt und wollen dieses Bild auf die Diskette im Laufwerk B speichern, dann müssen wir M$ etwa durch B:MANDEL1 ersetzen. Die zweite Zeile schreibt den blauen Teil des Bildes in die Datei B:MANDEL1.BLU. Mit der dritten und vierten Zeile werden ebenso der grüne und rote Teil gespeichert. Zum Schluß wird noch der Intensitätsteil in einer weiteren Datei gespeichert. Die letzte Zeile stellt den Ausgangszustand der betreffenden Output-Ports wieder her. Auf einer 3,5-Zoll-High-Density-Diskette ist Platz für neun Bilder, insgesamt also 36 Dateien.

Wenn wir mit diesen gespeicherten Dateien später wieder Bilder auf dem Bildschirm erstellen möchten, geht das ganz einfach mit dem folgenden Leseprogramm, das am Anfang folgende Befehlszeilen enthält:

```
DEF SEG = &HA000 : OUT &H3C4,2
OUT &H3C5,1 : BLOAD M$ + ".BLU"
OUT &H3C5,2 : BLOAD M$ + ".GRN"
OUT &H3C5,4 : BLOAD M$ + ".RED"
OUT &H3C5,8 : BLOAD M$ + ".INT"
OUT &H3C5,15
```

Man sieht dann die aufgerufene Illustration in einer Art Vierfarbdruck auf dem Bildschirm erscheinen. Selbstverständlich ist es nützlich, in das Leseprogramm einen Teil aufzunehmen, mit dem die Farben nach Wunsch verändert werden können. Mit dem PALETTE-Befehl geht das ganz gut.

Anhang 3

Computerprogramme

Die folgenden 72 Computerprogramme sind kapitelweise in der Reihenfolge ihres Auftretens angeordnet. Alle Programme sind im neuen QBASIC-Format (ab MS-DOS 5.0) geschrieben (ohne Zeilennummern). Sie sind kompatibel mit Quick-BASIC, Turbo-BASIC und Power-BASIC.

Der Autor hält noch eine weitere Diskette mit den längeren, im Text genannten Programmen bereit. Diese Diskette enthält auch noch andere interessante Fraktal-Programme. Bitte beachten Sie die Anzeige am Ende des Buches.

Kapitel 1

MEANDER	Fraktal von Mandelbrot und Given
BROWNL	Brownsche Linie
PYT3BT	Kahler Pythagorasbaum (Backtracking)
HENATT	Hénon-Attraktor

Kapitel 2

SIERLINE	Sieb von Sierpinski
SIERMC	Sieb von Sierpinski (als Punktwolke)
MENGERMC	Menger-Schwamm (Monte Carlo)
MENGERCL	Menger-Schwamm, farbig (Backtracking)
LEVYLINE	Lévy-Kurve
LEVYLONG	Lévy-Kurve
DRAGON	Drachenkurve zwischen zwei Punkten
MULTIFR	Multifraktal

Kapitel 3

FERN1	Farnwedel
FERN2	Farnwedel nach Barnsley
SQUARE1	Fraktal basierend auf drei Kontraktionen
SQUARE2	Fraktale in einem Quadrat
INVERMC	Iteratives System

Kapitel 4

LORENZ1	Lorenz-Attraktor
LORENZ2	Lorenz-Attraktor

ROESSLER	Roessler-Attraktor
VERHULST	Verhulst-Modell
BIFUR1	Bifurkations-Diagramm
BIFUR2	Bifurkations-Diagramm

Kapitel 5

TREESB	Iteratives System mit zwei Kontraktionen
TREEBT	Iteratives System (Backtracking)
TREEBTA	Iteratives System (Backtracking)
SIERBT	Spezialfall des Sierpinski-Siebes

Kapitel 6

TENNIS	Tennis-Spiel
CONTRMC1	Iteratives System (Monte Carlo)
MAPLE	Ahornblatt nach Barnsley
COLLAGEH	Kollage des Buchstabens H

Kapitel 7

RWALK	Random walk in einem Rechteck
CLUSTERC	Cluster in einem Kreis
CLUSTERL	Cluster auf einer Linie

Kapitel 8

KOCHLIND	Von-Koch-Kurve nach Lindenmayer
SIERLIND	Sierpinski-Kurve nach Lindenmayer
PEANOL	Peano-Kurve nach Lindenmayer
BUSHLIND	Synthetischer Baum nach Lindenmayer

Kapitel 9

PICK1	Pickover-Modell, symmetrisch
PICK2	Pickover-Modell, "even-odd"
PICK3	Pickover-Modell, farbig
CELL1	Zellulärer Automat
CELL2	Zellulärer Automat
CELL1A	Zellulärer Automat
CELL3	Zellulärer Automat
CELLC	Zellulärer Automat

Kapitel 10

PYT3DBT	3-D-Pythagorasbaum (Backtracking)
PROFILE	Fraktales Profil
PROJS	Projektion einer Oberfläche

WAERDEN	Kurve von van der Waerden
TAKAGI	Projektion des Takagi-Berges
FRSURF	Fraktale Oberfläche

Kapitel 11

JULFILL	Gefülltes Julia-Fraktal von $z \rightarrow z^2 + c$
JUL1A	Julia-Fraktal von $z^2 + c$
JUL1B	Julia-Fraktal von $\mu z + (1 - \mu)z^2$
JUL1C	Äußeres des Julia-Fraktals von $z^2 + c$
JULIAMC	Julia-Fraktal von $z^2 + c$ (Monte Carlo)
JULIABT	Julia-Fraktal von $z^2 + c$ (Backtracking)

Kapitel 12

JULDIST	Julia-Fraktal mit Abstandsformel
JULROT1	Julia-Fraktal von $z(c + (1 - c)z^6)$
JULROT2	Julia-Fraktal von $z(c + (1 - c)/z^6)$
JULCELL	Julia-Fraktal von $c + z^3$
JULCUB	Julia-Fraktal von $z^3 - 3a^2z + b$
JULEXP	Julia-Fraktal von $e^z - z -1$
JULSIN	Julia-Fraktal von $c \sin z$

Kapitel 13

MANTOT	Mandelbrot-Fraktal, Gesamtansicht
MANDET	Mandelbrot-Fraktal, Detail
MANDIST	Mandelbrot-Fraktal mit Abstandsformel
MANEXP	Mandelbrot-Fraktal von $c + z - e^z$
MANSIN1	Mandelbrot-Fraktal von $c + z - \sin z$
MANSIN2	Mandelbrot-Fraktal von $c + \pi \sin z$
MANVAR	Pseudo-Mandelbrot-Fraktal

```
REM *** MEANDER ***
REM *** Fraktal von Mandelbrot und Given ***
REM *** (0,0),(1,0) als Basis ***
   CLS : PRINT"9 für EGA oder 12 für VGA eingeben"
   INPUT"screen = ",SCR
   SCREEN SCR : CLS : PI=4*ATN(1)
   WINDOW (-.3,-.6)-(1.3,.6)
   P=4 : DIM T(P)  'Ordnung
REM *** Das Motiv besteht aus q Einheitsvektoren ***
REM *** mit gegebenem Anfangspunkt und -richtung ***
REM *** in Grad ***
   Q=6 : DIM A(Q),B(Q),F(Q),C(Q),S(Q)    'Vektoren des
                                                Motivs
   DATA 0,0,0,.333,.333,-90,.333,.333,0,.667, 0,90,
                             .667,0,0,.667,0,180
   FOR I=0 TO Q-1
      READ A(I),B(I),F(I)
      F(I)=F(I)*PI/180 : C(I)=COS(F(I)) :
                           S(I)=SIN(F(I))
   NEXT I
REM *** Hauptschleife ***
   FOR N=0 TO Q^P-1 : M=N
      FOR J=0 TO P-1
         T(J)=M MOD Q : M=M\Q
      NEXT J
      X=0 : Y=0 : U=1 : V=0
     FOR J=0 TO P-1
        C=C(T(J))/3 : S=S(T(J))/3
        IF J MOD 2=1 THEN
           Z=X : X=C*X-S*Y+A(T(J)) : Y=S*Z+C*Y+B(T(J))
           W=U : U=C*U-S*V+A(T(J)) : V=S*W+C*V+B(T(J))
        ELSE
           Z=X : X=C*X+S*Y+A(T(J)) : Y=-S*Z+C*Y-B(T(J))
           W=U : U=C*U+S*V+A(T(J)) : V=-S*W+C*V-B(T(J))
        END IF
     NEXT J : LINE (X,Y)-(U,V)
     IF INKEY$<>"" THEN END
   NEXT N : A$=INPUT$(1)
END
```

```
REM *** BROWNL ***
REM *** Brownsche Linie ***
   CLS : PRINT"9 für EGA oder 12 für VGA eingeben"
   INPUT"screen = ",SCR
   SCREEN SCR : CLS
   RANDOMIZE TIMER
   WINDOW (-1.2,-.9)-(1.2,.9)
   W=40 : Y=0
   LINE (1,0)-(-1,0)
   FOR K=0 TO 2000
      X=-1+K/1000 : Y=Y+W*(RND-.5)/2000
      LINE -(X,Y)
   NEXT K : A$=INPUT$(1)
END
```

```
REM *** PYT3BT ***
REM *** Kahler Pythagorasbaum ***
REM *** Backtracking ***
   CLS : PRINT"9 für EGA oder 12 für VGA eingeben"
   INPUT"screen =",SCR
   SCREEN SCR : CLS : PI=4*ATN(1)
```

```
   WINDOW (-2.4,-1.4)-(2.4,2.2)
   EPS=.01  'Schwellenwert
   P=32 : DIM XA(P),YA(P),XB(P),YB(P),S(P)
REM *** Initialisierung ***
   ALFA=PI/3 : BETA=PI/3  'Winkel nach links und rechts
   CA=.7 : CB=.7  'Kontraktion links und rechts
   A1=COS(ALFA) : B1=SIN(ALFA)
   A2=COS(BETA) : B2=SIN(BETA)
   XA=0 : YA=-1 : XB=0 : YB=0 : G=0 : M=0
   LINE (O,-1)-(0,0)
   DO WHILE M>=0
      DIFF=ABS(XB-XA)+ABS(YB-YA)
      IF G<P AND DIFF>EPS THEN
         M=M+1 : G=G+1 : S(M)=G  'Auf den Stack
         GOSUB graphics
         XA=XAN : YA=YAN : XB=XBN : YB=YBN
      ELSE
         XA=XA(M) : YA=YA(M) : XB=XB(M) : YB=YB(M)
         G=S(M) : M=M-1  'Vom Stack
      END IF
   LOOP : A$=INPUT$(1)
END
graphics:
   U=XB-XA : V=YB-YA
   XAN=XB : YAN=YB
   XBN=XB+CA*(A1*U-B1*V) : YBN=YB+CA*(B1*U+A1*V)
   XA(M)=XB : YA(M)=YB
   XB(M)=XB+CB*(A2*U+B2*V) : YB(M)=YB+CB*(-B2*U+A2*V)
   LINE (XA,YA)-(XB,YB)
RETURN
```

```
REM *** HENATT ***
REM *** Henon-Attraktor ***
   CLS : PRINT"9 für EGA oder 12 für VGA eingeben"
   INPUT"screen = ",SCR
   SCREEN SCR : CLS
   DEFDBL A,B,C,D,X,Y,Z
REM *** Parameter des Henon-Systems ***
   A=1.4 : B=.3
REM *** Anfangsfenster ***
   R1=-1.5 : R2=-.45 : R3=1.5 : R4=.45
   GOSUB frame : GOSUB drawwindow
REM *** Start ***
   X=.6 : Y=.6 : K=1
   DO WHILE K<10000 AND INKEY$=""
      Z=X : X=1+Y-A*X*X : Y=B*Z
      IF K>32 THEN PSET (X,Y)
      K=K+1
   LOOP
REM *** Details ***
   R1=.54 : R2=.15 : R3=.73 : R4=.21
   GOSUB drawwindow : GOSUB text
   CLS : GOSUB frame : GOSUB drawwindow
REM *** Start ***
    X=.6 : Y=.6 : K=1
    DO WHILE K<100000! AND INKEY$=""
       Z=X : X=1+Y-A*X*X : Y=B*Z
       IF K>32 AND ABS(X-XM)<DX AND ABS(Y-YM)<DY THEN
                                                 PSET (X,Y)
       K=K+1
    LOOP
```

```
REM *** Detail ***
   R1=.621 : R2=.185 : R3=.641 : R4=.191
   GOSUB drawwindow : GOSUB text
   CLS : GOSUB frame : GOSUB drawwindow
REM *** Start ***
   X=.6 : Y=.6 : K=1
   DO WHILE K<1000000! AND INKEY$=""
      Z=X : X=1+Y-A*X*X : Y=B*Z
      IF K>32 AND ABS(X-XM)<DX AND ABS(Y-YM)<DY THEN
                                             PSET (X,Y)
      K=K+1
   LOOP
REM *** Detail ***
   R1=.6304 : R2=.1889 : R3=.6324 : R4=.1895
   GOSUB drawwindow : GOSUB TEXT
   A$=INPUT$(1)
   CLS : GOSUB frame : GOSUB drawwindow
REM *** Start ***
   X=.6 : Y=.6 : K=1
   DO WHILE K<1E+07 AND INKEY$=""
      Z=X : X=1+Y-A*X*X : Y=B*Z
      IF K>32 AND ABS(X-XM)<DX AND ABS(Y-YM)<DY THEN
                                             PSET (X,Y)
      K=K+1
   LOOP : A$=INPUT$(1)
END
frame:
   WINDOW (R1,R2)-(R3,R4)
   XM=(R1+R3)/2 : YM=(R2+R4)/2
   DX=(R3-R1)/2 : DY=(R4-R2)/2
RETURN
drawwindow:
   LINE (R1,R2)-(R3,R2) : LINE -(R3,R4)
   LINE -(R1,R4) : LINE -(R1,R2)
RETURN
text:
   LOCATE 2,40 : PRINT"Beliebige Taste zum Fortfahren"
   A$=INPUT$(1)
RETURN
```

```
REM *** SIERLINE ***
REM *** Sieb von Sierpinski***
   CLS : PRINT"9 für EGA oder 12 für VGA eingeben"
   INPUT"screen = ",SCR
   SCREEN SCR : CLS : PI=4*ATN(1)
   WINDOW (-2.6,-2.4)-(2.6,1.5)
   P=5 : DIM T(P) : A=SQR(3)
   FOR M=0 TO P
      FOR N=0 TO 3^M-1
         N1=N
         FOR L=0 TO M-1
            T(L)=N1 MOD 3 : N1=N1\3
         NEXT L
         X=0 : Y=0
         FOR K=0 TO M-1
            X=X+COS((4*T(K)+1)*PI/6)/2^K
            Y=Y+SIN((4*T(K)+1)*PI/6)/2^K
         NEXT K
         U1=X+A/2^(M+1) : U2=X-A/2^(M+1)
         V1=Y-1/2^(M+1) : V2=Y+1/2^M
```

```
         LINE (U1,V1)-(X,V2)
         LINE -(U2,V1) : LINE -(U1,V1)
      NEXT N
   NEXT M : A$=INPUT$(1)
END
```

```
REM *** SIERMC ***
REM *** Sieb von Sierpinski (als Punktwolke) ***
   CLS : PRINT"9 für EGA oder 12 für VGA eingeben"
   INPUT"screen = ",SCR
   SCREEN SCR : CLS : RANDOMIZE 11
   WINDOW (-1.4,-1.2)-(1.8,1.2)
   NMAX=4000
   C=.5  'Kontraktionsfaktor
   A=1/2 : B=SQR(3)/2  'Transformations-Koeffizienten
   X=1 : Y=0 : I=1  'Start
   DO WHILE N<NMAX AND INKEY$=""
      R=RND
      SELECT CASE R
         CASE <.33
            X1=C*X-C+1 : Y1=C*Y  'Fixpunkt 1,0
         CASE <.67
            X1=C*X+(C-1)*A : Y1=C*Y-(C-1)*B  'Fixpunkt
                                                -a,b
         CASE ELSE
            X1=C*X+(C-1)*A : Y1=C*Y+(C-1)*B  'Fixpunkt
                                               -a,-b
      END SELECT
      X=X1 : Y=Y1
      PSET (X,Y) : PSET (-A*X-B*Y,B*X-A*Y)
      PSET (-A*X+B*Y,-B*X-A*Y) : PSET (X,-Y)
      PSET (-A*X+B*Y,B*X+A*Y) : PSET (-A*X-B*Y,
                                      -B*X+A*Y)
      N=N+1
   LOOP : A$=INPUT$(1)
END
```

```
REM *** MENGERMC ***
REM *** Menger-Schwamm (Monte Carlo) ***
   CLS : PRINT"9 für EGA oder 12 für VGA eingeben"
   INPUT"screen = ",SCR
   SCREEN SCR : CLS : RANDOMIZE 11
   WINDOW (-1.6,-1.2)-(1.6,1.2)
   X=1 : Y=1 : N=1 : NMAX=20000
   FOR N=0 TO NMAX
      IF INKEY$<>"" THEN END
      R=1+INT(8*RND)
      SELECT CASE R
         CASE 1
            X=(X+2)/3 : Y=(Y+2)/3
         CASE 2
            X=(X+2)/3 : Y=(Y-2)/3
         CASE 3
            X=(X-2)/3 : Y=(Y+2)/3
         CASE 4
            X=(X-2)/3 : Y=(Y-2)/3
         CASE 5
            X=(X+2)/3 : Y=Y/3
         CASE 6
            X=(X-2)/3 : Y=Y/3
         CASE 7
```

```
            X=X/3 : Y=(Y+2)/3
         CASE 8
            X=X/3 : Y=(Y-2)/3
      END SELECT
      PSET (X,Y) : PSET (X,-Y)
      PSET (-X,Y) : PSET (-X,-Y)
      PSET (Y,X) : PSET (Y,-X)
      PSET (-Y,X) : PSET (-Y,-X)
   NEXT N : A$=INPUT$(1)
END
```

```
REM *** MENGERCL ***
REM *** Menger-Schwamm in Farben ***
REM *** Backtracking ***
   CLS : PRINT"9 für EGA oder 12 für VGA eingeben"
   INPUT"screen = ",SCR
   SCREEN SCR : CLS
   P=4 : DIM X(8),Y(8),Z(8),U(32),V(32),W(32)
REM *** Codierung der Farben ***
   COL(1)=1 : COL(2)=4 : COL(3)=14 : COL(4)=10
   WINDOW (-1.6,-1.2)-(1.6,1.2)
   LINE (-1/3,1/3)-(1/3,-1/3),COL(1),BF
   X=0 : Y=0 : M=0 : G=1
   DO WHILE M>=0
      IF G<P+1 THEN
         GOSUB trafo : GOSUB graphics
         X=X(1) : Y=Y(1) : G=G+1
         FOR J=2 TO 8 : M=M+1
            U(M)=X(J) : V(M)=Y(J) : W(M)=G  'Auf Stack
         NEXT J
      ELSE
         X=U(M) : Y=V(M) : G=W(M) : M=M-1  'Vom Stack
      END IF
   LOOP : A$=INPUT$(1)
END
trafo:
    X(1)=(X+2)/3 : Y(1)=(Y+2)/3
    X(2)=(X+2)/3 : Y(2)=(Y-2)/3
    X(3)=(X-2)/3 : Y(3)=(Y+2)/3
    X(4)=(X-2)/3 : Y(4)=(Y-2)/3
    X(5)=(X+2)/3 : Y(5)=Y/3
    X(6)=(X-2)/3 : Y(6)=Y/3
    X(7)=X/3 : Y(7)=(Y+2)/3
    X(8)=X/3 : Y(8)=(Y-2)/3
RETURN
graphics:
   H=3^(-G-1)
   FOR J=1 TO 8
      X1=X(J)-H : Y1=Y(J)+H
      X2=X(J)+H : Y2=Y(J)-H
      LINE (X1,Y1)-(X2,Y2),COL(G),BF
   NEXT J
RETURN
```

```
REM *** LEVYLINE ***
REM *** Pythagoras- oder Lévy-Kurve ***
   CLS : PRINT"9 für EGA oder 12 für VGA eingeben"
   INPUT"screen = ",SCR
   SCREEN SCR : CLS : PI=4*ATN(1)
   WINDOW (-.7,-1.3)-(1.7,.5)
   P=12 : H=2^(-P/2)  'Ordnung
```

```
   A=H*COS(P*PI/4) : B=H*SIN(P*PI/4)
   LINE (0,0)-(A,-B) : LINE -(A+B,A-B)
   X=1 : Y=1
   FOR N=2 TO 2^P-1
      M=N : S=1
      DO
         IF M MOD 2=1 THEN S=S+1
         M=M\2
      LOOP WHILE M>1
      SELECT CASE S MOD 4
      CASE 0
         X=X+1
      CASE 1
         Y=Y+1
      CASE 2
         X=X-1
      CASE 3
         Y=Y-1
      END SELECT
      LINE -(A*X+B*Y,A*Y-B*X)
   NEXT N : A$=INPUT$(1)
END
```

```
REM *** LEVYLONG ***
REM *** Pythagoras- oder Lévy-Kurve ***
REM *** Spezielle Version für Turbo Basic usw. ***
   DEFLNG M,N,Q,R
   PRINT"9 für EGA oder 12 für VGA eingeben"
   INPUT"screen = ",SCR
   SCREEN SCR : CLS : PI=4*ATN(1)
   WINDOW (-.7, -1.3)-(1.7,.5)
   PRINT "Wähle Ordnung als gerade Zahl <= 20"
   PRINT : INPUT P : CLS
   H=2^(-(P/2)) : A=H*COS(P*PI/4 ): B=H*SIN(P*PI/4)
   LINE (0,0)-(A,-B) : LINE -(A+B,A-B)
   X=1 : Y=1
   FOR N=2 TO 2^P-1
      IF INKEY$<>"" THEN END
      M=N : S=0
      FOR K=0 TO P
         Q=INT(M/2) : R=M-2*Q
         M=Q : S=S+R
      NEXT K
      S=S MOD 4
      SELECT CASE S
      CASE 0
         X=X+1
      CASE 1
         Y=Y+1
      CASE 2
         X=X-1
      CASE 3
         Y=Y-1
      END SELECT
      LINE -(A*X+B*Y,A*Y-B*X)
   NEXT N : A$=INPUT$(1)
END
```

```
REM *** DRAGON ***
REM *** Drachenkurve zwischen zwei Punkten ***
REM *** Version für höhere Ordnung ***
   DEFLNG M,N,Q,R
   CLS : PRINT"9 für EGA oder 12 für VGA eingeben"
   INPUT"screen = ",SCR
   SCREEN SCR : CLS : PI=4*ATN(1)
   WINDOW (-.7,-1)-(1.7,.8)
   PRINT"Wähle Ordnung als ganze Zahl <= 16"
   INPUT"Ordnung = ",P
   H=2^(-P/2) : S=0
   X=H*COS(P*PI/4) : Y=H*SIN(P*PI/4)
   CLS : LINE (0,0)-(X,Y)
   FOR N=1 TO 2^P-1 : M=N
 repeat:
      Q=INT(M/2) : R=M-2*Q
      IF R=0 THEN M=M/2 : GOTO repeat
      Q=INT(M/4) : R=M-4*Q
      IF R=1 THEN D=1 ELSE D=-1
      S=(S+D) : F=(S-P/2)*PI/2
      X=X+H*COS(F) : Y=Y+H*SIN(F)
      LINE -(X,Y)
      IF INKEY$<>"" THEN END
   NEXT  N : A$=INPUT$(1)
END
```

```
REM *** MULTIFR ***
REM *** Multifraktal ***
   CLS : PRINT"9 für EGA oder 12 für VGA eingeben"
   INPUT"screen = ",SCR
   SCREEN SCR : CLS
   A=1/3 : B=1-A : P=8 : NMAX=2^P : H=1/NMAX
   WINDOW (-.3,-.6)-(1.3,1.3)
   LINE (0,0)-(1,0)
   FOR N=0 TO NMAX-1
      S=0 : M=N
      FOR L=0 TO P-1
         S=S+M MOD 2 : M=M\2
      NEXT L
      X=H*N : Y=(A/B)^(P-S)
      LINE (X,0)-(X,Y)
      LINE -(X+H,Y) : LINE -(X+H,0)
      IF INKEY$<>"" THEN END
   NEXT N : A$=INPUT$(1)
END
```

```
REM *** FERN1 ***
REM *** Farnwedel ***
   CLS : PRINT"9 für EGA oder 12 für VGA eingeben"
   INPUT"screen = ",SCR
   SCREEN SCR : CLS : RANDOMIZE 11
   WINDOW (-20,-3)-(20,27)
   COL=2 : NMAX=10000
   Q1=.8 : Q2=.9  'Wahrscheinlichkeitsverteilung
   X=0 : Y=0  'Start
   FOR N=0 TO NMAX : R=RND
      SELECT CASE R
      CASE <Q1
         X=11*X/12 : Y=11*Y/12+2
```

```
      CASE <Q2
         Z=X : X=Y/6 : Y=-Z/6+3
      CASE ELSE
         Z=X : X=-Y/6 : Y=Z/6+3
      END SELECT
      IF INKEY$<>"" THEN END
      IF N>32 THEN PSET (X,Y),COL
   NEXT N : A$=INPUT$(1)
END
```

```
REM *** FERN2 ***
REM *** Farnwedel nach Barnsley ***
REM *** Daten aus dem Buch von Barnsley ***
   CLS : PRINT"9 für EGA oder 12 für VGA eingeben"
   INPUT"screen = ",SCR
   SCREEN SCR : CLS : RANDOMIZE 11
   WINDOW (-1,-4.5)-(11,4.5)
   NMAX=40000
REM *** Koeffizienten ***
   D1=.16
   A2=.85 : B2=.04 : C2=-.04 : D2=.85 : F2=1.6
   A3=.2 : B3=-.26 : C3=.23 : D3=.22 : F3=1.6
   A4=-.15 : B4=.28 : C4=.26 : D4=.24 : F4=.44
REM *** Wahrscheinlichkeitsverteilung ***
   Q1=.01 : Q2=.86 : Q3=.93
   X=0 : Y=0  : N=0  'start
   DO WHILE N<NMAX AND INKEY$=""
      R=RND
      SELECT CASE R
      CASE <Q1
         X=0 : Y=D1*Y
      CASE Q1 TO Q2
         Z=X : X=A2*X+B2*Y : Y=C2*Z+D2*Y+F2
      CASE Q2 TO Q3
         Z=X : X=A3*X+B3*Y : Y=C3*Z+D3*Y+F3
      CASE >Q3
         Z=X : X=A4*X+B4*Y : Y=C4*Z+D4*Y+F4
      END SELECT
      PSET (Y,X),10
      N=N+1
   LOOP : A$=INPUT$(1)
END
```

```
REM *** SQUARE1 ***
REM *** Fraktal basierend auf drei Kontraktionen ***
   CLS : PRINT"9 für EGA oder 12 für VGA eingeben"
   INPUT"screen = ",SCR
   SCREEN SCR : CLS
   RANDOMIZE 11 : PI=4*ATN(1) : KMAX=20000
   WINDOW (-1.6,-1.2)-(1.6,1.2) : CLS
   Q1=1/3 : Q2=2/3  'Wahrscheinlichkeitsverteilung
   X=0 : Y=0  'Start
REM *** Hauptprogramm ***
   FOR K=1 TO KMAX : R=RND
      SELECT CASE R
      CASE <Q1
         X=-(X+1)/2 : Y=-(Y+1)/2
      CASE <Q2
         X=-(X-1)/2 : Y=-(Y+1)/2
      CASE ELSE
         X=-X/2 : Y=-(Y-1)/2
      END SELECT
```

```
      IF INKEY$<>"" THEN END
      IF K>32 THEN PSET (X,Y) : PSET (-X,Y)
   NEXT K : A$=INPUT$(1)
END
```

```
REM *** SQUARE2 ***
REM *** Fraktale in einem Quadrat, symmetr. Version ***
   CLS : PRINT"9 für EGA oder 12 für VGA eingeben"
   INPUT"screen = ",SCR
   SCREEN SCR : CLS
   RANDOMIZE 11 : PI=4*ATN(1) : KMAX=20000
   WINDOW (-4,-3.3)-(2,1.2) : CLS
   PRINT"0 = Identität , 1 = Rotation 90 , 2 = Rotation
                            180 , 3 = Rotation 270"
   PRINT"4,5,6,7 als 0,1,2,3 mit Reflexion"
   PRINT"Wählen Sie drei Zahlen T1,T2,T3 aus
                         0,1,2,3,4,5,6,7"
   PRINT : PRINT"Ein gutes Beispiel ist 5,3,5"
   INPUT"T1 = ",T1 : INPUT"T2 = ",T2 : INPUT"T3 = ",T3:
                                                   CLS
   T=T1 : L=1 : GOSUB selection
   T=T2 : L=2 : GOSUB selection
   T=T3 : L=3 : GOSUB selection
   E(1)=-1/2 : F(1)=-1/2 : E(2)=1/2
   F(2)=-1/2 : E(3)=-1/2 : F(3)=1/2
   Q1=1/3 : Q2=2/3 : X=0 : Y=0
REM *** Hauptprogramm ***
   FOR K=1 TO KMAX : R=RND
      IF INKEY$<>"" THEN END
      L=1+INT(3*RND)
      Z=X : X=A(L)*X+B(L)*Y+E(L) : Y=C(L)*Z+D(L)*Y+F(L)
      IF K>16 THEN GOSUB pointset
   NEXT K : A$=INPUT$(1)
END
pointset:
   PSET (X,Y) : PSET (-X-2,Y) : PSET (X,-Y-2) :
                                     PSET (-X-2,-Y-2)
RETURN
selection:
   SELECT CASE T
   CASE 0
      A(L)=1/2 : B(L)=0 : C(L)=0 : D(L)=1/2
   CASE 1
      A(L)=0 : B(L)=-1/2 : C(L)=1/2 : D(L)=0
   CASE 2
      A(L)=-1/2 : B(L)=0 : C(L)=0 : D(L)=-1/2
   CASE 3
      A(L)=0 : B(L)=1/2 : C(L)=-1/2 : D(L)=0
   CASE 4
      A(L)=-1/2 : B(L)=0 : C(L)=0 : D(L)=1/2
   CASE 5
      A(L)=0 : B(L)=1/2 : C(L)=1/2 : D(L)=0
   CASE 6
      A(L)=1/2 : B(L)=0 : C(L)=0 : D(L)=-1/2
   CASE 7
      A(L)=0 : B(L)=-1/2 : C(L)=-1/2 : D(L)=0
   END SELECT
RETURN
```

```
REM *** INVERMC ***
REM *** Iteratives System ***
   CLS : PRINT"9 für EGA oder 12 für VGA eingeben"
   INPUT"screen = ",SCR
   SCREEN SCR : CLS : RANDOMIZE 11
   WINDOW (-.6,-1.8)-(4.2,1.8)
   PI=4*ATN(1) : NMAX=32000
   C=.9 : ALFA=-(PI/4)  'Parameter
   A=C*COS(ALFA): B=C*SIN(ALFA)
   X=2 : Y=0  'Start
   FOR N=1 TO NMAX
      IF RND<.9 THEN
         Z=X : X=A*X-B*Y+2-2*A : Y=B*Z+A*Y-2*B
      ELSE
         U=X*X+Y*Y : X=X/U : Y=Y/U
      END IF
      IF INKEY$<>"" THEN END
      PSET (X,Y)
   NEXT N : A$=INPUT$(1)
END
```

```
REM *** LORENZ1 ***
REM *** Vier Ansichten des Lorenz-Attraktors ***
   CLS : PRINT"9 für EGA oder 12 für VGA eingeben"
   INPUT"screen = ",SCR
   SCREEN SCR : CLS : PI=4*ATN(1)
   WINDOW (-50,0)-(50,50)
   A=10 : B=8/3 : C=28 : D=.003 : X=-12.5 : Y=-17.4 :
                                                 Z=26
   FOR K=0 TO 3 : CS=COS(K*PI/5) : SS=SIN(K*PI/5)
      FOR M=1 TO 10000
         U=X : V=X*CS-Y*SS : W=X*SS+Y*CS
         PSET (V+W,Z)
         IF INKEY$<>"" THEN EXIT FOR
         X1=X+D*A*(Y-X) : Y1=Y+D*(X*(C-Z)-Y) :
                          Z1=Z+D*(X*Y-B*Z)
         X2=X1+D*A*(Y1-X1) : Y2=Y1+D*(X1*(C-Z1)-Y1) :
                             Z2=Z1+D*(X1*Y1-B*Z1)
         X=(X+X2)/2 : Y=(Y+Y2)/2 : Z=(Z+Z2)/2
      NEXT M
      IF K<3 THEN LOCATE 1,1 : PRINT"Weiter mit
                              beliebiger Taste"
      A$=INPUT$(1) : CLS
   NEXT K
END
```

```
REM *** LORENZ2 ***
REM *** Lorenz-Attraktor***
REM *** Dieses Programm zeigt die starke ***
REM *** Abhängigkeit von Anfangsbedingungen. ***
REM *** Das Programm kann mit einer beliebigen ***
REM *** Taste abgebrochen werden. ***
   CLS : PRINT"9 für EGA oder 12 für VGA eingeben"
   INPUT"screen = ",SCR
   SCREEN SCR : CLS
   WINDOW (-50,0)-(50,50)
   A=10 : B=8/3 : C=28 : D=.002
```

```
REM *** Anzahl der Punkte der Menge ***
   Q=20 : DIM X(Q),Y(Q),Z(Q)
   FOR K=1 TO Q
      X(K)=-12.5+K/100 : Y(K)=-17.4 : Z(K)=26
   NEXT K
   DO WHILE INKEY$=""
      FOR J=1 TO Q : X=X(J) : Y=Y(J) : Z=Z(J)
         X1=X+D*A*(Y-X) : Y1=Y+D*(X*(C-Z)-Y)
         Z1=Z+D*(X*Y-B*Z)
         X2=X1+D*A*(Y1-X1) : Y2=Y1+D*(X1*(C-Z1)-Y1)
         Z2=Z1+D*(X1*Y1-B*Z1)
         X=(X+X2)/2 : Y=(Y+Y2)/2 : Z=(Z+Z2)/2
         PSET (X+Y,Z) : PSET (X(J)+Y(J),Z(J)),0
         X(J)=X : Y(J)=Y : Z(J)=Z
      NEXT J
   LOOP
END
```

```
REM *** ROESSLER ***
REM *** Projektion eines Roessler-Attraktors ***
   CLS : PRINT"9 für EGA oder 12 für VGA eingeben"
   INPUT"screen = ",SCR
   SCREEN SCR : CLS
   WINDOW (-24,-14)-(24,22)
   C=4.5  'Chaos-Parameter
   P=1 : Q=1  'Projektions-Konstanten
   A=.2 : B=.2  'System-Parameter
   D=.004 'Zeitintervall
   X=4 : Y=-6 : Z=0 : M=0  'Start
   DO WHILE M<90000 AND INKEY$=""
      COL=1+INT(M/6000)
      IF M>1000 THEN PSET (X,P*Y+Q*Z),COL
      X1=X-D*(Y+Z) : Y1=Y+D*(X+B*Y)
      Z1=Z+D*(A+Z*(X-C))
      X2=X1-D*(Y1+Z1) : Y2=Y1+D*(X1+B*Y1)
      Z2=Z1+D*(A+Z1*(X-C))
      X=(X+X2)/2 : Y=(Y+Y2)/2 : Z=(Z+Z2)/2
      M=M+1
   LOOP : A$=INPUT$(1)
END
```

```
REM *** VERHULST ***
REM *** Verhulst-Modell ***
REM *** Gibt eine Reihe von 200 Iterationswerten ***
   CLS : PRINT"9 für EGA oder 12 für VGA eingeben"
   INPUT"screen = ",SCR
   SCREEN SCR : CLS
   PRINT"Geben Sie einen Wert zwischen 1 und 4 ein"
   INPUT"A = ",A
   X=.5
   FOR K=1 TO 200
      IF K>1 AND K=20*INT(K/20)+1 THEN A$=INPUT$(1)
      PRINT K,X
      X=A*X*(1-X)
   NEXT K
END
```

```
REM *** BIFUR1 ***
REM *** Bifurkationsdiagramm von x'=a x(1-x)) ***
   CLS : PRINT"9 für EGA oder 12 für VGA eingeben"
   INPUT"screen = ",SCR
   IF SCR=9 THEN YM=175 ELSE YM=240
   SCREEN SCR
   F1=2*YM-80 : F2=F1-40
   PRINT"Geben Sie Werte von a zwischen 3 und 4"
   INPUT"Anfangswert A1 = ",A1
   INPUT"Endwert A2 = ",A2 : CLS
   FOR N=0 TO 600
      IF INKEY$<>"" THEN END
      A=A1+N*(A2-A1)/600 : X=.5
         FOR K=1 TO 400
         X=A*X*(1-X)
         IF K>200 THEN PSET(20+N,F1-F2*X)
      NEXT K
   NEXT N
END
```

```
REM *** BIFUR2 ***
REM *** Bifurkationsdiagramm von x'=a x(1-y), y=axy ***
REM *** Wählen Sie 2.98<a<3.08 mit .1<x<.5,  oder ***
REM *** 3.377<a<3.392 mit  0<x<.7 ***
   CLS : PRINT"9 für EGA oder 12 für VGA eingeben"
   INPUT"screen = ",SCR
   IF SCR=9 THEN YM=175 ELSE YM=240
   SCREEN SCR : EPS=.01
   WINDOW (0,0)-(639,.7)
   PRINT"Geben Sie Werte für a ein, z. B. a1=2.98 und
                                               a2=3.08"
   INPUT"Anfangswert a1 = ",a1
   INPUT"Endwert a2 = ",a2 : CLS
   FOR N=0 TO 600
      IF INKEY$<>"" THEN END
      A=A1+N*(A2-A1)/600 : X=1/A : Y=1-2/A+EPS
      FOR K=1 TO 800
         Z=X : X=A*X*(1-X-Y) : Y=A*Z*Y
         IF K>400 THEN PSET(20+N,X)
      NEXT K
   NEXT N
END
```

```
REM *** TREESB ***
REM *** Iteratives System mit zwei Kontraktionen ***
   CLS : PRINT"9 für EGA oder 12 für VGA eingeben"
   INPUT"screen = ",SCR
   SCREEN  SCR : CLS
   P=11 : DIM X(2^(P+1)-1),Y(2^(P+1)-1)
   WINDOW (-2.4,-1.2)-(2.4,2.4)
   PI=4*ATN(1) : R=SQR(1/2) : S=R
   PHI=PI/4 : PSI=-PI/4
   A=R*COS(PHI) : B=R*SIN(PHI)
   C=S*COS(PSI) : D=S*SIN(PSI)
   X(1)=O : Y(1)=1 : PSET (X(1),Y(1))
   FOR G=1 TO P
      FOR N=2^(G-1) TO 2^G-1
         IF INKEY$<>"" THEN END
         X=X(N) : Y=Y(N)
         GOSUB trafo1
         X(2*N)=X1 : Y(2*N)=Y1
```

```
         GOSUB trafo2
         X(2*N+1)=X2 : Y(2*N+1)=Y2
         PSET (X1,Y1) : PSET (X2,Y2)
      NEXT N
   NEXT G : A$=INPUT$(1)
END
trafo1:
   X1=A*X-B*Y+A-1 : Y1=B*X+A*Y+B  'Kontraktion L
RETURN
trafo2:
   X2=C*X-D*Y+1-C : Y2=D*X+C*Y-D  'Kontraktion R
RETURN
```

REM * TREEBT *****

```
REM *** Iteratives System mit zwei Kontraktionen ***
REM *** Backtracking ***
   CLS : PRINT"9 für EGA oder 12 für VGA eingeben"
   INPUT"screen = ",SCR
   SCREEN SCR : CLS
   P=12 : DIM X(P),Y(P),Z(P)
   WINDOW (-2.4,-1.2)-(2.4,2.4)
   A=1/2 : B=1/2 : C=1/2 : D=-1/2
   X=0 : Y=1  'Start
   PSET (X,Y) : M=0 : G=0
   DO
      IF G<P THEN
         M=M+1 : G=G+1
         GOSUB trafo1 : GOSUB trafo2
         X=X1 : Y=Y1
         X(M)=X2 : Y(M)=Y2 : Z(M)=G  'Auf den Stack
      ELSE
         X=X(M) : Y=Y(M) : G=z(m) 'Vom Stack
         m=m-1
      END IF
   LOOP UNTIL M<0 : A$=INPUT$(1)
END
trafo1:
   X1=A*X-B*Y+A-1 : Y1=B*X+A*Y+B  'Kontraktion L
   PSET (X1,Y1)
RETURN
trafo2:
   X2=C*X-D*Y+1-C : Y2=D*X+C*Y-D  'Kontraktion R
   PSET (X2,Y2)
RETURN
```

REM * TREEBTA *****

```
REM *** Iteratives System mit zwei Kontraktionen ***
REM *** Bedingtes Backtracking ***
   CLS : PRINT"9 für EGA oder 12 für VGA eingeben"
   INPUT"screen = ",SCR
   SCREEN SCR : CLS
   P=24 : DIM X(P),Y(P),Z(P),F(P)  'Ordnung
   WINDOW (-2.4,-1.2)-(2.4,2.4)
   EPS=.001
   A1=1/2 : B1=1/2 : A2=1/3 : B2=-1/3
   F1=SQR(A1*A1+B1*B1) : F2=SQR(A2*A2+B2*B2)
   X=0 : Y=1 : F=1  'start
   PSET (X,Y) : M=0 : G=0
```

```
REM *** Hauptprogramm ***
   DO
      IF G<P AND F>EPS THEN
         M=M+1 : G=G+1 : GOSUB trafo
         X=X1 : Y=Y1 : F=F*F1
         X(M)=X2 : Y(M)=Y2 : Z(M)=G : F(M)=F*F2
      ELSE
         X=X(M) : Y=Y(M) : G=Z(M) : F=F(M)
         M=M-1
      END IF
      IF INKEY$<>"" THEN END
   LOOP UNTIL  M<0
END
trafo:
   X1=A1*X-B1*Y+A1-1 : Y1=B1*X+A1*Y+B1
   X2=A2*X-B2*Y+1-A2 : Y2=B2*X+A2*Y-B2
   PSET (X1,Y1) : PSET (X2,Y2)
RETURN
```

```
REM *** SIERBT ***
REM *** Iteratives System mit drei Kontraktionen ***
REM *** Backtracking ***
REM *** Spezialfall des Sierpinski-Siebs ***
   SCREEN 12 : CLS
   P=8 : DIM XS(P),YS(P),S(P)
REM *** Parameter ***
   A1=.5 : B1=0 : A2=.5 : B2=0 : A3=.5 : B3=0
   T1=.5 : T2=SQR(3)/2
   E=T1*(1-A3)+T2*B3 : F=-T1*B3+T2*(1-A3)
   WINDOW (-.8,-.6)-(1.6,1.2)
REM *** Initialisierung ***
   X=T1 : Y=T2/3  'Anfangspunkt
   M=0 : G=0
   PSET (0,0) : PSET (1,0) : PSET (T1,T2)
   PSET (X,Y)
   DO
      IF G<P THEN
         GOSUB trafo : G=G+1
         X=X1 : Y=Y1
         M=M+1 : XS(M)=X2 : YS(M)=Y2 : S(M)=G  'Auf den
                                                 Stack
         M=M+1 : XS(M)=X3 : YS(M)=Y3 : S(M)=G  'Auf den
                                                 Stack
      ELSE
         X=XS(M) : Y=YS(M) : G=S(M)  'Vom Stack
         M=M-1
      END IF
   LOOP UNTIL M<0
END
trafo:
   X1=A1*X-B1*Y : Y1=B1*X+A1*Y
   X2=A2*X-B2*Y+1-A2 : Y2=B2*X+A2*Y-B2
   X3=A3*X-B3*Y+E : Y3=B3*X+A3*Y+F
   PSET (X1,Y1) : PSET (X2,Y2) : PSET (X3,Y3)
RETURN
```

```
REM *** TENNIS ***
REM *** Fraktales Tennis ***
   CLS : PRINT"9 für EGA oder 12 für VGA eingeben"
   INPUT"screen = ",SCR
   SCREEN SCR : CLS : RANDOMIZE 11
```

```
   WINDOW (-1.2,-.6)-(1.2,1.2)
   X=RND : Y=RND  'start
   INPUT"Anzahl der Schläge = ",NMAX : CLS
   IF NMAX=0 OR NMAX>1000 THEN NMAX=1000
   FOR N=1 TO NMAX
      IF INKEY$<>"" THEN END
      R=RND
      SELECT CASE R
      CASE <1/3
         X=(X-1)/2 : Y=Y/2  'Spieler a
      CASE <2/3
         X=(X+1)/2 : Y=Y/2  'Spieler b
      CASE ELSE
         X=X/2 : Y=(Y+1)/2  'Spieler c
      END SELECT
      PSET (X,Y)
   NEXT N
END
```

```
REM *** CONTRMC1 ***
REM *** Iteratives System mit zwei Kontraktionen ***
REM *** Monte-Carlo-Methode
   CLS : PRINT"9 für EGA oder 12 für VGA eingeben"
   PRINT : INPUT"screen = ",SCR
   SCREEN SCR : CLS
   RANDOMIZE 1 : NMAX=10000
   WINDOW (-3.2,-2.4)-(3.2,2.4)
   A1=.64 : B1=.64 : A2=.1 : B2=-.1
   F1=SQR(A1*A1+B1*B1) : F2=SQR(A2*A2+B2*B2)
   X=0 : Y=1: 'Start
   Q=F1/(F1+F2)
   FOR N=1 TO NMAX
      R=RND
      IF R<Q THEN GOSUB lab1 ELSE GOSUB lab2
      IF N>32 THEN PSET (X,Y)
   NEXT N : END
lab1:
   Z=X : X=A1*X-B1*Y+A1-1 : Y=B1*Z+A1*Y+B1 : RETURN
lab2:
   Z=X : X=A2*X-B2*Y+1-A2 : Y=B2*Z+A2*Y-B2 : RETURN
END
```

```
REM *** MAPLE ***
REM *** Fraktal in der Form eines Ahornblatts ***
   CLS : PRINT"9 für EGA oder 12 für VGA eingeben"
   INPUT"screen = ",SCR
   SCREEN SCR : CLS : RANDOMIZE 11
   WINDOW (-.04,.2)-(.92,.92)
   NMAX=60000 : COL=2
REM *** Koeffizienten ***
   A1=.6 : B1=0 : C1=0 : D1=.6 : E1=.18 : F1=.36
   A2=.6 : B2=0 : C2=0 : D2=.6 : E2=.18 : F2=.12
   A3=.4 : B3=.3 : C3=-.3 : D3=.4 : E3=.27 : F3=.36
   A4=.4 : B4= -.3 : C4=.3 : D4=.4 : E4=.27 :
                              F4=9.000001E-02
REM *** Wahrscheinlichkeitsverteilung ***
   Q1=.3 : Q2=.6 : Q3=.8
REM *** Hauptprogramm ***
   X=0 : Y=0
   FOR N=0 TO NMAX : R=RND
      IF INKEY$<>"" THEN END
```

```
      SELECT CASE R
      CASE <Q1
         GOSUB trafo1
      CASE <Q2
         GOSUB trafo2
      CASE <Q3
         GOSUB trafo3
      CASE <1
         GOSUB trafo4
      END SELECT
      GOSUB pointset
   NEXT N : A$=INPUT$(1)
END
trafo1:
   Z=X : X=A1*X+B1*Y+E1 : Y=C1*Z+D1*Y+F1
RETURN
trafo2:
   Z=X : X=A2*X+B2*Y+E2 : Y=C2*Z+D2*Y+F2
RETURN
trafo3:
   Z=X : X=A3*X+B3*Y+E3 : Y=C3*Z+D3*Y+F3
RETURN
trafo4:
   Z=X : X=A4*X+B4*Y+E4 : Y=C4*Z+D4*Y+F4
RETURN
pointset:
   IF N>32 THEN PSET (X,Y),COL
RETURN
```

REM * COLLAGEH *****

```
REM *** Kollage des Buchstaben H ***
   CLS : PRINT"9 für EGA oder 12 für VGA eingeben"
   INPUT"screen = ",SCR
   SCREEN SCR : CLS : RANDOMIZE 11
   WINDOW (-6,-4)-(6,4)
   NMAX=16000 : X=0 : Y=0
   FOR N=1 TO 16000
      R=INT(7*RND)
      SELECT CASE R
      CASE 0
         X=X/3+2 : Y=Y/3+2
      CASE 1
         X=X/3-2 : Y=Y/3+2
      CASE 2
         X=X/3-2 : Y=Y/3-2
      CASE 3
         X=X/3+2 : Y=Y/3-2
      CASE 4
         X=X/3+2 : Y=Y/3
      CASE 5
         X=X/3-2 : Y=Y/3
      CASE 6
         X=X/3 : Y=Y/3
      END SELECT
      PSET (X,Y) : PSET (X,-Y)
      PSET (-X,Y) : PSET (-X,-Y)
      IF INKEY$<>"" THEN END
   NEXT N
END
```

```
REM *** RWALK ***
REM *** Random walk in einem Rechteck ***
   CLS : PRINT"9 für EGA oder 12 für VGA eingeben"
   INPUT"screen = ",SCR
   SCREEN SCR : CLS : RANDOMIZE 11
   XM=320 : IF SCR=9 THEN YM=175 ELSE YM=240
   A=200 : B=150  '2a+1 Spalten und 2b+1 Zeilen
   PRINT"Geben Sie die Anzahl der Schritte, z. B.
                                           n=1000"
   INPUT"Anzahl der Schritte = ",n
   PRINT"Geben Sie die Schrittlänge als kleine Zahl,
                                           z. B. h=4"
   INPUT"Schrittlänge         = ",H : CLS
   LINE (XM-A,YM-B)-(XM-A,YM+B) : LINE -(XM+A,YM+B)
   LINE -(XM+A,YM-B) : LINE -(XM-A,YM-B)
   X=XM : Y=YM : PSET (XM,YM) : K=1
   DO WHILE K<N
      R=INT(4*RND)
      SELECT CASE R
      CASE 0
         X1=X+H : Y1=Y
      CASE 1
         X1=X-H : Y1=Y
      CASE 2
         X1=X : Y1=Y-H
      CASE 3
         X1=X : Y1=Y+H
      END SELECT
      LINE -(X1,Y1)
      X=X1 : Y=Y1 : K=K+1
      D1=ABS(X1-XM) : D2=ABS(Y1-YM)
   LOOP UNTIL D1>A OR D2>B : A$=INPUT$(1)
END
```

```
REM *** CLUSTERC ***
REM *** Cluster in einem Kreis ***
   CLS : PRINT"9 für EGA oder 12 für VGA eingeben"
   INPUT"screen = ",SCR
   SCREEN SCR : CLS : RANDOMIZE 11
   IF SCR=12 THEN YM=240 ELSE YM=175
   XM=320 : MAX=0 : K=0 : PI=4*ATN(1)
   PSET (XM,YM),14
mainloop:
   K=K+1 : LOCATE 1,1 : PRINT K
   R=MAX*(1+RND/5) : C=2*PI*RND
   P=XM+INT(R*COS(C)) : Q=YM+INT(R*SIN(C))
   DO WHILE INKEY$=""
      S=INT(4*RND)
      SELECT CASE S
      CASE 0
         P=P-1
      CASE 1
         P=P+1
      CASE 2
         Q=Q-1
      CASE 3
         Q=Q+1
      END SELECT
      C1=POINT (P-1,Q) : C2=POINT (P+1,Q)
      C3=POINT (P,Q-1) : C4=POINT (P,Q+1)
      D1=POINT (P+1,Q+1) : D2=POINT (P-1,Q-1)
      D3=POINT (P-1,Q+1) : D4=POINT (P+1,Q-1)
```

```
      IF C1=14 OR C2=14 OR C3=14 OR C4=14 THEN GOSUB
                              setpoint : GOTO mainloop
      IF D1=14 OR D2=14 OR D3=14 OR D4=14 THEN GOSUB
                              setpoint : GOTO mainloop
      IF ABS(P-XM)>MAX+4 THEN GOTO mainloop
      IF MAX(Q-YM)>MAX+4 THEN GOTO mainloop
   LOOP : A$=INPUT$(1)
END
setpoint:
   PSET (P,Q),14 : PSET (P1,Q1)
   IF MAX<ABS(P-XM) THEN MAX=ABS(P-XM)
   IF MAX<ABS(Q-YM) THEN MAX=ABS(Q-YM)
RETURN
```

```
REM *** CLUSTERL ***
REM *** Cluster auf einer Linie ***
   CLS : PRINT"9 für EGA oder 12 für VGA eingeben"
   INPUT"screen = ",SCR
   SCREEN SCR : CLS : RANDOMIZE 11
   IF SCR=12 THEN YM=400 ELSE YM=300
   XM=320 : MAX=0 : K=0
mainloop:
   K=K+1 : LOCATE 1,1 : PRINT K
   P=XM+INT((RND-.5)*560) : Q=YM-MAX-6
   DO WHILE INKEY$=""
      S=INT(4*RND)
      SELECT CASE S
      CASE 0
         P=P-1 : IF P<40 THEN P=P+2
      CASE 1
         P=P+1 : IF P>600 THEN P=P-2
      CASE 2
         Q=Q-1 : IF Q<YM-MAX-12 THEN Q=Q+2
      CASE 3
         Q=Q+1
      END SELECT
      C1=POINT (P-1,Q) : C2=POINT (P+1,Q)
      C3=POINT (P,Q-1) : C4=POINT (P,Q+1)
      D1=POINT (P+1,Q+1) : D2=POINT (P-1,Q-1)
      D3=POINT (P-1,Q+1) : D4=POINT (P+1,Q-1)
      IF C1=14 OR C2=14 OR C3=14 OR C4=14 THEN GOSUB
                              setpoint : GOTO mainloop
      IF D1=14 OR D2=14 OR D3=14 OR D4=14 THEN GOSUB
                              setpoint : GOTO mainloop
      IF Q=YM THEN PSET (P,Q),14 : GOTO mainloop
   LOOP
A$=INPUT$(1) : END
setpoint:
   PSET (P,Q),14
   IF MAX<YM-Q THEN MAX=YM-Q
RETURN
```

```
REM *** KOCHLIND ***
REM *** Koch-Kurve nach Lindenmayer ***
   CLS : PRINT"9 für EGA oder 12 für VGA eingeben"
   INPUT"screen = ",SCR
   SCREEN SCR : CLS
   WINDOW (-4,-3)-(4,3)
   MAXORDER=5 : PI=4*ATN(1)
```

```
REM *** Startpunkt und Schrittlänge ***
   X=-3 : Y=0 : PHI=0 : H=.025
REM *** Startfigur und Produktionsregel ***
   AXIOM$="F"
   PROD$="F+F*F+F"
REM *** Hauptprogramm ***
   WAY$=AXIOM$
   FOR ORDER=1 TO MAXORDER
      W$=""
      FOR I=1 TO LEN(WAY$)
         S$=MID$(WAY$,I,1)
         IF S$="F" THEN Q$=PROD$ ELSE Q$=S$
         W$=W$+Q$
      NEXT I
      WAY$=W$
      NEXT ORDER
REM *** Zeichnen ***
   PSET (X,Y),14
   FOR I=1 TO LEN(WAY$)
      S$=MID$(WAY$,I,1)
      SELECT CASE S$
      CASE "+"
         PHI=PHI+PI/3
      CASE "*"
         PHI=PHI-2*PI/3
      CASE "F"
         X=X+H*COS(PHI) : Y=Y+H*SIN(PHI)
         LINE -(X,Y),14
      END SELECT
   NEXT I
END
```

```
REM *** SIERLIND ***
REM *** Sierpinski-Dreieck nach Lindenmayer ***
   CLS : PRINT"9 für EGA oder 12 für VGA eingeben"
   INPUT"screen = ",SCR
   SCREEN SCR : CLS
   WINDOW (-4,-3)-(4,3)
   MAXORDER=7 : PI=4*ATN(1)
REM *** Startpunkt und Schrittlänge ***
   X=-2.5 : Y=-2 : PHI=0 : H=.04
REM *** Anfangsfigur und Produktionsregeln ***
   AXIOM$="F"
   PROD1$="G+F+G" : PROD2$="F-G-F"
REM *** Hauptprogramm ***
   WAY$=AXIOM$
   FOR ORDER =1 TO MAXORDER
      W$=""
      FOR I=1 TO LEN(WAY$)
         S$=MID$(WAY$,I,1)
         SELECT CASE S$
         CASE "F"
            Q$=PROD1$
         CASE "G"
            Q$=PROD2$
         CASE "+","-"
            Q$=S$
         END SELECT
         W$=W$+Q$
      NEXT I
      WAY$=W$
   NEXT ORDER
```

```
REM *** Zeichnen ***
   PSET (X,Y),14
   FOR I=1 TO LEN(WAY$)
      S$=MID$(WAY$,I,1)
      SELECT CASE S$
      CASE "-"
         PHI=PHI-PI/3
      CASE "+"
         PHI=PHI+PI/3
      CASE "F","G"
         X=X+H*COS(PHI) : Y=Y+H*SIN(PHI)
         LINE -(X,Y),14
      END SELECT
   NEXT I
END
```

```
REM *** PEANOL ***
REM *** Peano-Kurve nach Lindenmayer ***
REM *** Mit Backtracking ***
   CLS : PRINT"9 für EGA oder 12 für VGA eingeben"
   INPUT"screen = ",SCR
   SCREEN SCR : CLS
   WINDOW (-4,-3)-(4,3)
   DEFDBL H,P,X,Y
   NMAX=6 : PI=4*ATN(1)
REM *** Startpunkt und Schrittlänge ***
   X=-2.2 : Y=2.5 : PHI=0 : H=.07
REM *** Anfangsfigur und Produktionsregel ***
   AXIOM$="X"
   PROD1$="-YF+XFX+FY-"
   PROD2$="+XF-YFY-FX+"
   LP=11
   DIM P$(LP*NMAX),N(LP*NMAX)
REM *** Hauptprogramm ***
   S=1 : N=0 : P$(1)="X" : N(1)=0
   DO WHILE S>0
      DO WHILE N<NMAX
         S$=P$(S) : N=N(S)+1 : S=S-1
         SELECT CASE S$
         CASE "X"
            FOR I=0 TO LP-1
               M$=MID$(PROD1$,LP-I,1)
               S=S+1
               P$(S)=M$ : N(S)=N
            NEXT I
         CASE "Y"
            FOR I=0 TO LP-1
               M$=MID$(PROD2$,LP-I,1)
               S=S+1
               P$(S)=M$ : N(S)=N
            NEXT I
         CASE "F","+","-"
            S=S+1 : P$(S)=S$ : N(S)=N
         END SELECT
      LOOP
      S$=P$(S) : GOSUB graphics
      S=S-1 : N=N(S)
   LOOP
END
```

```
graphics:
   PSET (X,Y),14
   SELECT CASE S$
   CASE "+"
      PHI=PHI+PI/2
   CASE "-"
      PHI=PHI-PI/2
   CASE "F"
      X=X+H*COS(PHI) : Y=Y+H*SIN(PHI)
      LINE -(X,Y),14
   END SELECT
RETURN
```

```
REM *** BUSHLIND ***
REM *** Baum nach Lindenmayer ***
REM *** Mit Backtracking ***
   CLS : PRINT"9 für EGA oder 12 für VGA eingeben"
   INPUT"screen = ",SCR
   SCREEN SCR : CLS
   WINDOW (-4,-3)-(4,3)
   NMAX=5 : PI=4*ATN(1)
REM *** Startposition und Schrittlänge ***
   X=0 : Y=-2.5 : PHI=PI/2 : DELTA=PI/7 : H=.02
REM *** Anfangsfigur und Produktionsregel ***
   AXIOM$="F"
   PROD$="F[+F]F[-F]F"
   LP=LEN(PROD$)
   DIM P$(LP*NMAX),N(LP*NMAX),U(16),V(16),W(16)
REM *** Hauptprogramm ***
   S=1 : N=0 : P$(1)="F" : N(1)=0 : M=0
   DO WHILE S>0
      DO WHILE N<NMAX
         S$=P$(S) : N=N(S)+1 : S=S-1
         SELECT CASE S$
         CASE "F"
            FOR I=0 TO LP-1
               M$=MID$(PROD$,LP-I,1)
               S=S+1
               P$(S)=M$ : N(S)=N
            NEXT I
         CASE "+","-","[","]"
            S=S+1 : P$(S)=S$ : N(S)=N
         END SELECT
      LOOP
      S$=P$(S) : GOSUB graphics
      S=S-1 : N=N(S)
   LOOP
END
graphics:
   PSET (X,Y),14
   SELECT CASE S$
   CASE "+"
      PHI=PHI+DELTA
   CASE "-"
      PHI=PHI-DELTA
   CASE "F"
      X=X+H*COS(PHI) : Y=Y+H*SIN(PHI)
      LINE -(X,Y),14
   CASE "["
      M=M+1 : U(M)=X : V(M)=Y : W(M)=PHI
      U=X : V=Y : W=PHI
```

```
   CASE "]"
      X=U(M) : Y=V(M) : PHI=W(M) : M=M-1
      PSET (X,Y)
   END SELECT
RETURN
```

```
REM *** PICK1 ***
REM *** Wachstumsmodell nach Pickover ***
REM *** Symmetrische Version ***
   DEFINT I,J,K,N,T,X,Y
   CLS : PRINT"9 für EGA oder 12 für VGA eingeben"
   INPUT"screen = ",SCR
   IF SCR=9 THEN XM=320 : YM=175
   IF SCR=12 THEN XM=320 : YM=240
   SCREEN SCR : CLS
   INPUT"Anzahl der Zeilen = ",N  'Gesamtzahl ist 2n-3
   CLS : DIM X(N,N),Y(N,N)
   X(0,0)=1
   FOR K=1 TO N-1
      FOR I=0 TO K : FOR J=0 TO K-I
         IF X(I,J)=0 THEN
            IF I>=1 AND J>=1 THEN T=X(I+1,J)
                 +X(I-1,J)+X(I,J+1)+X(I,J-1)
            IF I=0 AND J>=1 THEN
                              T=2*X(1,J)+X(0,J+1)+X(0,J-1)
            IF I>=1 AND J=0 THEN
                              T=2*X(I,1)+X(I+1,0)+X(I-1,0)
            IF T=1 THEN Y(I,J)=1
         ELSE
            PSET (XM+2*I,YM-2*J),14 : PSET (XM-2*I,
                                          YM-2*J),14
            PSET (XM+2*I,YM+2*J),14 : PSET (XM-2*I,
                                          YM+2*J),14
         END IF
         IF INKEY$<>"" THEN END
      NEXT J : NEXT I
      FOR I=0 TO K : FOR J=0 TO K-I
         X(I,J)=Y(I,J)
      NEXT J : NEXT I
   NEXT K : A$=INPUT$(1)
END
```

```
REM *** PICK2 ***
REM *** Even-odd-Modell von Pickover ***
REM *** Symmetrische Version ***
   DEFINT I,J,K,N,S,X,Y
   CLS : PRINT"9 für EGA oder 12 für VGA eingeben"
   INPUT"screen = ",SCR
   IF SCR=9 THEN XM=320 : YM=175
   IF SCR=12 THEN XM=320 : YM=240
   SCREEN SCR : CLS
   INPUT"Anzahl der Spalten = ",N
   CLS : DIM X(N,N),Y(N,N)
   X(0,0)=1
   FOR K=1 TO N-1
      FOR I=0 TO K : FOR J=0 TO K
         IF X(I,J)=0 THEN
            IF K MOD 2 = 1 THEN
   IF I>=1 AND J>=1 THEN S=X(I+1,J)+
                              X(I-1,J)+X(I,J+1)+X(I,J-1)
   IF I=0 AND J>=1 THEN S=2*X(1,J)+X(0,J+1)+X(0,J-1)
```

```
   IF I>=1 AND J=0 THEN S=2*X(I,1)+X(I+1,0)+X(I-1,0)
   IF S=1 THEN Y(I,J)=1 ELSE Y(I,J)=0
         ELSE
   IF I>=1 AND J>=1 THEN S=X(I+1,J)+X(I-1,J)+ X(I,J+1)
                    +X(I,J-1)+X(I+1,J+1)+X(I-1,J+1)+
                               X(I-1,J-1)+X(I+1,J-1)
   IF I=0 AND J>=1 THEN S=2*X(1,J)+2*X(1,J+1)
                       +2*X(1,J-1)+X(0,J+1)+X(0,J-1)
   IF I>=1 AND J=0 THEN S=2*X(I,1)+2*X(I+1,1)
                       +2*X(I-1,1)+X(I+1,0)+X(I-1,0)
   IF S=1 THEN Y(I,J)=1 ELSE Y(I,J)=0
         END IF
       ELSE
         PSET (XM+2*I,YM-2*J),14 :
                         PSET (XM-2*I,YM-2*J),14
         PSET (XM+2*I,YM+2*J),14 :
                         PSET (XM-2*I,YM+2*J),14
       END IF
       IF INKEY$<>"" THEN END
     NEXT J : NEXT I
     FOR I=0 TO K : FOR J=0 TO K
       X(I,J)=Y(I,J)
     NEXT J : NEXT I
   NEXT K : BEEP : A$=INPUT$(1)
END
```

```
REM *** PICK3 ***
REM *** Even-odd-Modell von Pickover ***
REM *** Farbversion ***
   DEFINT I,J,K,N,S,X,Y
   CLS : PRINT"9 für EGA oder 12 für VGA eingeben"
   INPUT"screen = ",SCR
   IF SCR=9 THEN XM=320 : YM=175
   IF SCR=12 THEN XM=320 : YM=240
   SCREEN SCR : CLS
   PRINT"Anzahl der Zeilen, n=120 oder weniger"
   INPUT"Anzahl der Zeilen = ",N
   CLS : DIM X(N,N),Y(N,N),COL(7)
REM *** Farben ***
   DATA 0,4,12,2,10,14,5,13
   FOR I=0 TO 7 : READ COL(I) : NEXT I
   X(0,0)=1  'start
   FOR K=1 TO N-1
     FOR I=0 TO K : FOR J=0 TO K
       IF INKEY$<>"" THEN END
       IF X(I,J)=0 THEN
         IF K MOD 2 = 1 THEN
           IF I>=1 AND J>=1 THEN S=X(I+1,J)+
           .            X(I-1,J)+X(I,J+1)+X(I,J-1)
           IF I=0 AND J>=1 THEN S=2*X(1,J)+
                                 X(0,J+1)+X(0,J-1)
           IF I>=1 AND J=0 THEN S=2*X(I,1)+
                                 X(I+1,0)+X(I-1,0)
             Y(I,J)=S
         ELSE
           IF I>=1 AND J>=1 THEN S=X(I+1,J)+
                       X(I-1,J)+X(I,J+1)+X(I,J-1)+
                            X(I+1,J+1)+X(I-1,J+1)+
                             X(I-1,J-1)+X(I+1,J-1)
           IF I=0 AND J>=1 THEN S=2*X(1,J)+
                            2*X(1,J+1)+2*X(1,J-1)+
                                 X(0,J+1)+X(0,J-1)
```

```
                IF I>=1 AND J=0 THEN S=2*X(I,1)+
                         2*X(I+1,1)+2*X(I-1,1)+X(I+1,0)+
                                                X(I-1,0)
             Y(I,J)=S
             END IF
          ELSE
          Y(I,J)=X(I,J)
          END IF
       NEXT J : NEXT I
       FOR I=0 TO K : FOR J=0 TO K
          IF K MOD 2 = 1 THEN GOSUB graphics
          IF Y(I,J)=1 THEN X(I,J)=1 ELSE X(I,J)=0
       NEXT J : NEXT I
    NEXT K : A$=INPUT$(1)
END
graphics:
    C=COL(Y(I,J))
    PSET (XM+2*I,YM-2*J),C : PSET (XM-2*I,YM-2*J),C
    PSET (XM+2*I,YM+2*J),C : PSET (XM-2*I,YM+2*J),C
RETURN
```

```
REM *** CELL1 ***
REM *** Zellulärer Automat ***
REM *** Eine neue Zelle aus drei älteren ***
REM *** Die Zellen werden von Nullen begrenzt ***
   CLS : PRINT"9 für EGA oder 12 für VGA eingeben"
   INPUT"screen = ",SCR
   IF SCR=9 THEN XM=320 : YM=175
   IF SCR=12 THEN XM=320 : YM=240
   SCREEN SCR : CLS
   PRINT"Halbe Zellenzahl und halbe Zeilenzahl"
   INPUT"Halbe Zellenzahl = ",N
   INPUT"Halbe Zeilenzahl = ",P
   DIM X(2*N),Y(2*N) : CLS
REM *** Initialisierung ***
   X(0)=0 : X(2*N)=0
   X(N)=1 : PSET (XM,YM-P)
   FOR K=1 TO 2*P+1
      FOR L=1 TO 2*N-1
REM *** Produktionsregel ***
         Y(L)=(X(L-1)+X(L+1)) MOD 2
      NEXT L
      FOR I=1 TO 2*N-1
         X(I)=Y(I)
         IF X(I)=1 THEN PSET (XM-N+I,YM-P+K)
      NEXT I
   NEXT K : A$=INPUT$(1)
END
```

```
REM *** CELL2 ***
REM *** Zellulärer Automat ***
REM *** Eine neue Zelle aus drei älteren ***
REM *** Die Zellen sind von Nullen begrenzt ***
   CLS : PRINT"9 für EGA oder 12 für VGA eingeben"
   INPUT"screen = ",SCR
   IF SCR=9 THEN XM=320 : YM=175
   IF SCR=12 THEN XM=320 : YM=240
   SCREEN SCR
   PRINT"Halbe Zellenzahl und halbe Zeilenzahl"
   INPUT"Halbe Zellenzahl = ",N
   PRINT : INPUT"Halbe Zeilenzahl = ",P
```

```
   DIM X(2*N),Y(2*N) : CLS
REM *** Initialisierung ***
   X(0)=0 : X(2*N)=0
   X(N)=1 : PSET (XM,YM-P)
   FOR K=1 TO 2*P+1
      FOR L=1 TO 2*N-1
REM *** Produktionsregel ***
         Y(L)=(X(L-1)+X(L)+X(L+1)) MOD 2
      NEXT L
      FOR I=1 TO 2*N-1
         X(I)=Y(I)
         IF X(I)=1 THEN PSET (XM-N+I,YM-P+K)
      NEXT I
   NEXT K : A$=INPUT$(1)
END
```

```
REM *** CELL1A ***
REM *** Zellulärer Automat ***
REM *** Eine neue Zelle aus drei älteren ***
REM *** Die Zellen werden von Nullen begrenzt ***
REM *** Start durch Zufallszeile ***
   CLS : PRINT"9 für EGA oder 12 für VGA eingeben"
   INPUT"screen = ",SCR
   IF SCR=9 THEN XM=320 : YM=175
   IF SCR=12 THEN XM=320 : YM=240
   SCREEN SCR : RANDOMIZE 11
   PRINT"Halbe Zellenzahl und halbe Zeilenzahl"
   INPUT"Halbe Zellenzahl = ",N
   PRINT : INPUT"Halbe Zeilenzahl = ",P
   DIM X(2*N),Y(2*N) : CLS
REM *** Initialisierung ***
   X(0)=0 : X(1)=0 : X(2*N-1)=0 : X(2*N)=0
   FOR I=1 TO N-1
      X(2*I)=INT(2*RND) : X(2*I-1)=0
   NEXT I
   FOR K=1 TO 2*P+1
      FOR L=1 TO 2*N-1
REM *** Produktionsregel ***
         Y(L)=(X(L-1)+X(L+1)) MOD 2
      NEXT L
      FOR I=1 TO 2*N-1
         X(I)=Y(I)
         IF X(I)=1 THEN PSET (XM-N+I,YM-P+K)
      NEXT I
   NEXT K : A$=INPUT$(1)
END
```

```
REM *** CELL3 ***
REM *** Zellulärer Automat mit allgemeiner Regel ***
REM *** Eine neue Zelle aus drei älteren ***
REM *** Die Zellen werden durch Nullen begrenzt ***
   CLS : PRINT"9 für EGA oder 12 für VGA eingeben"
   INPUT"screen = ",SCR
   IF SCR=9 THEN XM=320 : YM=175
   IF SCR=12 THEN XM=320 : YM=240
   SCREEN SCR : CLS
   PRINT"Halbe Zellenzahl und halbe Zeilenzahl"
   INPUT"Halbe Zellenzahl = ",N
   INPUT"Halbe Zeilenzahl = ",P
   PRINT"Produktionsregel als ganze Zahl zwischen 0
                                          und 255"
```

```
   PRINT"Gut sind 18, 22, 54, 90, 126, 146, 150, 210"
   PRINT : INPUT"Code = ",C
   DIM X(2*N),Y(2*N),B(7) : CLS
REM *** Initialisierung ***
   M=C
   FOR J=0 TO 7
      Q=INT(M/2) : B(J)=M-2*Q : M=Q
   NEXT J
   X(0)=0 : X(2*N)=0
   X(N)=1 : PSET (XM,YM-P)
   FOR K=1 TO 2*P+1
      FOR L=1 TO 2*N-1
REM *** Produktionsregel ***
         T=X(L+1)+2*X(L)+4*X(L-1)
         Y(L)=B(T)
      NEXT L
      FOR I=1 TO 2*N-1
         X(I)=Y(I)
         IF X(I)=1 THEN PSET (XM-N+I,YM-P+K)
      NEXT I
   NEXT K : A$=INPUT$(1)
END
```

```
REM *** CELLC ***
REM *** Zellulärer Automat mit totalistischer Regel ***
REM *** Eine neue Zelle aus 5 älteren ***
REM *** Die Zellen sind durch Nullen begrenzt ***
   CLS : PRINT"9 für EGA oder 12 für VGA eingeben"
   INPUT"screen = ",SCR
   IF SCR=9 THEN XM=320 : YM=175
   IF SCR=12 THEN XM=320 : YM=240
   SCREEN SCR : CLS : RANDOMIZE 11
   PRINT"Halbe Zellenzahl und halbe Zeilenzahl "
   PRINT : INPUT"Halbe Zellenzahl = ",N
   PRINT : INPUT"Halbe Zeilenzahl  = ",P : PRINT
   PRINT" Produktionsregel als gerade Zahl zwischen 0
                                               und 64"
   PRINT : INPUT"Code = ",C
   DIM X(2*N+2),Y(2*N+2),B(5) : CLS
   M=C
   FOR J=0 TO 5
      Q=INT(M/2) : B(J)=M-2*Q : M=Q
   NEXT J
   X(0)=0 : X(1)=0 : X(2*N+1)=0 : X(2*N+2)=0 : CLS
   FOR I=2 TO 2*N : X(I)=INT(2*RND)
      IF X(I)=1 THEN PSET (XM-N+I-1,YM-P),14
   NEXT I
   FOR K=1 TO 2*P+1
      FOR L=2 TO 2*N
         IF INKEY$<>"" THEN END
         S=X(L-2)+X(L-1)+X(L)+X(L+1)+X(L+2)
         Y(L)=B(S)
      NEXT L
      FOR I=2 TO 2*N
         X(I)=Y(I)
         IF X(I)=1 THEN PSET (XM-N+I-1,YM-P+K),14
      NEXT I
   NEXT K : A$=INPUT$(1)
END
```

```
REM *** PYT3DBT ***
REM *** 3-D-Pythagorasbaum im japanischen Stil ***
   CLS : PRINT"9 für EGA oder 12 für VGA eingeben"
   INPUT"screen = ",SCR
   SCREEN SCR : CLS
   WINDOW (-4,-2)-(4,4)
REM *** Feste Ordnung, 11 oder kleiner ***
   P=11
   DIM XA(P),YA(P),ZA(P),XB(P),YB(P),ZB(P),S(P),KL(P)
REM *** Farben ***
   DATA 6,6,6,6,6,6,4,2,10,12,14,14,14
   FOR I=1 TO 12 : READ COL(I) : NEXT I
REM *** Dicke der Zweige ***
   H=.01 : EPS=.001 : CT=.4
REM *** Betrachtungswinkel in Grad ***
   PI=4*ATN(1)
   PHI=25 : PHI=PHI*PI/180
   CS=COS(PHI) : SS=SIN(PHI)
REM *** Verzweigungswinkel in Grad ***
   H1=20 : H2=-60
   H1=H1*PI/180 : H2=H2*PI/180
REM *** Längenreduktion ***
   R1=.85 : R2=.7
   A1=R1*COS(H1) : B1=R1*SIN(H1)
   A2=R2*COS(H2) : B2=R2*SIN(H2)
REM *** Hauptschleife ***
   G=0 : M=0
   XA=.01 : YA=0 : ZA=-1 : XB=0 : YB=0 : ZB=0
   UA=YA : VA=CS*ZA+SS*XA : UB=XB : VB=CS*ZB+SS*YB
   CALL fatline (UA,VA,UB,VB,H,6)
   DO WHILE M>=0 AND INKEY$=""
      IF G<P THEN
         M=M+1 : G=G+1 : GOSUB branch
         XA=XX : YA=YY : ZA=ZZ
         XB=X1 : YB=Y1 : ZB=Z1
         XA(M)=XX : YA(M)=YY : ZA(M)=ZZ
         XB(M)=X2 : YB(M)=Y2 : ZB(M)=Z2 : S(M)=G
      ELSE
         G=G+1 : GOSUB branch
         XA=XA(M) : YA=YA(M) : ZA=ZA(M)
         XB=XB(M) : YB=YB(M) : ZB=ZB(M) : M=M-1
         GOSUB branch
         XA=XA(M) : YA=YA(M) : ZA=ZA(M)
         XB=XB(M) : YB=YB(M) : ZB=ZB(M)
         G=S(M) : M=M-1
      END IF
   LOOP
      A$=INPUT$(1) : END
branch:
    U=XB-XA : V=YB-YA : W=ZB-ZA
    T=SQR(1+W*W/(U*U+V*V))
    XX=XB : YY=YB : ZZ=ZB
    X1=XB+A1*U-T*B1*V : Y1=YB+T*B1*U+A1*V : Z1=ZB+A1*W
    X2=XB+A2*U-T*B2*V : Y2=YB+T*B2*U+A2*V : Z2=ZB+A2*W
    UB=YB : VB=CS*ZB+SS*XB
    U1=Y1 : V1=CS*Z1+SS*X1
    U2=Y2 : V2=CS*Z2+SS*X2
    HG=H*EXP(-CT*G)
    IF HG>EPS THEN
       CALL fatline (U1,V1,UB,VB,HG,COL(G))
       CALL fatline (UB,VB,U2,V2,HG,COL(G))
    ELSE
       CALL thinline (U1,V1,UB,VB,COL(G))
```

```
        CALL thinline (UB,VB,U2,V2,COL(G))
     END IF
RETURN
SUB thinline (X1,Y1,X2,Y2,COL)
   LINE (X1,Y1)-(X2,Y2),COL
END SUB
SUB fatline (X1,Y1,X2,Y2,H,COL)
   LENGTH=SQR((X1-X2)*(X1-X2)+(Y1-Y2)*(Y1-Y2))
   H1=H*(Y2-Y1)/LENGTH : H2=H*(X1-X2)/LENGTH
   M=INT(LENGTH/H)
   FOR I=-3 TO 3 : FOR J=0 TO M
      U=X1+I*H1-J*H2 : V=Y1+I*H2+J*H1
      PSET (U,V),COL
   NEXT J : NEXT I
END SUB
```

```
REM *** PROFILE ***
REM *** Fraktales Profil ***
   CLS : PRINT"9 für EGA oder 12 für VGA eingeben"
   INPUT"screen = ",SCR
   SCREEN SCR : CLS
   RANDOMIZE TIMER
   WINDOW (0,-1)-(639,1)
   P=9 : N=512 : DIM F(N)
   H=.5 : SIGMA=.15
REM *** Initialisierung ***
   F(0)=.4 : F(256)=-.4 : F(512)=.2
   DEL=SIGMA : A=256 : B=128
   FOR M=1 TO P : DEL=DEL*2^(-H)
      FOR I=B TO N-B STEP A
         S=(F(I+B)+F(I-B))/2
         GOSUB gauss : F(I)=S+R*DEL
      NEXT I
      A=A/2 : B=B/2
   NEXT M
   FOR I=0 TO N : X=64+I : Y=F(I)
      IF Y>0 THEN COL=2 ELSE COL=9
      LINE (X,0)-(X,Y),COL
   NEXT I : A$=INPUT$(1)
END
gauss:
   R1=2*RND-1 : R2=2*RND-1 : R3=R1*R1+R2*R2
   IF R3>1 THEN GOTO gauss
   R=R1*SQR(-2*LOG(R3)/R3)
RETURN
```

```
REM *** PROJS ***
REM *** Projektion einer Oberfläche ***
   CLS : PRINT"9 für EGA oder 12 für VGA eingeben"
   PRINT : INPUT"screen = ",SCR
   SCREEN SCR : CLS
   WINDOW (0,-1)-(639,1)
   DEF FNA(X,Y)=SIN(7*X)*COS(9*Y)
   M1=320 : M2=256 : M=M1+M2
   NH=40 : NV=32
   P=.4 : Q1=10*P/9 : Q2=8*P/9 : Q3=.2 'Koeffizienten
   DIM S(M) : FOR L=0 TO M : S(L)=-1 : NEXT L
   FOR J=0 TO NV : Y=J/NV
      FOR I=0 TO M1 : X=I/M1
         Z=FNA(X,Y) : U=288+320*X-256*Y :
                                  V=Q1*X+Q2*Y+Q3*Z-P
```

```
      K=M2+I-J*(M2\NV)
      IF V<S(K) THEN GOTO lab1 ELSE S(K)=V
         PSET(U,V),10
         IF I=0 THEN LINE (U,V)-(U,V-Q3*Z-.3),7
   lab1 : NEXT I
  NEXT J
  FOR L=0 TO M : S(L)=-1 : NEXT L
  FOR I=0 TO NH : X=I/NH
     FOR J=0 TO M2 : Y=J/M2
        Z=FNA(X,Y) : U=288+320*X-256*Y :
                                V=Q1*X+Q2*Y+Q3*Z-P
        K=M2-J+I*(M1/NH)
        IF V<S(K) THEN GOTO lab2 ELSE S(K)=V
           PSET(U,V),12
           IF J=0 THEN LINE (U,V)-(U,V-Q3*Z-.3),7
     lab2 : NEXT J
  NEXT I
END
```

```
REM *** WAERDEN ***
REM *** Van der Waerden-Kurve ***
  CLS : PRINT"9 für EGA oder 12 für VGA eingeben"
  INPUT"screen = ",SCR
  SCREEN SCR : CLS
  WINDOW (-.3,-.3)-(1.3,.9)
  LINE (0,0)-(1,0)
  P=10 : H=2^(-P)
  FOR K=0 TO 2^P
     IF INKEY$<>"" THEN END
     X=K*H : S=0
     FOR J=0 TO 8
        Y=2^J*X-INT(2^J*X)
        IF Y<.5 THEN Z=Y ELSE Z=1-Y
        S=S+Z/2^J
     NEXT J
     IF K=0 THEN PSET (X,S) ELSE LINE-(X,S)
  NEXT K : A$=INPUT$(1)
END
```

```
REM *** TAKAGI ***
REM *** Projektion des Takagi-Berges ***
  CLS : PRINT"9 für EGA oder 12 für VGA eingeben"
  INPUT"screen= ",SCR
  SCREEN SCR : CLS
  WINDOW (0,-1)-(639,1)
  M1=640 : M2=512 : M=M1+M2
  DIM S(M) : NH=60 : NV=48
REM *** Projektionszahlen ***
  P=.3 : Q1=10*P/9 : Q2=8*P/9 : Q3=.8
  FOR L=0 TO M : S(L)=-1 : NEXT L
  FOR J=0 TO NV : Y=J/NV
     FOR I=0 TO M1 : X=I/M1
        GOSUB procedure
        U=288+320*X-256*Y : V=Q1*X+Q2*Y+Q3*Z-P
        K=M2+I-J*(M2\NV)
        IF V<S(K) THEN GOTO repeat1 : ELSE S(K)=V
        PSET (U,V),10
        IF INKEY$<>"" THEN END
        IF I=0 THEN LINE (U,V)-(U,V-Q3*Z-.2),7
```

```
repeat1:
      NEXT I
   NEXT J
   FOR L=0 TO M : S(L)=-1 : NEXT L
   FOR I=0 TO NH : X=I/NH
      FOR J=0 TO M2 : Y=J/M2
      GOSUB procedure
      U=288+320*X-256*Y : V=Q1*X+Q2*Y+Q3*Z-P
      K=M2-J+I*(M1/NH)
      IF V<S(K) THEN GOTO repeat2 ELSE S(K)=V
      PSET (U,V),12
      IF INKEY$<>"" THEN END
      IF J=0 THEN LINE (U,V)-(U,V-Q3*Z-.2),7
repeat2:
      NEXT J
   NEXT I
   LINE (32,Q2-P-.2)-(288,-P-.2),7
   LINE -(608,Q1-P-.2),7 : A$=INPUT$(1)
END
procedure:
   Z=0
   FOR K=0 TO 6
      X1=2^K*X-INT(2^K*X) : Y1=2^K*Y-INT(2^K*Y)
      F1=1/2-ABS(X1-1/2) : F2=1/2-ABS(Y1-1/2)
      IF F1<F2 THEN F=F1 ELSE F=F2
      Z=Z+F/2^K
   NEXT
RETURN
```

```
REM *** FRSURF ***
REM *** Fraktale Oberfläche ***
   CLS : PRINT"9 für EGA oder 12 für VGA eingeben"
   INPUT"screen = ",SCR
   SCREEN SCR : CLS
   XM=320 : IF SCR=9 THEN YM=175 ELSE YM=240
   A=1/2 : C=10 : M=6
   N=160 : PI=4*ATN(1) : CLS
   FOR I=0 TO N : FOR J=0 TO I
      IF INKEY$<>"" THEN END
      X=I/N : Y=J/N : Z=1-X
      FOR K=0 TO M
         X1=2^K*X-INT(2^K*X)
         Y1=2^K*Y-INT(2^K*Y)
         GOSUB function : Z=Z+A^K*F
      NEXT K
      COL=1+INT(C*Z) MOD 14
      PSET (XM+I,YM+J),COL : PSET (XM-I,YM+J),COL
      PSET (XM-I,YM-J),COL : PSET (XM+I,YM-J),COL
      PSET (XM+J,YM+I),COL : PSET (XM-J,YM+I),COL
      PSET (XM-J,YM-I),COL : PSET (XM+J,YM-I),COL
   NEXT J : NEXT I : A$=INPUT$(1)
END
function:
   IF X1<1/2 THEN F1=X1 ELSE F1=1-X1
   IF Y1<1/2 THEN F2=Y1 ELSE F2=1-Y1
   IF F1<F2 THEN F=F1 ELSE F=F2
RETURN
```

```
REM *** JULFILL ***
REM *** Gefülltes Julia-Fraktal von z:=z*z+c ***
   CLS : PRINT"12 für VGA oder 9 für EGA eingeben"
   INPUT"screen = ",SCR
   IF SCR=12 THEN XM=320 : YM=240 : BH=1
   IF SCR=9 THEN XM=320 : YM=175 : BH=35/48
   SCREEN SCR : CLS
REM *** Parameter und Größe ***
   INPUT"A = ",A : INPUT"B = ",B : CLS
   DELH=1.6 : DELV=1.2 : N1=200
   N2=INT(BH*N1*DELV/DELH)
   IF B=0 THEN N3=0 ELSE N3=-N2
REM *** Hauptprogramm ***
   FOR I=0 TO N1 : FOR J=N3 TO N2
      IF INKEY$<>"" THEN END
      I1=XM+I : I2=XM-I : X=I*DELH/N1
      J1=YM-J : J2=YM+J : Y=J*DELV/N2
   FOR K=1 TO 160
      X1=X*X-Y*Y+A : Y1=2*X*Y+B
      S=X*X+Y*Y : S1=(X-X1)*(X-X1)+(Y-Y1)*(Y-Y1)
      IF S>1000 THEN GOTO repeat
      IF S1<.0001 THEN GOTO putpixel
      X=X1 : Y=Y1
   NEXT K
putpixel:
   PSET (I1,J1) : PSET (I2,J2)
   IF B=0 THEN PSET (I1,J2) : PSET (I2,J1)
repeat:
   NEXT J : NEXT I : A$=INPUT$(1)
END
```

```
REM *** JUL1A ***
REM *** Julia-Fraktal von z*z+c ***
   CLS : PRINT"9 für EGA oder 12 für VGA eingeben"
   INPUT"screen = ",SCR
   SCREEN SCR : CLS
   IF SCR=12 THEN XM=320 : YM=240 : BH=1
   IF SCR=9 THEN XM=320 : YM=175 : BH=35/48
REM *** Farben ***
   DIM COL(15)
   DATA 0,1,9,4,12,2,1,9,4,12,2,1,9,4,12,2
   FOR I=0 TO 15 : READ COL(I) : NEXT I
   A=.1 : B=.3  'Parameter
   KMAX=200 : DELH=1.5 : DELV=1.5  'Fenster der Menge
   N1=200  'Größe auf dem Bildschirm
   N2=INT(BH*N1*DELV/DELH)
   IF B=0 THEN N3=0 ELSE N3=N2
   FOR I=0 TO N1 : FOR J=-N3 TO N2
      IF INKEY$<>"" THEN END
      I1=XM+I : I2=XM-I : X=I*DELH/N1
      J1=YM-J : J2=YM+J : Y=J*DELV/N2
      FOR K=1 TO KMAX
         X1=X*X-Y*Y+A : Y1=2*X*Y+B
         S=X*X+Y*Y : S1=(X-X1)*(X-X1)+(Y-Y1)*(Y-Y1)
         IF S>1000 THEN L=K MOD 16 : GOTO graphics
         IF S1<.0001 THEN L=K MOD 16 : GOTO graphics
         X=X1 : Y=Y1
      NEXT K : L=0
```

```
graphics:
   PSET (I1,J1),COL(L) : PSET (I2,J2),COL(L)
   IF B=0 THEN PSET (I1,J2),COL(L) :
                                    PSET (I2,J1),COL(L)
repeat:
   NEXT J : NEXT I : A$=INPUT$(1)
END
```

```
REM *** JUL1B ***
REM *** Julia-Fraktal von mu*z+(1-mu)*z*z ***
REM *** mit gegebenem Eigenwert ***
CLS : PRINT"9 für EGA oder 12 für VGA eingeben"
   INPUT"screen = ",SCR
   SCREEN SCR : CLS
   IF SCR=12 THEN XM=320 : YM=240 : BH=1
   IF SCR=9 THEN XM=320 : YM=175 : BH=35/48
   PI=4*ATN(1)
REM *** Farben ***
   DIM COL(8)
   DATA 0,1,9,2,10,4,12,6,14
   FOR I=0 TO 8 : READ COL(I) : NEXT I
REM *** Daten der Julia-Menge ***
   R=1.03 : PHI=8*PI/5
   DELH=1.2 : DELV=.9
   KMAX=100 : N1=200 : N2=INT(BH*N1*.75)
   A=R*COS(PHI) : B=R*SIN(PHI)
   DEN=2*((A-1)*(A-1)+B*B)
   XC=(A*A+B*B-A)/DEN : YC=-B/DEN
REM *** Hauptschleife ***
   FOR I=0 TO N1 : FOR J=-N2 TO N2
      X=XC+I*DELH/N1 : Y=YC+J*DELV/N2
      IF INKEY$<>"" THEN END
      FOR K=1 TO KMAX
         S=X*X+Y*Y
         IF S>1000 THEN L=1+INT(K) MOD 8 :
                                          GOTO graphics
         X2=X*X-Y*Y : Y2=2*X*Y
         X1=A*X-B*Y : Y1=A*Y+B*X
         X=X1+(1-A)*X2+B*Y2 : Y=Y1+(1-A)*Y2-B*X2
      NEXT K : L=0
graphics:
   IF K>5 THEN PSET (XM+I,YM-J),COL(L) :
                                   PSET (XM-I,YM+J),COL(L)
   NEXT J : NEXT I : A$=INPUT$(1)  'Wiederholen
END
```

```
REM *** JUL1C ***
REM *** Äußeres des Julia-Fraktals von z*z+c ***
REM *** in dualer Codierung ***
   CLS : PRINT"12 für VGA oder 9 für EGA eingeben"
   INPUT"screen = ",SCR
   SCREEN SCR : CLS
   IF SCR=12 THEN XM=320 : YM=240 : BH=1
   IF SCR=9 THEN XM=320 : YM=175 : BH=35/48
   A=0 : B=1  'parameters Jset
   DELH=1.8 : DELV=1.6  'Fenster der Menge
   N1=200 : N2=INT(BH*N1*DELV/DELH) 'Größe a. d. Schirm
```

```
REM *** Hauptschleife ***
   FOR I=-N1 TO N1 : FOR J=-N2 TO N2
      IF INKEY$<>"" THEN END
      I1=XM+I : X=I*DELH/N1
      J1=YM-J : Y=J*DELV/N2
      FOR K=1 TO 100
         S=X*X+Y*Y
         IF S>100 AND Y>O THEN L=4 : GOTO graphics
         IF S>100 AND Y<=O THEN L=14 : GOTO graphics
         X1=X*X-Y*Y+A : Y1=2*X*Y+B
         S1=(X-X1)*(X-X1)+(Y-Y1)*(Y-Y1)
         IF S1<.0001 THEN GOTO repeat
         X=X1 : Y=Y1
      NEXT K : L=0
graphics:
   PSET (I1,J1),L
repeat:
   NEXT J : NEXT I : A$=INPUT$(1)
END
```

```
REM *** JULIAMC ***
REM *** Julia-Menge von z:=z^2+c, Monte Carlo ***
   CLS : PRINT"9 für EGA oder 12 für VGA eingeben"
   INPUT"screen = ",SCR
   SCREEN SCR : CLS : RANDOMIZE 11
   WINDOW (-2,-1.5)-(2,1.5)
   A=-.9 : B=0  'Parameter der Julia-Menge
   X=RND : Y=RND
   FOR K=0 TO 10000
      X1=(X-A)/2 : Y1=(Y-B)/2 : R=SQR(X1*X1+Y1*Y1)
      IF RND<.5 THEN
         X=SQR(R+X1) : Y=SQR(R-X1)
         IF Y1<0 THEN Y=-Y
      ELSE
         X=-SQR(R+X1) : Y=-SQR(R-X1)
         IF Y1<0 THEN Y=-Y
      END IF
      IF INKEY$<>"" THEN END
      IF K>10 THEN PSET (X,Y) : PSET (-X,-Y)
      IF K>10 AND B=0 THEN PSET (X,-Y) : PSET (-X,Y)
   NEXT K : A$=INPUT$(1)
END
```

```
REM *** JULIABT ***
REM *** Julia-Menge von z*z+c ***
REM *** Backtracking ***
   CLS : PRINT"9 für EGA oder 12 für VGA eingeben"
   INPUT"screen = ",SCR
   SCREEN SCR : CLS
   A=-.2 : B=.74  'Parameter der Menge
   P=128 : DIM X(P),Y(P),Z(P)  'Ordnung
   L=2 : H=1.5 : WINDOW (-L,-H)-(L,H)  'Fenster
   M1=160 : M2=120 : DIM T%(160,120)
   D1=2*L/M1 : D2=2*H/M2 : TMAX=10
REM *** Initialisierung ***
   A1=1/8-A/2 : B1=-B/2 : R1=SQR(A1*A1+B1*B1)
   XD=1/2+SQR(R1+A1) : YD=SQR(R1-A1)
   IF B>0 THEN YD=-YD  'Abstoßender Fixpunkt
   X=-XD : Y=-YD : M=0 : G=0
   GOSUB graphics
```

```
   DO WHILE INKEY$=""
      N1=INT((L-X)/D1) : N2=INT((H-Y)/D2)
      IF G<P AND T%(N1,N2)<2*TMAX THEN
         M=M+1 : G=G+1 : GOSUB trafo
         T%(N1,N2)=T%(N1,N2)+1
         X=X1 : Y=Y1
         X(M)=X2 : Y(M)=Y2 : S(M)=G
      ELSE
         X=X(M) : Y=Y(M) : G=S(M)
         M=M-1
      END IF
   LOOP UNTIL M<0
   BEEP : A$=INPUT$(1)
END
trafo:
   X0=(X-A)/2 : Y0=(Y-B)/2 : R=SQR(X0*X0+Y0*Y0)
   X1=-SQR(R+X0) : Y1=-SQR(R-X0)
   IF Y0<0 THEN Y1=-Y1
   X2=-X1 : Y2=-Y1
graphics:
   PSET (X,Y) : PSET (-X,-Y)
   IF B=0 THEN PSET (X,-Y) : PSET (-X,Y)
RETURN
```

```
REM *** JULDIST ***
REM ***Julia-Menge mit Abstandsformel ***
   DEFDBL A,B,D,S,X,Y,U,V : CLS
   PRINT"9 für EGA oder 12 für VGA eingeben"
   INPUT"screen = ",SCR
   SCREEN SCR : CLS
   IF SCR=9 THEN XM=320 : YM=175 : BH=35/48
   IF SCR=12 THEN XM=320 : YM=240 : BH=1
   A=-.11031 :  B=.67037  'Parameter der Menge
   DELH=1.4 : DELV=1.4
   N1=160 : N2=INT(BH*N1*DELV/DELH)
REM *** Hauptschleife ***
   FOR I=0 TO N1 : FOR J=-N2 TO N2
      IF I=0 AND J=0 THEN GOTO nextpoint
      IF INKEY$<>"" THEN END
      X=I*DELH/N1 : Y=J*DELV/N2
      U=1 : V=0
      FOR K=0 TO 200
         X1=X*X-Y*Y+A : Y1=2*X*Y+B
         U1=2*(U*X-V*Y) : V1=2*(U*Y+V*X)
         S1=X1*X1+Y1*Y1+1E-10 : S2=LOG(S1)
         S3=SQR(U1*U1+V1*V1+1E-10)
         IF S1>256 OR S3>256 THEN
            DIST=SQR(S1)*S2/S3
            IF DIST<DELH/N1 THEN
               PSET (XM+I,YM-J),14 :PSET (XM-I,YM+J),14
            END IF
            GOTO nextpoint
         END IF
            X=X1 : Y=Y1 : U=U1 : V=V1
      NEXT K
nextpoint:
   NEXT J : NEXT I
END
```

```
REM *** JULROT1 ***
REM *** Julia-Fraktal von z(c+(1-c)z^6) ***
   CLS : PRINT"9 für EGA oder 12 für VGA eingeben"
   INPUT"screen =",SCR
   DEFDBL A,B,C,D,P,R,X,Y,Z
   IF SCR=9 THEN XM=320 : YM=175 : BH=35/48
   IF SCR=12 THEN XM=320 : YM=240 : BH=1
   SCREEN SCR : CLS
REM *** Farben ***
   DIM COL(8)
   DATA 0,1,9,2,10,4,12,6,14
   FOR I=0 TO 8 : READ COL(I) : NEXT I
REM *** Daten der Menge ***
   P=1.5  'Rundes Fenster
   A=1.5 : B=0  'Parameter
   C1=1000 : C2=.0001  'Grenzwerte
   N1=160 : N2=INT(BH*N1)
REM *** Hauptschleife ***
   FOR I=0 TO N1 : FOR J=0 TO N2
      IF INKEY$<>"" THEN END
      X=P*I/N1 : Y=P*J/N2
      IF X*X+Y*Y>P*P THEN GOTO repeat
      FOR K=1 TO 40
         X2=X*X-Y*Y : Y2=2*X*Y
         X4=X2*X2-Y2*Y2 : Y4=2*X2*Y2
         X6=X2*X4-Y2*Y4 : Y6=X2*Y4+Y2*X4
         D1=X6*X6+Y6*Y6 : D2=(X6-1)*(X6-1)+Y6*Y6
         IF D1>C1 OR D2<C2 THEN L=1+K MOD 8 :
                                           GOTO graphics
         X0=A*(1-X6)+B*Y6+X6 : Y0=B*(1-X6)-A*Y6+Y6
         Z=X : X=X*X0-Y*Y0 : Y=Z*Y0+Y*X0
      NEXT K : L=0
graphics:
   PSET (XM+I,YM-J),COL(L) : PSET (XM-I,YM+J),COL(L)
   PSET (XM+I,YM+J),COL(L) : PSET (XM-I,YM-J),COL(L)
repeat:
   NEXT J : NEXT I : A$=INPUT$(1)
END
```

```
REM *** JULROT2 ***
REM *** Julia-Fraktal von z(c+(1-c)/z^6) ***
   CLS : PRINT"9 für EGA oder 12 für VGA eingeben"
   INPUT"screen =",SCR
   DEFDBL A,B,C,D,P,R,X,Y,Z
   IF SCR=9 THEN XM=320 : YM=175 : BH=35/48
   IF SCR=12 THEN XM=320 : YM=240 : BH=1
   SCREEN SCR : CLS
REM *** Farben ***
   DIM COL(8)
   DATA 0,1,9,2,10,4,12,6,14
   FOR I=0 TO 8 : READ COL(I) : NEXT I
REM *** Daten der Julia-Menge ***
   P=20  'Rundes Fenster
   A=.8 : B=.05  'Parameter
   N1=200 : N2=INT(BH*N1)
REM *** Hauptschleife ***
   FOR I=0 TO N1 : FOR J=-N2 TO N2
      IF INKEY$<>"" THEN END
      X=P*I/N1 : Y=P*J/N2
      IF X*X+Y*Y>P*P THEN GOTO repeat
```

```
      FOR K=1 TO 40
         X2=X*X-Y*Y : Y2=2*X*Y
         X4=X2*X2-Y2*Y2 : Y4=2*X2*Y2
         X6=X2*X4-Y2*Y4 : Y6=X2*Y4+Y2*X4
         D=(X6-1)*(X6-1)+Y6*Y6
         IF D<.0001 THEN L=1+K MOD 8 : GOTO graphics
         DEN=X6*X6+Y6*Y6+.00001
         XNUM=X6/DEN : YNUM=-Y6/DEN
         X0=A*(1-XNUM)+B*YNUM+XNUM
         Y0=B*(1-XNUM)-A*YNUM+YNUM
         Z=X : X=X*X0-Y*Y0 : Y=Z*Y0+Y*X0
      NEXT K : L=0
graphics:
   PSET (XM+I,YM-J),COL(L) : PSET (XM-I,YM+J),COL(L)
repeat:
   NEXT J : NEXT I : A$=INPUT$(1)
END
```

REM * JULCELL *****

```
REM *** Julia-Fraktal von c+z^3 mit spez. Grenzen ***
   CLS : PRINT"9 für EGA oder 12 für VGA eingeben"
   INPUT"screen = ",SCR
   SCREEN SCR : CLS
   IF SCR=9 THEN XM=320 : YM=175 : BH=35/48
   IF SCR=12 THEN XM=320 : YM=240 : BH=1
REM *** Farben ***
   DIM COL(16)
   DATA 0,1,9,4,12,6,14,5,13,1,9,4,12,6,14,5,13
   FOR I=0 TO 16 : READ COL(I) : NEXT I
REM *** Daten der Julia-Menge ***
   P=1.8  'Radius des runden Fensters
   A=-.6525 : B=.34 : D=.2  'Parameter
   N1=160 : N2=INT(BH*N1)  'Größe auf dem Bildschirm
REM *** Hauptschleife ***
   FOR I=-N1 TO N1 : FOR J=-N2 TO N2
      X=I*P/N1 : Y=J*P/N2 : K=0
      IF X*X+Y*Y>P*P THEN GOTO repeat
      IF INKEY$<>"" THEN END
      FOR K=1 TO 40
         T1=ABS(Y)+D*ABS(X) : T2=ABS(X)+D*ABS(Y)
         IF T1>20 AND T2>20 THEN GOTO graphics
         X3=X*(X*X-3*Y*Y) : Y3=Y*(3*X*X-Y*Y)
         X=X3+A : Y=Y3+B
         NEXT K : L=0
graphics:
   L=1+(K+1) MOD 16
   PSET (XM+I,YM-J),COL(L)
repeat:
   NEXT J : NEXT I : A$=INPUT$(1)
END
```

REM * JULCUB *****

```
REM *** Julia-Fraktal von z:=z^3-3a^2 z+b ***
   CLS : PRINT"9 für EGA oder 12 für VGA eingeben"
   INPUT"screen = ",SCR
   SCREEN SCR : CLS
   IF SCR=12 THEN XM=320 : YM=240 : BH=1
   IF SCR=9 THEN XM=320 : YM=175 : BH=35/48
REM *** Farben ***
   DIM COL(8) : DATA 0,1,9,2,10,14,6,4,12
   FOR I=0 TO 8 : READ COL(I) : NEXT I
```

```
REM *** Daten der Julia-Menge ***
   AR=-.57695 : AI=.175 : BR=.8 : BI=0
   A1=3*(AR*AR-AI*AI) : A2=6*AR*AI : B1=BR : B2=BI
   XC=-.14 : YC=0  'Mittelpunkt des Fensters
   DELH=1.7 : DELV=1.2  'Fenster der Menge
   N1=160 : N2=INT(BH*N1*DELV/DELH) 'Größe a. d. Schirm
REM *** Hauptschleife ***
   FOR I=-N1 TO N1 : FOR J=-N2 TO N2
      IF INKEY$<>"" THEN END
      X=XC+I*DELH/N1 : Y=YC+J*DELV/N2
      FOR K=0 TO 100
         S=X*X+Y*Y
         IF S>1000 THEN L=1+K MOD 8 : GOTO graphics
         X3=X*(X*X-3*Y*Y)-A1*X+A2*Y+B1
         Y3=Y*(3*X*X-Y*Y)-A1*Y-A2*X+B2
         D=(X-X3)*(X-X3)+(Y-Y3)*(Y-Y3)
         IF D<.0001 THEN L=1+K MOD 8 : GOTO graphics
         X=X3 : Y=Y3
      NEXT K : L=0
graphics:
   PSET (XM+I,YM-J),COL(L)
   NEXT J : NEXT I : A$=INPUT$(1)
END
```

REM * JULEXP *****

```
REM *** Julia-Menge von exp(z)-z-1 ***
   CLS : PRINT"9 für EGA oder 12 für VGA eingeben"
   INPUT"screen = ",SCR
   SCREEN SCR : CLS
   IF SCR=9 THEN XM=320 : YM=175 : BH=35/48
   IF SCR=12 THEN XM=320 : YM=240 : BH=1
REM *** Farben ***
   DIM COL(8) : DATA 0,1,9,2,10,4,12,14,6
   FOR I=0 TO 8 : READ COL(I) : NEXT I
   DELH=4 : DELV=5
   N1=120 : N2=INT(BH*N1*DELV/DELH)
REM *** Hauptschleife ***
   FOR I=-N1 TO N1 : FOR J=0 TO N2
      IF INKEY$<>"" THEN END
      X=I*DELH/N1 : Y=J*DELV/N2
      FOR K=0 TO 40
         IF X>6 THEN L=1+K MOD 8 : GOTO graphics
         X1=EXP(X)*COS(Y)-X-1 : Y1=EXP(X)*SIN(Y)-Y
         D=(X-X1)*(X-X1)+(Y-Y1)*(Y-Y1)
         IF D<.000001 THEN L=1+K MOD 8 : GOTO graphics
         X=X1 : Y=Y1
      NEXT K : L=0
graphics:
   PSET(XM+I,YM-J),COL(L) : PSET (XM+I,YM+J),COL(L)
   NEXT J : NEXT I : A$=INPUT$(1)
END
```

REM * JULSIN *****

```
REM *** Julia-Menge von z:=c sin z ***
   CLS : PRINT"9 für EGA oder 12 für VGA eingeben"
   INPUT"screen = ",SCR
   SCREEN SCR : CLS : PI=4*ATN(1)
   IF SCR=9 THEN XM=320 : YM=175 : BH=35/48
   IF SCR=12 THEN XM=320 : YM=240 : BH=1
REM *** Farben ***
   DIM COL(8) : DATA 0,1,9,2,10,4,12,14,6
```

```
   FOR I=0 TO 8 : READ COL(I) : NEXT I
REM *** Daten der Julia-Menge ***
   A=.6 : B=.6
   DELH=1.5*PI : DELV=4
   N1=200 : N2=INT(BH*N1*DELV/DELH)
REM *** Hauptschleife ***
   FOR I=0 TO N1 : FOR J=-N2 TO N2
      IF INKEY$<>"" THEN END
      X=I*DELH/N1 : Y=J*DELV/N2
      FOR K=0 TO 50
         IF ABS(Y)>20 THEN L=1+K MOD 8 : GOTO graphics
         U=EXP(Y) : V=EXP(-Y)
         CH=(U+V)/2 : SH=(U-V)/2
         CS=COS(X) : SS=SIN(X)
         X1=SS*CH : Y1=CS*SH
         X2=A*X1-B*Y1 : Y2=A*Y1+B*X1
         D=(X2-X)*(X2-X)+(Y2-Y)*(Y2-Y)
         IF D<.000001 THEN L=1+K MOD 8 : GOTO graphics
         X=X2 : Y=Y2
      NEXT K : L=0
graphics:
   PSET (XM+I,YM-J),COL(L) : PSET (XM-I,YM+J),COL(L)
   NEXT J : NEXT I : a$=INPUT$(1)
END
```

REM * MANTOT *****

```
REM *** Mandelbrot-Menge, Gesamtansicht ***
   CLS : PRINT"9 für EGA oder 12 für VGA eingeben"
   INPUT"screen = ",SCR
   SCREEN SCR : CLS
   IF SCR=9 THEN XM=320 : YM=175 : BH=35/48
   IF SCR=12 THEN XM=320 : YM=240 : BH=1
   DELH=1.76 : DELV=1.32 : AC=-.65
   N1=300 : N2=INT(BH*N1*DELV/DELH)
REM *** Farben ***
   DIM COL(8) : DATA 0,1,9,2,10,4,12,6,14
   FOR I=0 TO 8 : READ COL(I) : NEXT I
REM *** Hauptschleife ***
   FOR I=-N1 TO N1 : A=AC+I*DELH/N1
      FOR J=0 TO N2 : B=J*DELV/N2
         U=4*(A*A+B*B) : V=U-2*A+1/4
         IF U+8*A+15/4<0 THEN L=0 : GOTO repeat
         IF V-SQR(V)+2*A-1/2<0 THEN L=0 : GOTO repeat
         X=A : Y=B : K=0
         DO
            Z=X : X=X*X-Y*Y+A : Y=2*Z*Y+B
            S=X*X+Y*Y : K=K+1
         LOOP UNTIL S>100 OR K=50
         IF K<40 THEN L=1+K MOD 8 ELSE L=0
         PSET (XM+I,YM-J),COL(L)
         PSET (XM+I,YM+J),COL(L)
         IF INKEY$<>"" THEN END
repeat:
      NEXT J
   NEXT I : A$=INPUT$(1)
END
```

```
REM *** MANDET ***
REM *** Mandelbrot-Menge, Detail ***
   CLS : PRINT"9 für EGA oder 12 für VGA eingeben"
   INPUT"screen = ",SCR
   SCREEN SCR : CLS
   IF SCR=9 THEN XM=320 : YM=175 : BH=35/48
   IF SCR=12 THEN XM=320 : YM=240 : BH=1
REM *** Eingabe der Daten ***
   INPUT"x-Koordinate des Zentrums = ",AC
   INPUT"y-Koordinate des Zentrums = ",BC
   INPUT"Halbe Breite (horizontal)  = ",DEL : CLS
   N1=200 : N2=INT(.75*BH*N1)
REM *** Farben ***
   DIM COL(8) : DATA 0,1,9,2,10,4,12,6,14
   FOR I=0 TO 8 : READ COL(I) : NEXT I
REM *** Hauptschleife ***
   FOR I=-N1 TO N1 : A=AC+I*DEL/N1
      FOR J=-N2 TO N2 : B=BC+J*.75*DEL/N2
         X=A : Y=B : K=0
         DO
            Z=X : X=X*X-Y*Y+A : Y=2*Z*Y+B
            S=X*X+Y*Y : K=K+1
         LOOP UNTIL S>100 OR K=200
         IF K<40 THEN L=1+K MOD 8 ELSE L=0
         PSET (XM+I,YM-J),COL(L)
         IF INKEY$<>"" THEN END
repeat:
      NEXT J
   NEXT I : A$=INPUT$(1)
END
```

```
REM *** MANDIST ***
REM *** Mandelbrot-Menge mit Abstandsformel ***
   DEFDBL A,B,C,D,X,Y,U,V,W
   DEFINT I-P
   CLS : PRINT"9 für EGA oder 12 für VGA eingeben"
   INPUT"screen = ",SCR
   IF SCR=9 THEN XM=320 : YM=175 : BH=35/48
   IF SCR=12 THEN XM=320 : YM=240 : BH=1
   SCREEN SCR : CLS
REM *** Daten der Menge ***
   AC=-.16 : BC=1.03  'Koordinaten des Zentrums
   DELH=.025 : DELV=.75*DELH  'Größe des Details
   N1=200 : N2=INT(.75*BH*N1) 'Größe auf dem Bildschirm
   CLS : KMAX=200
REM *** Hauptschleife ***
   FOR I=-N1 TO N1 : FOR J=-N2 TO N2
      A=AC+I*DELH/N1 : B=BC+J*DELV/N2
      X=A : Y=B : U=1 : V=0
      IF INKEY$<>"" THEN END
      FOR K=0 TO KMAX
         X1=X*X-Y*Y+A : Y1=2*X*Y+B
         U1=2*(U*X-V*Y)+1 : V1=2*(U*Y+V*X)
         S1=X1*X1+Y1*Y1+1E-8
         IF S1>128 THEN
            S2=LOG(S1) : S3=SQR(U1*U1+V1*V1)
            DIST=SQR(S1)*S2/S3
            IF DIST<.4*DELH/N1 THEN PSET(XM+I,YM-J),14
            GOTO repeat
         END IF
            X=X1 : Y=Y1 : U=U1 : V=V1
      NEXT K
```

```
repeat:
   NEXT J : NEXT I : A$=INPUT$(1)
END
```

REM * MANEXP *****

```
REM *** Mandelbrot-Menge von c+z-exp(z) ***
   DEFDBL A,B,D,X,Y,U
   CLS : PRINT"9 für EGA oder 12 für VGA eingeben"
   INPUT"screen = ",SCR
   SCREEN SCR : CLS
   IF SCR=9 THEN XM=320 : YM=175 : BH=35/48
   IF SCR=12 THEN XM=320 : YM=240 : BH=1
REM *** Farben ***
   DIM COL(8) : DATA 0,1,9,2,10,6,14,4,12
   FOR I=0 TO 8 : READ COL(I) : NEXT I
REM *** Daten ***
   AC=4 : BC=0 : DELH=4 : DELV=3.15
   N1=200 : N2=INT(BH*N1*DELV/DELH)
REM *** Hauptschleife ***
   FOR I=-N1 TO N1 : A=AC+I*DELH/N1
   FOR J=0 TO N2 : B=BC+J*DELV/N2
      IF INKEY$<>"" THEN END
      IF (A-1)*(A-1)+B*B<1 THEN GOTO repeat
      X=0 : Y=0
      FOR K=1 TO 20
         IF X>10 THEN L=1+K MOD 8 : GOTO graphics
         IF X<-10 THEN U=0 ELSE U=EXP(X)
         X1=A+X-U*COS(Y) : Y1=B+Y-U*SIN(Y)
         D=(X-X1)*(X-X1)+(Y-Y1)*(Y-Y1)
         IF D<.0001 THEN GOTO repeat
         X=X1 : Y=Y1
      NEXT K : L=0
graphics:
   PSET (XM+I,YM-J),COL(L) : PSET (XM+I,YM+J),COL(L)
repeat:
   NEXT J : NEXT I : A$=INPUT$(1)
END
```

REM * MANSIN1 *****

```
REM *** Mandelbrot-Menge von c+z-sin(z), gesamt ***
   CLS : PRINT"9 für EGA oder 12 für VGA eingeben"
   INPUT"screen = ",SCR
   SCREEN SCR : CLS : PI=4*ATN(1)
   IF SCR=9 THEN XM=320 : YM=175 : BH=35/48
   IF SCR=12 THEN XM=320 : YM=240 : BH=1
REM *** Farben ***
   DIM COL(8) : DATA 0,3,11,1,9,2,10,14,6
   FOR I=0 TO 8 : READ COL(I) : NEXT I
   DELH=2*PI : DELV=1.5*PI  'Größe der Menge
   N1=200 : N2=INT(BH*N1*DELV/DELH) 'Größe a. d. Schirm
   FOR I=0 TO N1 : I1=XM+I : I2=XM-I
      FOR J=0 TO N2 : J1=YM+J : J2=YM-J
         IF INKEY$<>"" THEN END
         A=DELH*I/N1 : B=DELV*J/N2
         SC=A*A+B*B : C=(5-SC*SC)/4
         D=1+2*C-2*C*C
         IF A*A<B*B+D THEN L=3 : GOTO graphics
         X=0 : Y=0
         FOR K=1 TO 100
            IF ABS(Y)>12 THEN L=1+K MOD 8 :
                                          GOTO graphics
```

```
            U=EXP(Y) : V=1/U : CH=(U+V)/2 : SH=(U-V)/2
            SS=SIN(X) : CS=COS(X)
            X1=A+X-SS*CH : Y1=B+Y-CS*SH
            DIST=ABS(X-X1)+ABS(Y-Y1)
            IF DIST<.001 THEN L=3 : GOTO graphics
            X=X1 : Y=Y1
         NEXT K : L=3
graphics:
         PSET (I1,J1),COL(L) : PSET (I1,J2),COL(L)
         PSET (I2,J1),COL(L) : PSET (I2,J2),COL(L)
      NEXT J
   NEXT I : A$=INPUT$(1)
END
```

```
REM *** MANSIN2 ***
REM *** Mandelbrot-Menge von c+pi*sin(z), gesamt ***
   DEFDBL A,B,C,D,S,U,V,X,Y
   CLS : PRINT"9 für EGA oder 12 für VGA eingeben"
   INPUT"screen = ",SCR
   SCREEN SCR : CLS : PI=4*ATN(1)
   IF SCR=9 THEN XM=320 : YM=175 : BH=35/48
   IF SCR=12 THEN XM=320 : YM=240 : BH=1
REM *** Farben ***
   DIM COL(8) : DATA 0,1,9,2,10,4,12,14,6
   FOR I=0 TO 8 : READ COL(I) : NEXT I
   DELH=PI : DELV=.75*PI  'Größe der Menge
   N1=200 : N2=INT(BH*N1*DELV/DELH) 'Größe a. d. Schirm
   FOR I=0 TO N1 : I1=XM+I : I2=XM-I
      FOR J=0 TO N2 : J1=YM+J : J2=YM-J
         IF INKEY$<>"" THEN END
         A=DELH*I/N1 : B=DELV*J/N2
         X=PI/2 : Y=0
         FOR K=1 TO 64
            IF ABS(Y)>12 THEN L=1+K MOD 8 :
                                          GOTO graphics
            U=EXP(Y) : V=1/U : CH=(U+V)/2 : SH=(U-V)/2
            SS=SIN(X) : CS=COS(X)
            X1=A+PI*SS*CH : Y1=B+PI*CS*SH
            DIST=ABS(X-X1)+ABS(Y-Y1)
            IF DIST<.001 THEN L=0 : GOTO graphics
            X=X1 : Y=Y1
         NEXT K : L=3
graphics:
         PSET (I1,J1),COL(L) : PSET (I1,J2),COL(L)
         PSET (I2,J1),COL(L) : PSET (I2,J2),COL(L)
      NEXT J
   NEXT I : A$=INPUT$(1)
END
```

```
REM *** MANVAR ***
REM *** Pseudo-Mandelbrot-Fraktal ***
REM *** für nicht-kritische Bahn ***
   CLS : PRINT"9 für EGA oder 12 für VGA eingeben"
   INPUT"screen = ",SCR
   SCREEN SCR : CLS
   IF SCR=9 THEN XM=320 : YM=175 : BH=35/48
   IF SCR=12 THEN XM=320 : YM=240 : BH=1
```

```
REM *** Farben ***
   DIM COL(8) : DATA 0,1,9,2,10,4,12,14,8
   FOR I=0 TO 8 : READ COL(I) : NEXT I
   AC=-.2 : BC=0 : DELH=1.8 : DELV=1.5 'Parameter von M
   N1=200 : N2=INT(BH*N1*DELV/DELH) 'Größe a. d. Schirm
   FOR I=-N1 TO N1 : A=AC+I*DELH/N1
      FOR J=0 TO N2 : B=BC+J*DELV/N2
         IF INKEY$<>"" THEN END
         X=0 : Y=.6  'Start an nicht-kritischem Punkt
         FOR K=1 TO 50
            Z=X : X=X*X-Y*Y+A : Y=2*Z*Y+B
            S=X*X+Y*Y
            IF S>100 THEN L=1+K MOD 8 : GOTO graphics
         NEXT K : L=0
graphics:
         IF K>2 THEN PSET (XM+I,YM-J),COL(L)
         IF K>2 THEN PSET (XM+I,YM+J),COL(L)
      NEXT J
   NEXT I : A$=INPUT$(1)
END
```

Literatur

Aharony, Amnon, Feder (Hrsg.), *Fractals in Physics. Essays in Honour of Benoit B. Mandelbrot.* North-Holland, Physica D, Vol. 38, Amsterdam 1989.

Algorithm. The Personal Programming Newsletter. A. K. Dewdney (Ed.), 2 Oxford Street West, Londen, Ontario N6H 1P9, Canada, 1990.

Aono Masaki, Tosiyasu L. Kunii, *Botanical Tree Image Generation.* In: IEEE *Computer Graphics and Applications,* 20, 4, 1989.

Barnsley, Michael F., *Fractals Everywhere.* Academic Press, 1988.

Barnsley, Michael F., Stephen G. Demko (Hrsg.), *Chaotic Dynamics and Fractals.* Academic Press, 1986.

Blanchard, Paul, *Complex Analytical Dynamics on the Riemann Sphere.* In: *Bulletin of the American Mathematical Society* 11, 1, 1984.

Broer, H. W. und F. Verhulst (Hrsg.), *Dynamische Systemen en Chaos.* Epsilon Uitgaven Nr. 14, 1990.

Cellular Automata. Proceedings of an Interdisciplinary Workshop. Los Alamos, 1983. North-Holland, Physica D, Vol. 10, 1 u. 2, Amsterdam 1984.

Devaney, Robert L., *An Introduction to Chaotic Dynamical Systems.* The Benjamin/Cummings Publishing Company, 1986.

Devaney, Robert L., Linda Keen (Hrsg.), *Chaos and Fractals. The Mathematics behind the Computer Graphics.* Proceedings of Symposia in Applied Mathematics, Vol. 9. American Mathematical Society, 1989.

Estvanik, Steve, *From Fractals to Graftals.* In: *Computer Languages* 3, 7, 1986.

Falconer, Kenneth, *Fractal Geometry. Mathematical Foundations and Applications.* John Wiley & Sons, 1990.

Feder, Jens, *Fractals.* Plenum Press, 1988.

GEO Wissen, *Chaos + Kreativität.* Heft 2, Hamburg 1990.

Lauwerier, Hans, Fraktale verstehen und selbst programmieren. Band 1, Einführung. 2. Auflage. Wittig Fachbuch, Hückelhoven 1992.

Peitgen, H.-O., P. H. Richter, *The Beauty of Fractals. Images of Complex Dynamical Systems.* Springer-Verlag, 1986.

Peitgen, H.-O., D. Saupe (Hrsg.), *The Science of Fractal Images.* Springer-Verlag, 1988.

Pickover, Clifford A., *Computers, Pattern Chaos and Beauty.* St. Martin's Press, New York 1990.

Smith, Alvyn Ray, *Plants, Fractals and Formal Languages.* In: *Computer Graphics* 18, 3, 1984.

Stanley, H. E., N. Ostrowsky (Hrsg.), *On Growth and Form: Fractal and Non-Fractal Patterns in Physics.* Martinus Nijhoff Publishers, 1986.

Stichwörter

80x86-Prozessor 216

A
Absolutwert 146, 206
Abstandsgleichung 169, 194, 196
Abstoßer 23, 152
Achsenspiegelung 50, 53
Ähnlichkeitstransformation 44, 46, 78, 80, 144, 146
Ahornblatt 82
Algebra, Hauptsatz 207
analytische Funktion, komplexe 204
Anzieher 19, 58, 60, 65
Anziehungszahl 154
Aono, Masaki 129
Apfelmännchen 24, 198
Arbeitsspeicher 70, 159, 214
Argument 146, 206
Ast 68
Attraktor 19, 21, 58, 59, 64, 151
Automat, linearer zellulärer 121
Automat, zellulärer 111
Automat erster Klasse 124
Automat zweiter Klasse 124

B
Backtracking 70, 74, 80
Bahn 19, 59
Bahnpunkt 165, 176
Barnsley, Michael 40, 76, 85
BASIC 158
Basistransformation 78, 79
Baum, binärer 69
Baum, japanischer 128
Baumstruktur 16, 17, 68, 74, 79
Baumstruktur, binäre 68, 72
Berg, fraktaler 139, 140
Berglandschaft 131
Berg von Takagi 139
Bifurkation 63
Bifurkation, komplexe 187
Bifurkations-Diagramm 20, 64, 66, 183, 187
Bifurkations-Diagramm von Mandelbrot 184
Bifurkations-Diagramm von Verhulst 182
Bifurkationsmenge 182
Bifurkationspunkt 65, 182
Bildschirm 214
Bildschirmkoordinaten 135
Biomorphie 174
Blanchard 174
Boettcher 166
Boettcher-Funktion 167
Boolsche Algebra 117
Box-Dimension 27
Branner 174
Brooks 180
Brownsche Bewegung 14, 91, 95, 98
Brownsche Linie 131
Brown, Robert 14, 88, 91

C
Cantor-Menge 125, 174
Chaos 27
Chaos game 76
chaotisches Verhalten 57
C-Kurve 34
Collage Theorema 83
Computergraphiken 174, 180, 194
Computerprogramme 218
Conus textile 120
Conway, John 112
cosinus 143, 161, 178

D
de-Moivre-Gleichungen 212
Deckpunkt 44, 53, 55, 79, 145
Deckpunkt, indifferenter 147
Deckpunkt, neutraler 147
Deckpunkt, superanziehender 165
Dendrit 98, 160, 192
Dichotomie 108
Differentialgleichung 57, 58, 60, 94
Differentialquotient 143, 211
Differenzieren komplexer Funktionen 211
Diffusion 94, 95, 98
diffusion limited aggregation (DLA) 98
Diffusionskonstante 94
Dimension 13, 27
Dimension, fraktale 26, 29, 31, 34, 35, 84, 97, 139
Dimension, gebrochene 13, 26, 60, 124
Dimension, geometrische 125
Dimension (Hausdorff) 27
Dimension, maximale 32

Dimension, topologische 27, 41
displacement, vertical 133
Divergenz 131
DLA (diffusion limited aggregation) 98
Douady, Adrien 151, 180
Drachenkurve 35
Drehmultiplikation 50, 55, 75
Drehpunkt 44
Drehrichtung 21
Drehung 46, 50
Drehwinkel 21
Drei-Körper-Problem 56
Dreieck von Pascal 116
Dreieck von Sierpinski 116, 122
Dualsystem 36, 122
dynamisches System 16, 18, 19, 21, 22, 23, 56, 63, 64, 79, 124, 143, 144, 151, 183
dynamisches System, iteratives 60, 61, 181
dynamisches System, kontinuierliches 60, 61

E

Editieren 214
EGA 126, 136
EGA-Farben 155
Eigenwert 150, 185
Eigenwert des Deckpunkts 146
Einheitskreis 55, 162, 163
Einheitskreis, Außengebiet 164
Einstein, Albert 91
elektrische Entladung 165
elektrischer Leiter, Feld 164
Estvanik, Steve 108
even-odd-growth 115
Evolution 123
Exponentialfunktion 161, 178
Exponentialfunktion im Komplexen 212

F

Farbattribut 216
Farbbahn 176
Farbbänder 195
Farbcode 155
Farben 215
Farben, Verlauf 216
Farbindex 195
Farbschattierung 202
Farbstreifen 166
Farbwert 154, 195
Farn von Barnsley 40, 81
Feder, Jens 97
Feigenbaum, Mitchell 65
Feigenbaum-Faktor 185
Feinstruktur 20
fixed point 44
Fixpunkt 44, 144, 146
Fluchtzahl 154, 165, 194, 195, 202
Fraktal 12, 13, 15, 21, 23, 39, 41, 83
Fraktal, baumartiges 68
Fraktal, dreidimensionales 125
Fraktal, geometrisches 14
Fraktal, ideales 76
Fraktal, räumliches 125, 127
Fraktal, stochastisches 14, 88
fraktale Dimension 17, 190
fraktaler Berg 139
fractals made to order 83
Fruchtbarkeit 62
Funktion, differenzierbare 161

G

Game of life 112, 115
Gardner, Martin 112
Genauigkeit, doppelte 195
geometrische Reihe 31, 65
Gleichförmigkeitstransformation 18, 24, 31
Gleichgewicht 64
Gleichgewicht, stabiles 19
Gleichgewicht, Störung 64
Gleichung einer Geraden 29
Goldener Schnitt 148
Graftal 108, 110
Grenzfigur 19, 78
Grenzmenge 19, 21, 79, 151
Grenzpunkt 21
Grenzzyklus, periodischer 63

H

Hauptsatz der Algebra 207
Hausdorff 27
Hausdorff-Dimension 27, 32
Hénon, Michel 19
Hénon-Attraktor 19
Herman-Ringe 153
Herzkurve 184, 187, 188
Höhenkarte 140
Hubbard, John 180

I
Identität 43
IFS (iteratives Funktions-System) 76
imaginäre Einheit 204
Imaginärteil 147, 155, 161, 205
Integer-Arrays 159, 215
Inverse 43
inverser Prozeß 23
Inversion, geometrische 53, 55, 162
Inversion, komplexe 162
Inversionskreis 54
iteratives Funktions-System (IFS) 76
iteratives System 143

J
Julia, Gaston 22, 151
Julia-Fraktal 22, 23, 125
Julia-Fraktal, gefülltes 24
Julia-Menge 12, 22, 24, 52, 143, 152, 158, 161, 165, 166, 169, 189, 208
Julia-Menge, quadratische 172
Julia-Menge, Rotationssymmetrie 178
Julia-Mengen-Familie 24

K
Kaninchen von Douady 151, 160
Kapazität 27
Kardioide 184
kartesische Koordinaten 206
Kollage 83
Kolmogorow 27
komplexe Zahlen 22
konforme Abbildung 161, 162
Konjugierte 205
Konstruktion von Voss 134, 137
Kontraktion 18, 21, 31, 32, 42, 44, 75, 79, 81
Kontraktionsfaktor 42, 44, 46
Kontraktionsfaktor, örtlicher 31
Kontraktionsmethode 16, 18
Koordinaten-Geometrie 41, 42
Koordinatensystem, räumliches 127
Kreis, Außengebiet 166
Kreis, Innengebiet 166
Kreisinversion 52
kubische Familie 172
Kulissenmethode 142
Kulissenprojektion 135
Kunii, Tosiyasu 129
Kurve von Koch 39
Kurve von Lévy 22, 34, 103
Kurve von Peano 105
Küstenlinie 88

L
Landschaft, fraktale 133, 134, 136
Laplace-Operator 94
Last in - first out 73
Lebensregel 114, 118, 122
Lebensregel, legale 122
Lebensregel, totalistische 123
Lindenmayer, A. 101
Lindenmayer-Systeme 17, 101, 102, 107, 108, 109
linearer Automat 121
Linienfraktal 91, 152
Lorenz-Attraktor 59, 63
Lorenz, Edward 57, 58, 59, 60
Lorenz-Modell 60

M
Mandelbrot 13, 17, 34, 36, 52, 180
Mandelbrot-Baby 185, 188, 190, 191, 196
Mandelbrot-Menge 12, 20, 24, 54, 64, 66, 125, 151, 180, 182, 184, 187, 208
Mandelbrot-Menge, Details 195
Mandelbrot-Menge, Rand 26
Mandelbrot-Menge, Varianten 196
Mandelbrot-Mengen, exponentielle 198
Mandelbrot-Mengen, goniometrische 198
Mandelbrot-Miniaturen 185
Mandelbrötchen 185
Maßstabsfaktor 45
Maßstabsveränderung 50
Matelski 180
mathematisch negativer Sinn 21
mathematisches Modell 95
Menge 22
midpoint displacement 132
Miniatur 198
Misiurewicz-Punkte 191, 192
Mittelwert 90, 95
Modell von Lorenz 59
Modell von Verhulst 20, 62, 64, 66
Monopodie 108
Monte-Carlo-Methode 23, 32, 34, 76, 79, 80
Multifraktal 36, 38
Multiplikation komplexer Zahlen 206
Multiplikation, zentrale 34, 46, 50, 74, 82, 83
m-Zyklus 63

N

Neumann, John von 111
Newton 56
Newtons Gesetze 60
Normalverteilung 90, 93, 95, 132
Numerierung 69

O

Oberfläche, fraktale 138
Oberflächenmaß 42
Ordnung 70

P

Palette 216
Parallelverschiebung 50
Pascal, Blaise 158
Pascalsches Dreieck 117
Peano, Giuseppe 105
Peano-Kurve 106
Peitgen, Heinz-Otto 76
Periodenverdoppelung 185
Phase 168, 206
Phasenübergang 65
Pickover, Clifford A. 113, 116, 174
Pixel 92, 97, 134, 215
Pixelmethode 25, 155, 170, 194, 216
Poincaré 56
Polarkoordinaten 162, 206, 209
Polynom 161, 190
Polynom, komplexes 170
Polynom dritten Grades 172
Polynom zweiten Grades 143, 144
Populationsdynamik 62, 66
Potential 163
Potentialdifferenz 168
Potentialfeld, Quelle 165
Potentiallinie 164, 166
Potentialtheorie 194
Potenz 43
Power-Basic 214, 218
Produktionsregel 102, 104, 106, 108
Projektion 41, 43, 45, 59, 127, 138
Projektion, räumliche 135
Projektionswinkel 135
Prozeß, diskret-dynamischer 68
Pseudo-Mandelbrot-Menge 202
Public Domain Software 12
Punkt, kritischer 144
Punktereihe 79
Punktewolke 74, 76
Punktspiegelung 46, 50, 53
Pyramide 140
Pythagoras-Baum 39
Pythagoras-Baum, japanischer 129
Pythagoras-Baum, kahler 17, 21, 68
Pythagoras-Baum, schiefer 74, 80

Q

QBasic 218
quadratische Abbildung 165
quadratische Familie 143, 144
Quadratwurzel aus einer komplexen Zahl 208
Quick-Basic 214, 218

R

Randomize Timer 92
Random walk 91, 93, 95
Rangnummer 29, 69, 165, 188
Realteil 147, 155, 161, 205
Reduktionsfaktor 80
Rekursion 16
rekursiv 16
rekursive Methode 17
rekursive Prozedur 17
Riemann, Bernhard 208
Riemannsche Kugel 207
Riesz, F. 180
RND-Funktion 90, 92
Roessler-Attraktor 60
Roessler, Otto 60
Rotation 44, 50
Rotationswinkel 55

S

Scheiben 188, 191
Schmetterlingseffekt 57, 59, 63
Schmetterling von Lorenz 57
Schrumpfdrehung 82
Schrumpfspiegelung 50
seed 92, 135
Selbstähnlichkeit 18, 39, 76, 88, 185
Selbstähnlichkeitstransformation 39, 143
Sieb von Menger 32
Sieb von Sierpinski 32, 39, 47, 74, 78, 104, 118
Siegel 148
Siegel-Scheiben 148, 153
Sierpinski-Dreieck 104
Sierpinski-Fraktal 32, 78
sinus 143, 161, 178
Smith, Alvyn Ray 108

Speicherplatz 70
Spiegelung 44, 45, 162
Stamm 68
Standardabweichung 90
Standardfarben 216
Stapel 73
Statistik, klassische 90
Staubfraktal 24, 74, 151
Staubwolke 154
Steigung einer Geraden 29
stochastisch 88
stochastische Größe 89
stochastische Punktwolke 32
stochastische Variable 89
stochastischer Prozeß 80, 132
strange attractor 19, 59, 60
Streckspiegelung 50
Streuung 90, 95
Strömungslinie 163, 164
Struktur, ternäre 73
Substitution 106
Substitutionsprinzip 101
Substitutionsregel 101, 109
superanziehend 147, 176
superstabil 150

T
Takagi 139
Takagi-Berg 139, 140
ternäre Struktur 73
totalistisch 119
Transformation 18, 41, 42, 43
Transformation, affine 50, 81, 82
Transformation, identische 43
Transformation, inverse 43
Transformation, lineare 45
Transformation, zusammengesetzte 43
Transformationen im Komplexen 209
Transformationsgleichung 127
Translation 50
Turbo-Basic 214, 218
turtle graphics 103

U
Ulam, Stanislaw 112
Umkehr-Transformation 43

V
van der Waerden, B. L. 138
van-der-Waerden-Kurve 138
Varianz 90
Vektor 204
Verformung, lineare 50
Verformung, nicht-lineare 52
Verhulst-Bifurkation 187
Verhulst-Modell 64, 182, 185
Verkleinerungsfaktor 18
Verkürzungsverhältnis 21
Versuch und Irrtum 96
Verteilungsfunktion 89
VGA 126, 135
von-Koch-Kurve 18, 24, 30, 32, 103
Voss, Richard 131, 133

W
Wachstumsmodell von Pickover 114
Wahrscheinlichkeit 80
Wahrscheinlichkeitsrechnung 80, 89
Wahrscheinlichkeitsschwelle 80
Wände, absorbierende 93
Wände, reflektierende 93
Wolfram, Stephen 116, 123, 124
Wolkenhimmel, synthetischer 142

X
x,y-Koordinaten 39, 204

Z
Zahl, komplexe 204
Zahlenebene, komplexe 204
Zelle 68
zellulärer Automat 111, 116, 119, 121
Zeltfunktion 139
Zentrum 21
Zufallszahl 132
Zufallszahlen, Mittelwert 132
Zufallszahlen, Streuung 132
Zyklus, periodischer 124, 150

Noch mehr Fraktale...

Beim Autor dieses Buches ist eine Diskette mit weiteren Fraktal-Programmen erhältlich. Die Diskette enthält die besten Programme der beiden Bände dieses Buches und viele weitere Programme zu den Themen Julia-Mengen, Mandelbrot-Mengen, dynamische Systeme, Chaos, Computer-Grafik und so weiter. Wenn Sie nähere Einzelheiten wissen wollen, dann senden Sie uns bitte die diesem Buch beigelegte "Meinungs"-Karte mit einem entsprechenden Vermerk. Wir werden Ihre Anfrage sofort an Prof. Dr. Lauwerier weiterleiten.